Ursula Fischer

Zum Schweigen verurteilt

Denunziert – verhaftet – interniert
(1945–1948)

Dietz Verlag Berlin

Bildnachweis: Margot Damaske (1), Ursula Fischer (7), Guido Gube (4), Christa Heipke (1), Hans Hockun (1), Waltraud Marschhausen (1)
Reproaufnahmen: Michaela Barthel

Fischer, Ursula: Zum Schweigen verurteilt:
denunziert – verhaftet – interniert (1945–1948) /
Ursula Fischer. – Berlin: Dietz Verl., GmbH,
1992. – 243 S. : 12 Abb., 3 Kt.

ISBN 3-320-01769-1

Mit 15 Abbildungen

© Dietz Verlag Berlin GmbH 1992
Reihengestaltung: Gerhard Medoch
Umschlag: Michaela Barthel
Umschlagfoto: Mühlberger Baracken im Winter,
Zeichnung eines Häftlings
Printed in Germany
Gesamtherstellung: TASTOMAT GmbH · Eggersdorf

12. April 1990. Erstarrt sitze ich vor dem Fernseher. Was ich auf dem Bildschirm wahrnehme, ruft Erinnerungen wach.

Das Innere einer Baracke tut sich auf, es könnte »meine« Baracke im Internierungslager Mühlberg sein, in der ich 16 Monate »zu Hause« war.

Der riesige Raum liegt im Halbdunkel, fast spüre ich die Kälte, die von dem Steinfußboden ausströmt. Roh gezimmerte Holzpritschen erstrecken sich doppelstöckig über die gesamte Länge und Breite der Baracke, Holzleitern führen zur oberen Etage. Meine Augen tasten die breiten Lagerflächen ab, blanke Holzbretter ohne Abgrenzung der Schlafstellen. Hier, in diesem Raum, lagen 200 Frauen, dicht an dicht wie die Heringe . . .

Es ist nach der »Wende« nicht das erste Mal, daß mich die Lagerzeit einholt. Seit März sammele ich Fotos und Artikel aus der »Lausitzer Rundschau«, verfolge Sendungen im Radio und im Fernsehen über sowjetische Internierungslager, aber das geschah bisher mehr mechanisch, einfach, weil ich selbst einmal Lagerinsasse war.

Heute ist das anders. Nicht die vorbeiziehenden Bilder allein sind es, die mich bewegen. Ich sehe mehr, entdecke mich auf meinem Platz in dieser Baracke. Ganz hinten, oben auf der rechten Seite wohnte unsere »Familie«: Gerti, Christa, Ruth und ich. Wir hatten das uns zugeteilte Stück nach rechts durch einen schmalen Zwischenraum zu unseren Nachbarn abgeteilt, links begrenzte eine etwa 10 cm hohe Leiste das Lager, denn wir wohnten am äußersten Ende der Schlafstelle.

Ich bin zutiefst aufgewühlt. Bilder, die ich längst vergessen glaubte, werden lebendig. Tränen der Befreiung rinnen über mein Gesicht – ich habe drei Jahre meines Lebens wiedergefunden . . .

Der Vorhang, den ich selbst über sie gesenkt hatte, reißt auf. Doch es ist nur ein schmaler Spalt, durch den ich schaue. Mühsam versuche ich, das fahle Licht zu durchdringen, das sich wie ein Schleier über die Erinnerung breitet. Ich kann nicht alle Personen erkennen, kann Handlungsabläufe nicht erfassen, Geschehnisse nicht ordnen.

Das Verlangen, den Schleier zu lüften, wird übermächtig. Aber ich schaffe es nicht allein. Zu weit entrückt sind die Begebenheiten, in Vergessenheit gerieten Namen und Ereignisse. Einer Eingebung folgend, krame ich nach meinem Tagebuch, finde es, lege es auf den Tisch.

Fast andächtig betrachte ich diesen Schatz. Das hellbraune genarbte Leder ist schon reichlich abgegriffen. Das Schloß, das meine Geheimnisse hütete, schließt nicht mehr, zu viele lose Blätter mußte ich hineinlegen, da die Seiten nicht ausreichten. Wie lange habe ich nicht hineingeschaut! Wohl verborgen bewahrte ich es 42 Jahre lang auf und mit ihm einen Abschnitt meines Lebens, den ich totschweigen mußte. Zwar geriet mir das Buch bei jedem Wohnungswechsel – das waren immerhin sieben – in die Hände, doch schnell verdrängte ich das Bedürfnis, hineinzuschauen.

Jetzt soll mir das Tagebuch helfen, Gedächtnislücken zu füllen.

Behutsam blättere ich darin, suche eine bestimmte Stelle, denn wenige Monate nach meiner Entlassung hielt ich meine Lagererlebnisse schriftlich fest.

Nun bricht machtvoll auf, was ich aus meinem Leben gestrichen glaubte.

Stumme Zwiesprache

Langsam beginne ich die Eintragung vom 25. Dezember 1948 zu lesen – nein, ich lese nicht. Mein Buch spricht zu mir mit Worten, die ich selbst hineingeschrieben habe:

Zu dir suche ich Zuflucht, mein Tagebuch, weil ich nicht länger schweigen kann. Dir allein darf ich mein Geheimnis anvertrauen, du wirst es bewahren für alle Zeiten.

Am 7. August 1945 nahm ich dich das letzte Mal zur Hand, wollte mit übervollem, dankbarem Herzen zum Ausdruck bringen, wie glücklich ich über die Rettung war, die Gott uns zuteil werden ließ. Ein neues Leben war uns geschenkt – ohne Angst vor Bombenangriffen und Tieffliegern. Der furchtbare Krieg hatte ein Ende gefunden. Gerettet!

Wenige Wochen später brach mein neu gewonnenes Leben ab. Ganz plötzlich wurde ich herausgerissen in eine andere Welt, von der ich jetzt manchmal glaube, daß sie nicht Wirklichkeit gewesen ist.

Inzwischen sind drei Jahre vergangen, drei Jahre, die sich nicht ausstreichen lassen.

Hätte ich dich nur bei mir gehabt, um dir meine Nöte und Sorgen mitzuteilen, aber auch die kleinen Freuden hätte ich dir gern geschildert. Drei Jahre in der Fremde ohne Verbindung mit der Heimat, abgeschlossen von aller Welt – wer weiß, was das bedeutet?

Am 3. November 1945 wurde ich verhaftet – von meinem Arbeitsplatz im Kindergarten Haidemühl weggeholt. Aber ich durfte meine Eltern noch einmal sehen. Der Hilfspolizist, der mich nach Welzow bringen sollte, war ein Bekannter (in dem kleinen Industrieort kannte jeder jeden). Er erlaubte mir, in seiner Begleitung

Ursula Bauer, März 1945

nach Hause zu gehen, um mir einige Sachen zu holen und meinen Angehörigen Lebewohl zu sagen.

Freunde und Nachbarn standen fassungslos am Hoftor, als ich dann an der Seite des Polizisten ins Ungewisse ging.

Doch ich hatte seit langem geahnt, daß diese Stunde kommen würde. Meine Freundin Gerti sowie drei andere Mädchen aus unserem Ort wurden bereits vor mir abgeholt – Gerti am 9. Oktober.

Seit Gerti fort war, wußte ich, daß ich auch drankäme. Freunde rieten mir, nach »drüben« zu gehen. Ja, ich wurde sogar inoffiziell gewarnt. Doch warum hätte ich »fliehen« sollen? Ich hatte nichts zu befürchten. Mein Gewissen war unbelastet. Damals wurde viel über »Registrierung« gesprochen. Also konnte es sich nur um eine Erfassung und Befragung handeln, danach mußte man uns wieder nach Hause gehen lassen, denn wir hatten alle nichts Böses getan. Damit tröstete ich auch meine Eltern. Gott, der Herr, der mich bisher sicher geleitet hatte, würde mich nicht verlassen.

In den ersten Tagen meiner Gefangenschaft war ich weder verzweifelt noch betrübt. Man hatte mich in einem kleinen Raum der Feuerwache in Welzow eingeschlossen, zuerst blieb ich allein, am nächsten Tag kam Frau Sch. aus Proschim hinzu. Eigentlich sollte ihr Mann – er war Landgendarm – verhaftet werden. Da er jedoch aus dem Krieg noch nicht zurückgekehrt war, hatte man seine Frau mitgenommen.

In einem größeren Nachbarraum befanden sich mehrere Männer. Als mich ein Posten zum Verhör holte, begegnete ich einem davon am Eingang, er wurde gerade vom Verhör zurückgeführt. Nie werde ich vergessen, wie er mich ansah und leise sagte: »Du bist doch noch viel zu jung, Mädchen.« (Es war immer mein Ärger, daß ich mit 20 Jahren jünger wirkte, dieses Mal empfand ich die Einschätzung als wohltuend.)

Das erste und einzige Verhör berührte mich eigenartig. – Irgendwie spürte ich, daß es gar nicht um meine Person ging, daß es keine Überprüfung im Sinne der »Registrierung« war. Etwa eine Stunde lang stellte mir ein sowjetischer Offizier Fragen, die sich auf meine Tätigkeit im Jungmädelbund beschränkten. Ein Dolmetscher übersetzte Fragen und Antworten, ein anderer Offizier führte das Protokoll, er schrieb unentwegt. Dann sollte ich Namen von »Faschisten« nennen. Da ich wußte, daß der Ortsgruppenleiter sowie andere wirklich »führende« Leute sich rechtzeitig in Sicherheit gebracht hatten, konnte ich guten Gewissens sagen: »Es sind keine da.« Der Offizier, der die Befragung führte, wurde wütend: »Du hierbleiben«, schimpfte er, nahm das »Protokoll«, schob es mir zu und befahl: »Unterschreibe!« Mein Blick fiel auf die Seiten – das gesamte Protokoll war in russisch abgefaßt. Ich schob es zurück, bedeutete dem Dolmetscher, daß ich nicht lesen könne, was dort steht, bat ihn, mir die Aufzeichnungen zu übersetzen. »Nix übersetzen! Du unterschreiben!«, fauchte wieder der Leiter des Verhörs. Der Dolmetscher bemerkte mein Zögern. Eindringlich sagte er mit gedämpfter Stimme: »Ich rate dir, unterschreibe!« Lag eine Warnung darin? Mir wurde heiß und kalt, ich nahm den Federhalter und setzte meinen Namen unter die bezeichnete Stelle.

Bis heute weiß ich nicht, was ich damals unterschrieben habe.

Am nächsten Tag brachte man uns im Lastwagen nach Spremberg und von dort aus am folgenden Tag nach Cottbus.

Zum ersten Mal erfaßte mich ein Gefühl der Angst, als sich das riesige Gefängnistor hinter uns schloß. Dieser schreckliche Augenblick wird mich ein Leben lang begleiten. Dennoch – von hier erhoffte ich Aufklärung, nun würde ein »ordentliches Verhör« Klarheit bringen.

Vergebens! Von Zelle zu Zelle verbreitete sich das Gerücht, es ginge weiter in ein Lager. Maria, eine meiner zwei Zellengefährtin-nen (eine emigrierte Russin, die einen deutschen Arzt geheiratet hatte), war sogar fest davon überzeugt, daß wir alle in die Sowjet-union abtransportiert würden.

In diesen vier Tagen erfuhr ich, was Gefangensein bedeutet: ständig von Posten durch das Guckloch an der Tür beobachtet zu werden – Redeverbot – Rasseln von Schlüsseln – Leibesvisitation – Wassersuppe ... Und warten, warten, warten. –

Dann standen wir endlich auf dem Gefängnishof. Unsere dritte Zellengefährtin, eine ältere Bauersfrau aus Klinge, war nicht da-bei. »Mein Gott, was wird aus mir«, jammerte sie, als Maria und ich herausgeholt wurden. Sie war verhaftet worden, weil man bei einer Razzia im Schuppen ihres Gehöftes ein Gewehr gefunden hatte – vermutlich von einem fliehenden Soldaten, dem sie in der Nacht Unterkunft gewährte, hinterlassen. Ich habe die Frau nie wiedergesehen.

Parolen unter den auf einen Transport Wartenden gingen von Mund zu Mund – im Flüsterton: »Es geht in das Lager Ketschen-dorf.« Viele Mutmaßungen waren über dieses Lager im Umlauf.

Doch zunächst empfand ich es als Wohltat, der Enge der Zelle entronnen zu sein, die freie, kalte Luft zu atmen ...

Wir wurden in offene Lastwagen »verladen«, Männer und Frauen getrennt. Maria, in ihrem geblümten Morgenrock (man hatte sie nachts aus dem Bett geholt und ihr keine Zeit zum Anklei-den gelassen), hockte, frierend zusammengekauert, neben mir, lautlos weinend. Sie ahnte wohl, daß sie ihr Zuhause nie wiederse-hen sollte.

Ich aber war voller Hoffnung, nun würde ich den gleichen Weg nehmen, den vor mir Gerti und die anderen genommen hatten, nun würde alles gut werden. Ketschendorf sollte ja ein »Entlassungsla-ger« sein. Den Einzug in das Lager will ich nicht schildern, weil es unmöglich ist, die Empfindungen wiederzugeben, die mein Inner-stes aufwühlten.

Nach scheinbar endlosem Warten, Zählen und »Filzen« in der Schleuse wurden wir, als es zu dunkeln begann, in den »Frauen-zwinger« geführt. Drei Wohnhäuser standen dort, niedrige Vier-Familien-Siedlungshäuser, die einen freundlichen Eindruck gemacht hätten, wären sie nicht von hohem Stacheldraht umgeben...

Jetzt würde ich gleich wissen, ob ich Gerti wiedersehe! Nur dieser Gedanke beseelte mich. Als erste begegnete mir Ingrid. Sie umarmte mich freudig. »Daß du da bist, Ursel, wie wird sich Gerti freuen«, rief sie aus und lief davon, die anderen zu holen. Dann folgte der erwartete, der einmalige Augenblick. Gerti stürmte auf mich zu, wir lagen uns in den Armen, unbegreiflich schien uns dieses Glück des Wiederfindens.

Ich bin tief berührt von meiner Schilderung dieses Augenblicks, er erscheint mir fast gegenwärtig. Damals ahnte ich nicht, konnte nicht ahnen, was mich erwartete. In Gedanken überfliege ich die Jahre, in denen ich gemeinsam mit Gerti und den anderen von Lager zu Lager geschleppt wurde, immer darauf hoffend zu erfahren, warum man uns festhielt.

Wir haben vergebens auf eine Antwort gewartet.

Werde ich sie heute – nach 42 Jahren – finden?

Mein Tagebuch, Freund meiner Kindheit und Jugend, treuer Begleiter durch Höhen und Tiefen meines jungen Daseins – kannst du mir Aufschluß geben? Finde ich in dir einen Hinweis, wofür ich bestraft wurde?

Ich blättere bis zu meinen ersten Notizen zurück. »Kriegsweihnacht 1940« lese ich.

Am Heiligen Abend lag das Buch auf meinem Gabentisch. Ein lang gehegter Wunsch ging in Erfüllung. Sogleich begann ich mit den wichtigsten Aufzeichnungen, überschrieben mit »Mein Lebenslauf«.

Kurze, knappe Sätze geben Auskunft über die zurückgelegte Wegstrecke, doch sie sagen nicht alles. Mehr verbirgt sich zwischen den Zeilen: meine Kindheit, mein behütetes Heranwachsen im Elternhaus, meine erlebnisreiche Schulzeit, meine Freundschaft mit Gerti...

Mein Blick fällt auf das eingeklebte Bild: das sogenannte Steigerhaus, in dem schon mein Großvater (er war Steiger in der Brikettfabrik der Grube »Clara« in Haidemühl) wohnte und in dem ich zu Hause war. Dieses alte, ehemalige Fabrikgebäude mit seinen dicken Mauern, seinen niedrigen Fenstern bot Platz für zwei

Familien. Es lag abseits vom Ort, nahe der Fabrik. Für mich war es eine Insel – umgeben von einem großen Garten mit Obstbäumen, die schon mein Großvater gepflanzt hatte, mit hübsch angelegten Blumenrabatten und Gemüsebeeten. Reichlich Platz zum Spielen boten der sich weit ausdehnende Hof, die angrenzende Wiesenfläche und der dahinterliegende Wald.

Mein Vater war ein kleiner Angestellter in der Brikettfabrik. Solange ich denken konnte, arbeitete er im Dreischichtsystem und gab mir von jeher ein Beispiel an Pflichterfüllung. Ich sehe ihn vor mir – etwas untersetzt, mit leicht angegrauten Schläfen, immer freundlich blickend. Niemals habe ich ein böses Wort aus seinem Munde vernommen. Sein liebster Ausspruch lautete: »Ich könnte die ganze Welt umarmen.« Er trifft voll den Kern seines Wesens. Dieses war sicher auch der Grund dafür, daß er nicht »politisch« sein wollte. Er glaubte, sich durch Passivität aus all dem heraushalten zu können, was eine Entscheidung verlangte, wobei er durchaus eine eigene Meinung zum Zeitgeschehen besaß.

Beispielsweise sagte er jedesmal, wenn ich aus der Schule kam und gewohnheitsmäßig mit dem »Deutschen Gruß« in den Flur trat: »Bleib mir bloß draußen mit Hitler!« Aber solche Äußerungen tat er auf keinen Fall in der Öffentlichkeit.

Im erweiterten Familienkreis versuchte er immer, wenn Streitigkeiten entstanden, zu schlichten, einen Weg zu finden, den alle Beteiligten gehen konnten.

Mit meinen kleinen Anliegen ging ich deshalb auch lieber zu meinem Vater als zu meiner Mutter, er hatte für alles Verständnis, überlegte sehr lange, wenn ich ihn um Rat und Hilfe bat, und wußte aus jeder Lage einen Ausweg.

Meine Mutter, eine schlanke, zierliche Frau, stammte aus Morrn, bei Schwerin/Warthegau. Sie hatte es schwer, in Haidemühl Fuß zu fassen, war doch unsere Familie irgendwo zwischen »höheren« Beamten und Arbeitern angesiedelt. Aber ihre Natur ließ sie mit schwierigen Situationen fertig werden. Im Gegensatz zu meinem Vater ergriff sie rasch Partei für eine Sache, die sie für richtig hielt. In all ihren Handlungen wirkte sie bestimmt, ja, sie konnte auch recht energisch auftreten. Gut in Erinnerung geblieben ist mir, wie sie in den Jahren nach 1933 die Arbeiterfamilie W.

unterstützte, nachdem der Mann – ein überzeugter Kommunist – verhaftet und in ein Konzentrationslager gebracht worden war. Sie scheute sich nicht, mit einem Korb voller Obst aus unserem Garten durch den Ort zu gehen bis zu dem Hüttenhaus, in dem die Familie wohnte. Sie kaufte auch in dem kleinen Weißwarenladen der Anni W. alles, was im Haushalt gebraucht wurde. Das verlangte in der damaligen Zeit und besonders in unserem Ort viel Mut und Stehvermögen.

Beide – mein Vater und meine Mutter – wollten für mich, ihr einziges Kind, das Beste. Obwohl ich ziemlich streng gehalten wurde, überließen sie mir die Wahl meiner Freunde selbst. Zwar hätten sie gern gesehen, wenn ich mit Söhnen und Töchtern aus dem »Beamtenviertel« stärkeren Umgang gepflegt hätte, aber sie duldeten, daß ich lieber mit Kindern aus Arbeiterfamilien verkehrte. Ich durfte Freundinnen und Freunde auch mit nach Hause bringen und zu ihnen gehen.

Da meine Mutter sich kirchlich stark gebunden fühlte, wurde ich von frühester Jugend an im christlichen Glauben erzogen. Jeden Sonntag ging ich zum Kindergottesdienst und gehörte vom 12. Lebensjahr an zum Kreis »Christlicher Junger Mädchen«. Kurioserweise wurde ich etwa zum gleichen Zeitpunkt in den Jungmädelbund aufgenommen. Damals erkannte ich darin keinen Widerspruch. Meinen Eltern jedoch gefiel es nicht, daß ich bald darauf einen führenden (wenn auch kleinen) Posten übernahm.

In meinem Tagebuch steht: »Am 9. November 1938 wurde ich als JM-Schaftführerin bestätigt. Im März 1939 wurde ich Gruppenführerin der JM-Gruppe 38/8/52.« Schließlich nahmen meine Eltern diese Tatsache hin wie all die anderen Bewohner des Ortes, deren Kinder mehr oder weniger aktiv mitmachten.

Über meine Schulzeit gibt nur ein Satz in meinem Tagebuch Auskunft: »Vom 6. bis 14. Lebensjahr besuchte ich die achtklassige Volksschule in Haidemühl und wurde am 3. März 1939 aus der Oberabteilung der ersten Klasse als Vertrauensschülerin entlassen.« Aus dieser Formulierung läßt sich meine Einstellung zur Schule – besser zum Lernen – ableiten. Von Beginn an zeigte ich großen Lerneifer und brachte immer gute Zeugnisse nach Hause. Die Lehrer hatten bedeutenden Anteil an meiner Entwicklung. Ich bewunderte sie ob ihres umfangreichen Wissens, und die meisten verstanden es hervorragend, dieses Wissen den Schülern zu vermitteln.

Eine besondere Stellung nahm unser Hauptlehrer ein. Er beherrschte alle und alles! Was er sagte, galt als unumstößlich. Sein Einfluß auf mich war stärker als der meiner Eltern und Bekannten.

Hauptlehrer B. war ein großer, breitschultriger Mann mit einer Stimme, die angenehm dunkel klang, aber keinen Widerspruch zuließ. Sein bloßes Erscheinen ließ uns in Ehrfurcht verharren. Wenn er jeden Morgen den Unterricht mit einem Spruch begann, war das für uns ein feierlicher Auftakt. Einige seiner Leitsätze sind mir im Gedächtnis geblieben, so zum Beispiel dieser:

>»In ihm sei's begonnen,
>der Monde und Sonnen
>am blauen Gezelte des Himmels bewegt.
>Du Vater, du rate,
>lenke du und wende,
>Herr, dir in die Hände
>sei Anfang und Ende,
>sei alles gelegt.«

Ein frommer Mann war er trotz seiner frommen Sprüche wohl kaum, denn in der Kirche sah ich ihn nie.

Gehörte das Spruchritual nur zu einem festgefügten Tagesrhythmus, mit dem er die Schüler beeindrucken wollte? Oder gefiel er sich in der Rolle des »Rezitators« so gut, daß er auf diese Weise sein Schauspieltalent nutzte? Sicher war das der eigentliche Grund, denn er spielte mit seiner Klasse gern Theater. Den »Wilhelm Tell« lernte ich damals fast auswendig. Wir lasen zuerst mit verteilten Rollen, dann führten wir einige Szenen auf. Ich spielte die Berta von Bruneck und verliebte mich dabei in meinen Klassenkameraden Heinz P., der den Rudenz darzustellen hatte. Die Schüler, die nach Einschätzung unseres Hauptlehrers nicht so begabt waren, agierten als »Volk«. Massenszenen inszenierte er mit Vorliebe. Seine Literaturstunden weckten in mir das Verständnis für Dichtung und Dichter.

Doch auch einen anderen, einen schwerwiegenderen Grundstein

legte der Hauptlehrer: Er trug Sorge dafür, daß alle Schüler, die durch seine Schule gingen, in die Nazi-Jugendorganisation eintraten. Selbst Söhne und Töchter überzeugter Kommunisten standen nicht abseits. Ja, mehr noch, einige von ihnen bekleideten wesentliche Führungsposten in der Hitlerjugend, im Jungvolk, Jungmädelbund und Bund Deutscher Mädchen. Wer sich wirklich ausschließen wollte, lief Gefahr, »geächtet« zu werden. Das konnte – das wollte sich auf Dauer keiner zumuten.

Der Arm unseres Hauptlehrers reichte weit! Er bestimmte wesentlich das Geschehen in dem kleinen Industrieort mit. Alle schwammen im Fahrwasser des eingeschlagenen Kurses, ausgenommen die Kommunisten, die wegen ihrer offenen Ablehnung Hitlers eingekerkert – und in einem Fall hingerichtet – wurden.

Anna Seghers beschreibt in ihrem Roman »Das siebte Kreuz« sehr anschaulich die »kollektive Schuld« des deutschen Volkes, sie nennt auch die Gründe dafür: Angst um die eigene Existenz, Gedankenlosigkeit oder das Verlangen, Vorteile zu genießen (Kinderlandverschickung, KDF-Reisen und andere Annehmlichkeiten), die die Nazis bereithielten, um vom wahren Charakter ihrer Politik abzulenken.

Auch wir – halbe Kinder noch – gehörten zu den Mitläufern. Doch warum, so frage ich mich heute erneut, suchte man gerade uns nach 1945 zur Bestrafung aus? Wer waren wir – Gerti, Ingrid, Elfriede, Rosemarie und ich –, daß wir 1945 in die Fänge des NKWD gerieten? Wir kamen aus völlig verschiedenen Elternhäusern, hatten weder interessenmäßig noch weltanschaulich einen gemeinsamen Nenner.

Gerti hatte ich näher kennengelernt, als ich nach meiner Schulentlassung und dem Abschluß der Haushaltsschule ab Mai 1940 im Kindergarten in Haidemühl arbeitete. Sie holte jeden Nachmittag ihre kleine Schwester ab, die ich in meiner Gruppe betreute. Obwohl Gerti zwei Jahre jünger war als ich, stellten wir in Gesprächen viele Gemeinsamkeiten fest. Mit meinen Schulfreundinnen verbanden mich meist nur noch Briefe, wegen einer Berufsausbildung hatten sie Haidemühl verlassen.

Gleich mir war Gerti – ebenfalls durch den Einfluß der Schule – Jungmädelführerin, so daß wir dadurch auch Bezugspunkte fanden, doch waren diese nicht ausschlaggebend für unsere entstehende Freundschaft, die mit keiner bisherigen vergleichbar war. Unbegrenztes gegenseitiges Vertrauen, tiefes Verständnis füreinander, Offenheit in allen Fragen, ehrliche Kritik – das waren ihre Grundpfeiler.

In Gertis Familie fand ich, was mich bereits in anderen Arbeiterfamilien (Gertis Vater war Arbeiter in der Glashütte) beeindruckt hatte: klare Standpunkte zum politischen Geschehen, kein Verwischen von Tatsachen, kein Ausweichen vor Entscheidungen. Die Eltern, aber vor allem die engeren Verwandten waren Kommunisten. Ich hörte in diesen Kreisen erstmals die Namen Rosa Luxemburg und Karl Liebknecht und begann nachzudenken über Vorgänge, mit denen ich konfrontiert wurde (Verhaftung von Kommunisten, Gerüchte über Konzentrationslager, Behandlung der sogenannten Ostarbeiter). Es verstand sich von selbst, daß ich über solche Gespräche kein Wort zu anderen (auch nicht zu meinen Eltern) sagte.

Elfriede W. war in meinem Alter. Wir kannten uns aus dem Kreis »Christlicher Junger Mädchen«, dem wir beide angehörten. Berührungspunkte ergaben sich auch daraus, daß unsere Mütter in der »Evangelischen Frauenhilfe« rege mitwirkten und wir als Kinder oft an Feiern oder verschiedenen Treffen teilnahmen. Der Vater war bei der Bahn angestellt. Nebenbei betrieben die Eltern eine kleine Wirtschaft. Es waren einfache Leute, die sich kaum mit Politik beschäftigten. In ihrer Funktion als Jungmädelführerin wirkte Elfriede bescheiden, manchmal sogar ein wenig scheu. Sie war ein Mensch, von dem man sagte: »Er kann keiner Fliege etwas zuleide tun.«

Mit Ingrid R., die so alt war wie Gerti, verband mich nicht viel. Sie kam aus »gehobenen« Schichten. Ihr Vater zählte als Landjäger zu den geachteten, mitunter auch gefürchteten Persönlichkeiten des Ortes. Die Mutter, eine äußerst engagierte Frauenschaftsführerin, sah sehr attraktiv aus. In Konzerten trat sie als Sängerin auf und präsentierte sich gern im Rampenlicht. Das färbte auf Ingrid ab, machte sie ein wenig überheblich, was zuweilen in ihrem Auftreten als Jungmädelführerin zu spüren war, doch nicht in dem Maße, daß man von »Führerallüren« sprechen konnte.

Bleibt noch Rosemarie Sch., unser »Nesthäkchen«. Zum Zeitpunkt der Verhaftung hatte sie gerade das 15. Lebensjahr vollendet. Rosemarie mußte man gern haben. Sie war aufgeschlossen, wißbegierig, immer fröhlich – ein richtiger Sonnenschein. Wo sie ging und stand, hatte sie ihre kleine Schwester neben sich, die sie abgöttisch liebte. Das Elternhaus Rosemaries könnte man als bürgerlich bezeichnen. Herr Sch. bekleidete einen Posten in der Expedition der Glashütte Haidemühl, gehörte aber nicht zu den »Oberen«. Seine Frau besorgte mit Umsicht den Haushalt, schneiderte für die Familie sowie für Bekannte. Sie hatte immer ein offenes Ohr für Sorgen und Nöte anderer und erfreute sich im »Hüttenviertel« großer Beliebtheit. Mein Kontakt zur Familie Sch. war recht eng, weil Evelyn, die Jüngste, in meiner Kindergartengruppe war. Deshalb fand ich auch zu Rosemarie ein beinahe freundschaftliches Verhältnis. Sie holte sich bei mir manchen Rat für Heimabende und Spiele, da ihr, einer der jüngsten Jungmädelführerinnen, Erfahrungen fehlten. Eines ist sicher: Alle mochten Rosemarie – ich könnte keinen benennen, der ihr etwas »anhängen« wollte.

Außer uns gab es in Haidemühl weitere sechs Jungmädelführerinnen, ebenfalls im Alter von 16 bis 20 Jahren und aus unterschiedlichen Familien, ganz zu schweigen von den Führerinnen des BDM oder den Führern der HJ oder des Jungvolks, die noch bedeutend höhere Funktionen bekleidet hatten als wir.

Sie alle blieben verschont!

Warum fiel die Wahl auf uns?

Eine Begebenheit fällt mir ein, die mir fast entfallen war. In den ersten Septembertagen 1945 lief die Nachricht durch Haidemühl, daß im Nachbarort Welzow mehrere Jungen im Alter von 15 bis 17 Jahren verhaftet worden seien. Ich erfuhr, daß sich darunter auch Jungen befanden, die ich im Kinderhort, in dem ich bis Kriegsende tätig war, betreut hatte. Das wühlte mich auf, ich schrieb damals wenige Zeilen auf ein Blatt, das ich in mein Tagebuch legte: »17. September 1945. Von Frau D. hörte ich, daß heute auch Hans-Otto abgeholt worden sei. Mein Gott, was haben diese Kinder verbrochen? Müssen denn Unschuldige für die Schuldigen leiden?«

Am Abend desselben Tages traf ich mich wie oft in diesen Monaten mit den drei Mädchen, die mit mir zusammen im Kindergarten in Haidemühl arbeiteten. Die schwierigen Bedingungen, unter denen wir vier (ich war die älteste) den Kindergartenbetrieb gleich nach Kriegsende wieder in Gang gesetzt und aufrechterhalten hatten, verbanden uns. Das Gespräch betraf natürlich das Vorgefallene, und ich gab meiner Bestürzung über die Verhaftung der Jungen Ausdruck. Vor dem Auseinandergehen nahm mich Edith Z. beiseite und bat mich unter einem Vorwand, noch zu bleiben. Edith, ein Jahr jünger als ich, war ebenfalls vorher JM-Führerin. Ihr Vater, von Beruf Schuhmacher, gehörte zu den kommunistisch eingestellten Haidemühlern. Edith und ich mochten einander, obwohl wir nicht direkt befreundet waren. Manchmal, wenn ich sie allein getroffen hatte, erzählte sie mir, daß ihre Familie sich vor Spitzeln in acht nehmen müsse.

Ich spürte sofort, daß Edith mir heute wichtiges zu sagen hatte. Nachdem die anderen gegangen waren, begann sie mit verhaltener Stimme auf mich einzureden: »Ursel, ich muß dir etwas anvertrauen. Sprich zu keinem Menschen darüber. Es gibt in Haidemühl eine Liste von Personen, die verhaftet werden sollen. Glaub mir, ich habe diese Liste gesehen. Mein Name steht nicht darauf. Dir aber rate ich dringend, nach dem Westen zu gehen. Hör auf mich.«

Diese offene Warnung nahm ich nicht so ernst, wie sie gemeint war. Ich konnte mir nicht vorstellen, daß ausgerechnet ich auf einer Liste stehen sollte und wenn, dann müßten ja alle erfaßt sein. Erst nach Rosemaries und Gertis Verhaftung wurde mir klar, daß Ediths Aussage stimmte. Doch wie gesagt, ich floh nicht, denn was hatte ich zu befürchten! (Gar nichts, muß ich heute sagen. Es ging auch nicht um mich persönlich.)

Mein Blick fällt noch einmal auf die Seite meines Tagebuchs, auf der ich die Vernehmung in Welzow erwähne. Jetzt sehe ich die Szene wieder deutlich vor mir. Außer Angaben zu meiner Person wurden mir belanglos erscheinende Fragen gestellt. Den Organen der sowjetischen Besatzungsmacht (NKWD/MWD) schien ich selbst bedeutungslos zu sein. Mehr Wert legten sie auf die Nennung von Namen. Ihnen ging es hauptsächlich darum – das haben mir die drei folgenden Jahre bewiesen –, die eingerichteten Internierungslager zu füllen.

Heute bin ich heilfroh, daß ich mich durch Drohungen nicht verleiten ließ, irgendeinen Namen zu nennen. Mit Sicherheit

18

wäre der – oder diejenige ebenfalls »geholt« worden. Doch ich war aus Haidemühl die letzte.

Der Leidensweg, den ich dann am 3. November 1945 antrat, führte mich über folgende Stationen:

- 10. November 1945 bis 16. Januar 1947: Internierungslager Ketschendorf bei Fürstenwalde (ehemalige Arbeitersiedlung der »Deutschen Kabelwerke«, im April 1945 als »Speziallager Nr. 5« eingerichtet);
- etwa 20. Januar 1947 bis 29. März 1947: Internierungslager Jamlitz bei Lieberose (früher Straflager der SS, im September 1945 vom NKWD wieder in Betrieb genommen);
- April 1947 bis 24. Juli 1948: Internierungslager Mühlberg/Elbe (ehemaliges Kriegsgefangenenlager der Deutschen Wehrmacht, im September 1945 als »Speziallager Nr. 1« hergerichtet).

Drei Jahre Internierung – ohne Anklage, ohne Urteil. Ganz zu schweigen von den folgenden 14mal 3 Jahren einer Unfreiheit besonderer Art: des Verbots, über das Erlittene zu reden.

Mehr als zwei Drittel meines Lebens umfaßt die Zeit, in der ich ständig den Makel von drei Jahren fehlender Biographie fühlte, ja, ihn auf mannigfaltige Weise zu spüren bekam.

Nicht nur mir fehlen drei Jahre, sie fehlten auch in der Geschichtsschreibung der ehemaligen DDR.

Diese Lücke will ich nicht füllen, schreiben will ich meine persönliche Geschichte,

- um endlich Antwort zu finden auf die noch immer offene Frage, warum man mich auf unbestimmte Dauer aus der Gesellschaft ausschloß,
- um meiner Leidensgefährten – der Umgekommenen und der Überlebenden – zu gedenken,
- um zu mahnen, daß sich solches Unrecht nicht wiederholen darf.

Drei Jahre ohne Adresse

Zwischen gestern und morgen

Mühlberg, Mai 1948.

Traum oder Wirklichkeit?

Vorsichtig, mit geschlossenen Augen tasten meine Hände über die Lagerstätte. Rechts und links von mir ist genügend Platz, keine Enge mehr – ich kann mich nach beiden Seiten ausbreiten. Ich spüre die Frische des weißen Lakens, auf dem ich liege, vernehme das Rascheln des Strohs in der Matratze – eine richtige Bettunterlage, das ist noch sehr ungewohnt.

Jetzt versuche ich, die Lider zu heben, blinzele in die Helle, die mich umgibt. Es ist kein Traum – ich liege in einer Baracke mit richtigen Fenstern, in die das Sonnenlicht ungehindert eindringen kann. Hier gibt es auch Betten – Feldbetten wie in Lazaretten.

Um mehr Schlafplätze zu schaffen, hatte man an den beiden fensterlosen Giebelseiten Bretter eingezogen. So konnten an der Stirnwand fünf und an der Türseite rechts und links je zwei Frauen zusätzlich untergebracht werden. Die rechte Etage neben dem Eingang haben Eliesabeth und ich heute vormittag bezogen.

Das ist mein zweiter Umzug in kurzer Zeit. Als im April die Entlassungsvorbereitungen ihren Anfang nahmen, begann eine große Umverlagerung. Am 17. April wurde ich mit aufgerufen und in die schon eingerichtete Quarantäne-Baracke eingewiesen. Ein Teil des Lagers wurde zur Quarantäne umgerüstet. Je nach Zeitpunkt des Aufrufes erfolgte die Verlegung. Für mich bedeutete das, von Christa, die später als ich auf der Liste stand, getrennt zu werden.

Alle Nichtaufgerufenen wurden im anderen Teil des Lagers zusammengefaßt – Ruth war dabei, Margot, Elfriede, Marianne Simson... Ihr Schicksal blieb ungewiß. Ein Stacheldrahtzaun

SPEZIALLAGER Nr. 1

– Mühlberg/Elbe –

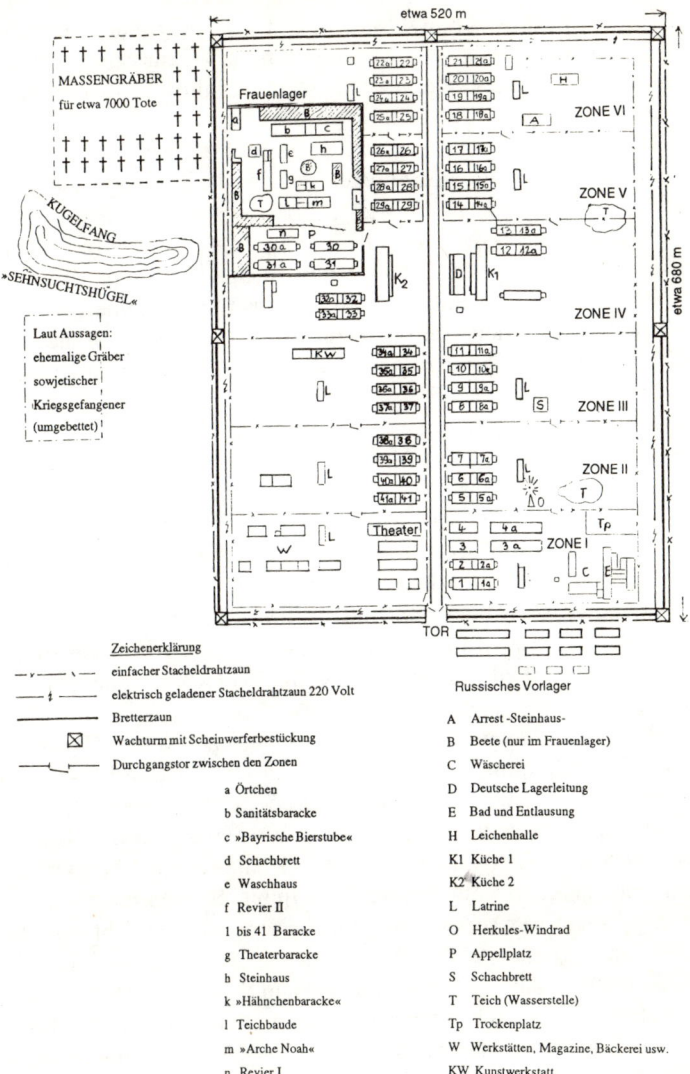

etwa 520 m

etwa 680 m

MASSENGRÄBER
für etwa 7000 Tote

Frauenlager

KUGELFANG

»SEHNSUCHTSHÜGEL«

Laut Aussagen:
ehemalige Gräber
sowjetischer
Kriegsgefangener
(umgebettet)

ZONE VI

ZONE V

ZONE IV

ZONE III

ZONE II

ZONE I

Theater

TOR

Russisches Vorlager

Zeichenerklärung

— · — · — · —   einfacher Stacheldrahtzaun

— · ‡ — · —   elektrisch geladener Stacheldrahtzaun 220 Volt

⎯⎯⎯⎯⎯   Bretterzaun

⊠   Wachturm mit Scheinwerferbestückung

⌐—⌐   Durchgangstor zwischen den Zonen

a Örtchen
b Sanitätsbaracke
c »Bayrische Bierstube«
d Schachbrett
e Waschhaus
f Revier II
1 bis 41 Baracke
g Theaterbaracke
h Steinhaus
k »Hähnchenbaracke«
l Teichbaude
m »Arche Noah«
n Revier I

A Arrest -Steinhaus-
B Beete (nur im Frauenlager)
C Wäscherei
D Deutsche Lagerleitung
E Bad und Entlausung
H Leichenhalle
K1 Küche 1
K2 Küche 2
L Latrine
O Herkules-Windrad
P Appellplatz
S Schachbrett
T Teich (Wasserstelle)
Tp Trockenplatz
W Werkstätten, Magazine, Bäckerei usw.
KW Kunstwerkstatt

21

trennte fortan die beiden Frauenlager. Die zur Entlassung vorgesehenen Frauen befanden sich in strenger Isolierung.

Dem Umzug ins Quarantäne-Gebiet folgten gründliche ärztliche Untersuchungen und die Einteilung in »Entlassungsfähige« und »Dystrophiker«. Zur letzten Gruppe zählte ich, also kam ich in die Dystrophiker-Baracke.

Die Situation in dieser Baracke unterschied sich insofern von der in den Quarantäne-Baracken, als den Bewohnern eine bessere Verpflegung zugeteilt wurde. Die Zuckerrationen erhöhten sich, das Mittagessen war mit Kleie angedickt, stellte fast einen Brei aus Trockengemüse mit kleinen, lustigen Fettäuglein dar.

Nach vier Wochen mußten sich alle Dystrophiker einer zweiten Besichtigung stellen. Sie ergab für mich: Einweisung in die Revierbaracke, ich war den Herren der Kommission offensichtlich zu mager.

Eliesabeth und ich taten uns zusammen. Wir kannten uns gut aus Ketschendorf. Dort hatte Eliesabeth mit ihrer Schwester Hanna in Gertis Eingang gewohnt. Alle mochten die Schwestern. Hanna, die jüngere, wirkte bedeutend älter als Eliesabeth. Sie war groß, von kräftigem Körperbau, vital, immer fröhlich. Für die schwächliche, ständig kränkelnde Eliesabeth bedeutete sie Halt und Stütze. Die ungleichen Schwestern liebten sich über alles. Wenn Eliesabeth müde und lustlos auf ihrem Bett lag – und das war oft der Fall –, saß Hanna bei ihr, versuchte, sie aufzumuntern.

Niemals sah man eine Schwester allein reponsieren. (Das war eine Wortschöpfung von uns, die wir anstatt des Begriffs spazierengehen benutzten, der uns für das Bewegen auf dem begrenzten Gebiet hinter unseren Häusern nicht zutreffend schien.) Alles taten die Schwestern gemeinsam. Zum gleichen Zeitpunkt erkrankten auch beide in Ketschendorf an Typhus. Sie mußten ins Lazarett gebracht werden. Hanna, die stärkere, kehrte nicht zurück, der Tod hatte sich für sie entschieden.

Eliesabeth war nahe daran, an diesem Schicksalsschlag zu zerbrechen. Da gab es keine Frage – wir nahmen sie in unsere Mitte. Auch in Jamlitz verloren wir sie nicht aus den Augen und freuten uns darüber, daß sie neue Freundinnen gefunden hatte und ganz zu sich zurückfand.

Wie seltsam – denke ich –, kaum bin ich in einer anderen Umgebung, habe mich noch gar nicht voll mit ihr vertraut gemacht, schon schweifen meine Gedanken ab, suchen Erinnerungen an die gemeinsame Zeit mit Gerti. Besonders in dieser Phase der Vorbereitung auf die Heimkehr merke ich, wie sehr sie mir fehlt. Meine Erinnerungen tasten sich vor zur ersten Lagernacht. Unwillkürlich stelle ich Vergleiche zu meiner jetzigen Bettstatt an. Ja, auf Stroh lag ich damals auch – nur mit dem Unterschied, daß mir jetzt ein fester Strohsack als Unterlage dient.

Ich rufe mir die Ereignisse des ersten Abends im Lager Ketschendorf ins Gedächtnis zurück. Nach dem Eintreffen unseres Transportes gab es einen ziemlichen Wirbel. Frau H., die von der sowjetischen Lagerleitung als Verantwortliche für das Frauenlager bestimmt worden war, wußte sich keinen Rat. Ein Zimmer im letzten Haus des Frauenzwingers stand für die Neuankömmlinge zu Verfügung. Doch es reichte nicht für alle. Offenbar stimmte die angekündigte Zahl weiblicher Neuzugänge mit der tatsächlichen nicht überein, waren weit mehr Frauen unterzubringen. Das Problem mußte Frau H. allein bewältigen. Darum kümmerte sich keiner von der sowjetischen Kommandantur. – Rein ins Lager, Tor zu, nun seht, wie ihr fertig werdet! Das Soll stimmt! Da kam es Frau H. sehr entgegen, daß Gerti und Rosemarie mich sofort mit in ihre Unterkunft nehmen wollten. Sie willigte ein – eine Sorge weniger.

Allerdings lebten meine Freundinnen in einer Notunterkunft. Die Räume in den Ketschendorfer Siedlungshäusern waren, nachdem die rechtmäßigen Bewohner – Arbeiter aus dem Kabelwerk – ihre Wohnungen verlassen mußten, mit schmalen, dreistöckigen Holzpritschen versehen worden. Zu einer Wohnung gehörten (in unseren Vier-Familien-Häusern) unten die Küche, ein großes Zimmer – das ehemalige Wohnzimmer –, im oberen Stock das Schlaf- und das Kinderzimmer nebst Bad.

Gerti und Rosemarie waren in der Küche einer dieser Wohnungen untergebracht – der einzige Raum in allen Häusern des Frauenlagers, der noch nicht mit Bettgestellen ausgestattet war. Alles Mobilar samt Herd hatte man vorher entfernt, so daß eine Lagerfläche von etwa 3,00 m mal 3,00 m genutzt werden konnte. Jeder der elf Frauen stand somit ein Platz von 50 cm Breite zur Verfügung. Den Steinfußboden der Wohnküche bedeckte blankes Stroh, in der Mitte trennte ein schmaler Durchgang das Strohlager in zwei Hälften.

Mit Einverständnis der »Zimmerbewohner« fand ich also eine Schlafstelle zwischen Gerti und Rosemarie. Die Frauen auf ihrer Seite rückten bereitwillig zusammen, ich war die 12. im Bunde. Wenigstens konnten wir uns, bedingt durch die Enge, aneinander wärmen. Schwerer schon war es, sich im Schlaf auf die andere Seite zu drehen. Aber in mir schwang tiefe Dankbarkeit, hatte ich doch Gefährten gefunden, die gleiches mit mir teilten, ich war nicht allein...

Diese ersten Eindrücke liegen zwar fast drei Jahre zurück, sind aber so stark, daß sie sich nicht verdrängen lassen. Am 10. November 1945 trat ich in eine völlig andere Welt ein, die mit nichts vorher Erlebtem vergleichbar war. Hinabgestoßen auf die unterste Stufe menschlicher Existenz – getrennt von normalen Lebensformen – vollzogen sich in meinem Innersten Umwälzungen, auf die sich Überlebenschancen gründeten. Ich lernte, den Wert des Daseins mit neuem Maß zu messen, sammelte Erfahrungen, die mich weit über mein Alter hinaus reifen ließen.

Juni 1948.

Vier Wochen beherbergt mich nun die Revierbaracke. Sie wird zum Wartesaal, zur Brücke zwischen Zurückliegendem und Zukünftigem. Wie vertraut mir inzwischen alles ist – unsere »Veranda« mit Ausblick auf die unteren Betten, der Holztisch in der Mitte des Raumes.

Seit gestern ziert ihn ein Rosenstrauß – kaum zu fassendes Wunder für uns, die wir drei Jahre lang keine Blume mehr gesehen haben. Wer kann draußen ermessen, was das bedeutet!

Der Strauß in seiner zarten blaßrosa Schönheit ist zauberhaft, die Tatsache, daß er vor uns steht, setzt uns in Erstaunen. Er gehört dem Mädchen Anne, das gleich im ersten Bett neben unserer Leiter liegt. Mit Blick zum Fenster und sogar mit einem kleinen Tischchen an der Seite, das dem Arzt zur Ablage der Geräte und Medikamente dient, ist das der günstigste Platz in der Baracke. Von allen Kranken hier ist Anne am schlimmsten dran. Sie leidet an einer unheilbaren Krankheit, die jedoch durch entsprechende ärztliche Behandlung aufgehalten werden könnte. Gebe Gott, daß sie bald in ein Krankenhaus überführt wird. Sie kam aus dem Lazarett zu uns, weil sie mit zur Entlassung vorgesehen ist. Aber aus eigener Kraft schafft sie es nicht, ihr Körper verfällt mehr und mehr. Sie ist nicht einmal in der Lage, sich im Bett selbst aufzurichten.

Ich bewundere, mit welcher Größe Anne über ihrem Schicksal steht. Nie hören wir eine Klage aus ihrem Mund, dankbar nimmt sie jede Zuwendung entgegen.

Gestern überbrachte ihr eine Freundin, die als Schwester im Lazarett arbeitet, diesen Blumengruß von einem Bekannten aus dem Männerlager. Das sind gleich zwei Rätsel: Im Männerlager wachsen ebensowenig Blumen wie bei uns. Vielleicht arbeitet der Bekannte im Außendienst, hatte er sie unterwegs »mitnehmen« können? Und wie ist er damit durch die Kontrolle gekommen? Das gleiche gilt auch für die Schwester – sie wird am Ausgang des Männerlagers und am Eingang zum Frauenlager durchsucht. Eigentlich dürfte sie unsere Baracke gar nicht betreten, weil sie selbst außerhalb des Quarantäne-Gebietes – im alten Lager – wohnt.

Doch Wunder dulden keine Fragen – sie sind einfach da.

Behutsam nahm Anne den Strauß in ihre fast durchsichtigen Hände, berührte die Blütenblätter wie einen kostbaren Schatz. Ein Lächeln umspielte ihre Lippen. »Stellt ihn auf den Tisch«, bat sie dann leise, »alle sollen ihn sehen.« Dort steht er also im schlichten braunen Tongefäß – Vorbote der Freiheit.

10. Juli 1948
Welch ein Tag!
Die Welle der Entlassung ist in Bewegung geraten. Heute verließen die ersten das Lager. Wir waren so mit dem Ereignis befaßt, daß ich erst während der Nacht zur Besinnung komme.

An Schlaf ist vorerst sowieso nicht zu denken. Seit wir im Revier oben auf unserer »Veranda« liegen, bekommen wir jede Nacht unliebsamen Besuch. Von der Holzdecke fallen die Wanzen in Scharen auf uns herab. Zwar ist die Baracke vor der Neubelegung desinfiziert, mit Chlorkalk ausgespritzt worden, aber wer etwas von Wanzen versteht, der weiß, daß sie allen Vernichtungsversuchen standhalten.

Damit sie nicht über unsere Körper herfallen, haben wir Vorkehrungen getroffen, die unsere Haut vor den ekligen Biestern und ihren Stichen schützen. Das weiße Laken, auf dem wir eigentlich liegen sollen, wird von den Fußspitzen bis über den Kopf gezogen – wir sind vollständig bedeckt. Man hört nur ständig ein Klack, Klack, Klack, mit dem sie auf das Leinentuch prasseln. Manchmal zähle ich mit: ein-, zwei-, dreihundert ...

Erst nach Mitternacht wird es ruhiger, der Ansturm läßt nach. Vielleicht haben die runden braunen oder rötlich gefärbten Blutsauger dann Nachtruhe?

Erleichtert klettere ich hinunter, nehme vorsichtig das »bunte« Laken zusammen, schüttele die Quälgeister im Waschraum ab – Wasser vertragen sie nicht.

In besonders schlimmen Nächten treffen wir uns fast jede Stunde im Waschraum, melden gegenseitig die Rekorde, unter 500 liegen sie nie. Danach wird das Laken vorsichtshalber wieder über Körper und Kopf gebreitet – die Nachtruhe kann beginnen.

Zum Glück wird es um diese Jahreszeit früh am Morgen hell, so daß uns die zweite Invasion der Wanzen erspart bleibt. Sie lieben die Dunkelheit.

Auf jeden Fall sind die Wanzen angenehmer als die Kleiderläuse und Flöhe in Ketschendorf – man kann sich wehren.

Heute zähle ich nicht den Aufprall der blutgierigen platten Gesellen, ich nehme die Geräusche kaum wahr. Es gibt wichtigeres – ich muß den Blick nach vorn richten, mich ernsthaft fragen, was ich draußen tun werde. Manche Vorstellungen vom »neuen« Leben geisterten in den drei Jahren durch meinen Kopf. In Ketschendorf hatten sie ihre Blütezeit. Ich traf dort mit Ilse B. zusammen, die wie ich von Beruf Kindergärtnerin war. Welch einen schönen Zukunftsfaden spannen wir in langen, unausgefüllten Stunden ...

Ein Heim für verwaiste Kinder wollten wir gründen. Unsere Planung umfaßte alle Einzelheiten – vom Anschaffen des Spielzeuges bis zur Wahl des Standortes. Ein hübsches Haus sollte es sein, mit großen Fenstern und einer Terrasse, mitten im Grünen gelegen. Wald und Wasser müßten in der Nähe sein. Das Haus würde uns zu gleichen Teilen gehören. Keine Anstrengungen wollten wir scheuen, um den uns anvertrauten Kindern ein behagliches

Heim zu schaffen. Alles durchdachten wir bis ins kleinste, nur nicht, woher wir das Geld bekämen. Aber dás war damals nicht wichtig. Wir richteten uns an der Idee auf, vergaßen die Wirklichkeit.

Die Überlegungen, die ich in Jamlitz und Mühlberg anstellte, waren da schon realer. Dr. Elfriede F. war hier meine Beraterin. In Ketschendorf hatte ich die Dozentin für Germanistik kennen- und schätzengelernt. Es bildete sich fast ein Mutter-Tochter-Verhältnis zwischen uns heraus, das bis zum Auseinandergehen andauerte.

Sie war es, die den Anstoß gab: »Du könntest Lehrerin werden.« Sie begründete ihren Vorschlag damit, daß ich bereits reiche Erfahrungen im Umgang mit Kindern sammeln konnte und auch einen ausgeprägten Sinn für Literatur habe.

Die Vorstellung, nach meiner Rückkehr ein Lehrerstudium aufzunehmen, nimmt mich mehr und mehr gefangen. Aus der Zeit vor meiner Verhaftung ist mir bekannt, daß im Sommer 1945 Lehrgänge für Neulehrer eingerichtet wurden. Gertis Freund belegte einen solchen in Cottbus. Sicher hat er ihn längst beendet und ist als Lehrer tätig. Vielleicht kann er mich beraten.

Ebenso gern würde ich auch meine Tätigkeit als Kindergärtnerin wieder ausüben. Während der Kriegsjahre mußte ich mich in den verschiedensten Bereichen der Arbeit mit jüngeren Kindern bewähren. Kaum 15jährig, begann ich gleich nach dem Besuch der Haushaltsschule als Helferin im Kindergarten Haidemühl zu arbeiten. Diese Zeit wurde mir als »Pflichtjahr« angerechnet. Gleichzeitig absolvierte ich ein externes Studium, was den Vorteil hatte, »nebenbei« das Examen abzulegen. Mit 16 Jahren übernahm ich den Erntekindergarten in der Nachbargemeinde Gosda. Dort war ich allein für die Betreuung von 30 bis 40 Kindern verantwortlich.

Da es damals keine Kinderkrippen gab, waren die jüngsten meiner Schützlinge eineinhalb beziehungsweise zwei Jahre alt. Nachmittags kamen auch die Schulkinder der Gutsarbeiter und der Bauern des Dorfes hinzu. Es erforderte Einfallsreichtum, alle Altersgruppen sinnvoll zu beschäftigen.

Später wurde ich in Kindereinrichtungen des Kreises Spremberg eingesetzt, unter anderem in Spremberg, Friedrichshain, Wolfshain und Welzow.

Ab Oktober 1943 leitete ich den neueröffneten Kinderhort in Welzow. Die Erinnerung an diese letzte Tätigkeit vor Kriegsende tritt besonders deutlich hervor. Damals war ich nicht viel älter als ein Teil der Kinder, die ich betreute. Eine sehr schöne, eine kameradschaftliche Beziehung bildete sich heraus. Wir schmiedeten tolle Pläne, nahmen uns vor, später einmal zum Zirkus oder zum Varieté zu gehen, übten zu diesem Zweck schon allerlei Kunststücke... Wie lange ist das her?

Jetzt sitzt ein Teil der Jungen, die mit mir ein Unternehmen künstlerischer Art gründen wollten, im Lager – in welchem? Kurze Zeit waren wir in Ketschendorf zusammen. Als ich im November 1945 eintraf, fand ich sie dort vor. Sie wohnten uns schräg gegenüber im Haus 7 jenseits des Zaunes, so daß wir uns täglich durch Zeichensprache verständigen konnten. Im Frühjahr 1946 wurden sie auf Transport geschickt, seitdem hatte ich ihre Spur verloren. Warum das alles?

Ich schrecke aus meinen Betrachtungen auf. War ich eingeschlafen? Es dämmert schon. Eliesabeth neben mir atmet ruhig und gleichmäßig – die Gegenwart hat mich wieder.

Morgen, übermorgen oder in einer Woche werde ich den Weg antreten, den heute die ersten nahmen.

Die Zeit bis dahin darf nicht nutzlos verstreichen. Ich will Rückschau halten und in meinem Gedächtnis lückenlos aufzeichnen, was ich in den Lagerjahren erlebte.

Wie ein Film rollen die drei Stationen Ketschendorf–Jamlitz–Mühlberg an mir vorüber, nicht in chronologischer Abfolge, aber in inhaltlichen Zusammenhängen.

Haus 17, Eingang 2, Zimmer 4

Das ist keine Adresse, unter der ich zu erreichen bin. Kein Brief, kein Telegramm – sei es noch so dringend – wird jemals mit dieser Anschrift versehen sein.

In Haus 17, Eingang 2, Zimmer 4 des Lagers Ketschendorf habe ich endgültig meinen Platz gefunden, nachdem die »Küche« des gleichen Eingangs, in die mich Gerti und Rosemarie am Tage meiner Ankunft mitgenommen hatten, geräumt werden mußte.

Auch dieser letzte Raum innerhalb des Frauenzwingers sollte zwecks Aufnahme weiterer »Einlieferungen« mit Bettgestellen ausgerüstet werden. Seine vorläufige Schließung gab Anlaß zu einer großangelegten Neuverteilung innerhalb des Frauenlagers. Es war nicht die einzige derartige Aktion, aber die umfassendste und wohl deshalb notwendig, weil die Zugänge im November 1945 solche Ausmaße annahmen, daß das Lager überquoll.

Die Verteilung der Frauen erfolgt nach unergründlichen Gesichtspunkten, die jetzt von der sowjetischen Kommandantur festgelegt werden. Von diesem Zeitpunkt an dürfen Frau H. und ihre Stellvertreterin keine selbständigen Entscheidungen über die Zimmerbelegungen mehr treffen. So jedenfalls stellt sich uns das Geschehen dar.

Gerti und Rosemarie beziehen im Haus 2 ein Zimmer, in das vorwiegend Frauen und Mädchen aus der Cottbuser Gegend eingewiesen werden. Wie aus weiter Ferne vernehme ich die Anordnung der stellvertretenden Lagerleiterin, Frau R.-M.: »Bauer, Ursula, verbleibt im Haus 17, Eingang 2 und teilt mit J., Charlotte, das untere Bett an der linken Wandseite im Zimmer 4.«

Habe ich das richtig verstanden? Ein Bett für zwei Personen? Aus den anderen Zimmern kannte ich die schmalen Pritschen mit einer Breite von etwa 0,60 m und einer Länge von 1,70 m. Aber ein Irrtum ist ausgeschlossen, denn ich höre weitere Aufforderungen an zwei Frauen, ein Bett zu belegen.

Reichlich verwirrt steige ich mit den anderen nach vollzogener Einweisung, die Appellcharakter trug, die Treppe hinauf. Zimmer 4 ist das ehemalige Schlafzimmer. Der Raum mißt 13,5 m². Fünf dreistöckige Bettstellen sind so verschachtelt darin aufgebaut, daß kaum Platz zum Durchgehen bleibt. Gegenüber der Tür steht in der Ecke ein kleiner Ofen – das einzige Inventar außer den Betten. Kein Schrank, kein Tisch, kein Stuhl. Vor dem Fenster, das den Blick auf den einstigen Garten freigibt, ist eine freie Fläche von 1,20 m mal 1,60 m, die wir später scherzhaft als »Tanzboden« bezeichnen.

Zunächst stehen wir ratlos vor den zugewiesenen Betten. Sie sind aus rohen Brettern zusammengezimmert. Weder Stroh, Matratzen noch andere Unterlagen finden wir vor. In jedem Bett liegt eine grobe Decke. Also müssen die beiden, die ein Bett teilen, mit einer Decke auskommen.

Lotti steht neben mir. Ich habe sie vorher noch nie gesehen. Überhaupt entdecke ich unter den 18 Frauen im Zimmer kein bekanntes Gesicht. Verstohlen mustern wir uns von der Seite. Lotti ist groß und schlank, ihre Bewegungen sind schlaksig. Als sie zu sprechen beginnt, weiß ich, daß sie Berlinerin ist: »Mit dir muß ick also die olle Koje teilen, wie heißt du? Ursula? Find ick doof, ick sage Uschi, kannst Lotti zu mir sagen.« Dann probieren wir das »Bett« aus. Nebeneinander liegen geht nicht. Lotti ist zu lang. Wenn sie sich drehen will, falle ich über den nicht sehr hohen Rand. Darum einigen wir uns aufs »Einschachteln« wie Sardinen in einer Büchse: Lottis Füße an meinem Kopfende und umgekehrt, wobei Lottis Beine ein ganzes Stück über den Bettrand hinausragen.

Die beiden Mädchen über uns machen es wie wir. Helga und Elsa sind ebenfalls zwei ungleiche Partner. Helga, klein, schlank, mit halblangen blonden Locken, macht einen zerbrechlichen Eindruck, während Elsa über ein ganz beachtliches Körpergewicht verfügt. Sie wirkt schwerfällig und behäbig. Nachts, wenn Elsa sich bewegt, habe ich Angst, daß die Bretter durchbrechen.

Im dritten Stock über uns wohnt Marianne. Sie hat es am besten von uns fünf »Mietern« getroffen. Die oberen Betten sind durchweg nur mit einer Person belegt. So hat Marianne nicht nur Ausdehnungsmöglichkeiten im Bett selbst, sondern auch nach oben. Sie kann aufrecht sitzen und sich sogar strecken.

Uns ist es nur möglich, am Tage mit angezogenen Beinen im Bett nebeneinander zu hocken oder, gebückt, die Füße auf den Fußboden gestellt, zu sitzen. Doch dabei ist Vorsicht geboten! Wenn Elsa oder Helga das gleiche tun, hängen ihre Füße herab, so daß wir schon mal einen Kopfstoß abbekommen. Am schlimmsten sind die ersten Tage. 18 Frauen – 18 Schicksale – 18 Anschauungen.

Nach den gemeinsamen Anstrengungen, ihren Platz in Besitz zu nehmen, haben alle das Bedürfnis, einander kennenzulernen. Frau M. meint: »Man möchte ja schließlich wissen, mit wem man zusammenwohnt.«

Bei näherer Betrachtung stellen wir fest, daß sich eine bunte Mischung ergibt. Altersmäßig läßt sich unsere Belegung in zwei

Gruppen gliedern: Eine umfaßt die 30- bis 50jährigen, zur zweiten gehören 17- bis 25jährige.

Die Berufe sind ebenfalls vielfältig. Frau L. war Krankenschwester in einer Heilanstalt. Frau B. bekleidete einen Posten in einer Dienststelle der NSDAP, Frau Ko. bezeichnet sich als Geschäftsfrau, da sie im Betrieb ihres Mannes (er war Bootsbauer) tätig war. Einige Frauen sind – wie sie sagen – nur Hausfrauen, früher einmal haben zwei von ihnen längere Zeit als Sekretärin beziehungsweise als Verkäuferin gearbeitet. Unter uns jüngeren gibt es zwei Kindergärtnerinnen, drei Büro-Lehrlinge, eine hauptamtliche BDM-Führerin, eine Luftwaffen-Helferin. Die übrigen besuchten die Handelsschule oder leisteten ihr »Pflichtjahr«.

Wir schildern auch die Art unserer Festnahme. Sie reicht von Einzeldenunzierungen über Listen deutscher Ortsausschüsse (wie in meinem Fall) bis zum willkürlichen Aufgreifen. Letzteres war bei Frau M. und Frau K. der Fall. Beide wurden mit anderen bei der Arbeit auf dem Feld auf Lastwagen »verladen« und ins Lager gebracht. Erstaunlich ist, daß es sich bei Frau M. um eine überzeugte Kommunistin handelt, die in den Jahren des Faschismus des öfteren wegen ihres mutigen Auftretens gegen die Machenschaften des Regimes Verfolgungen ausgesetzt war. Die andere, Frau K. – sie stammt aus dem gleichen Ort, Lehnitz –, litt ebenfalls unter der Naziherrschaft. Sie ist Halbjüdin und entging mit knapper Mühe den antisemitischen Verfolgungen.

Lange können wir uns in den ersten Tagen unseres Beisammenseins nicht mit privaten Rückblicken aufhalten.

Wir müssen festlegen, wer in unserem Zimmer das Amt der Zimmerältesten übernimmt. Die Entscheidung muß bald fallen, damit der Lageralltag einen »normalen« Verlauf nehmen kann. Die älteren Frauen lehnen es von vornherein ab, sich damit zu belasten. Wir Mädchen verfügen wohl kaum über genügend Erfahrung für eine solche verantwortungsvolle Aufgabe. Außerdem würden die Frauen uns sicher nicht respektieren.

Es bleibt eigentlich nur Käthe übrig. Die 25jährige Tochter eines Schmiedemeisters aus Kirchhain fiel uns bereits im ersten Chaos der Zimmerbelegung angenehm durch Ruhe und Besonnenheit auf. Sie versuchte zu schlichten und griff ein, als Frau M.

und Frau K. sich nicht bereit fanden, nebeneinander zu liegen. Beide kannten sich »zu gut« von zu Hause und waren sich nicht gerade zugetan. »Es gibt doch jetzt andere Probleme«, redete Käthe ihnen zu, »wir dürfen eigenständig nichts an der Bettenzuweisung verändern, sonst würde ich tauschen. Aber ich versuche später, einen Tausch zu beantragen.«

Das half und wirkte auch auf alle anderen besänftigend. Jemand war da, der in dem Durcheinander nicht nur an sich dachte.

»Ich schlage Käthe Z. vor, sie ist am besten geeignet«, verkündet Frau H. mit ihrer immer heiser klingenden Stimme. »Na klar, nur Käthe kommt in Frage«, bestätigt Frau M., »ihr verdanken wir, daß wir uns nun doch zusammengerauft haben – stimmt's?« Der Zusatz ist an ihre Bettnachbarin, Frau K., gerichtet. Die nickt eifrig.

Käthe selbst ist skeptisch: »Helfen will ich gern, aber ich möchte nicht im Mittelpunkt stehen.« Sie wird überstimmt, und wir stellen bald fest, daß wir mit ihr eine gute Wahl getroffen haben.

Als erstes richtet Käthe einen Hausdienst ein, dem die Reinigung des Zimmers, des Treppenhauses und des Badezimmers obliegt. Käthe schlägt vor, die beiden Frauen, die neben uns im »kleinen« Zimmer mit einem Säugling untergebracht sind, vom Saubermachen der äußeren Räumlichkeiten zu befreien. »Wenn nicht alle einverstanden sind, übernehme ich den Dienst der beiden«, erklärt sie. Tatsächlich sind drei Frauen gegen eine solche Regelung. Marianne, Ilse und ich finden uns bereit, mit Käthe gemeinsam an den entsprechenden Tagen zusätzlich Flur und Bad zu säubern.

Die Waschgelegenheiten im Badezimmer dürfen wir nicht benutzen, die Toilette steht uns nachts zur Verfügung, weil die Haustür von außen verschlossen wird. Am Tage suchen wir den Abort am äußersten Rand des Gartens auf – ein primitiver Holzverschlag mit durchgehender Stange, auf der die Benutzer nebeneinander sitzen müssen.

So kommt es, daß wir vier uns zu einer Reinigungsgruppe zusammenschließen. Wir verrichten alle Arbeiten gemeinsam, auch wenn einer von uns selbst an der Reihe ist. Ganz selbstverständlich springen wir bei Krankheit oder Unpäßlichkeit unserer Zim-

Speziallager Nr. 5
– Ketschendorf – bei Fürstenwalde

Kommandantur
russ. Wachmannschaft

»Karzer«

alter Eingang

»Deutsche Lagerleitung«

Langewahler Straße

Neuer Eingang

Wlassow-Leute

Alte

Drahtzaun

Frauen

Jugendliche
12–16 Jahre

Appellplatz

Durchgang

Jugendliche

Latrine

Küchenbaracke

Leichenbunker

Lazarett

Appellplatz

Holzplatz

Einzelgräber

Panzergraben mit

Einrichtungsgegenständen

Einzelgräber

Massengräber

»Das Wäldchen«

mergefährtinnen ein. Später schließt sich Christel an, die Ende Februar 1946 in unser Zimmer zieht.

Das aufgezwungene Zusammenleben auf so engem Raum wirft Probleme auf, mit denen wir nicht gleich zurechtkommen. Zu unterschiedlich ausgeprägt sind Verhaltensweisen, und nach dem ersten Austausch über Herkunft, Beruf, Verhaftung merken wir, daß es keine gemeinsamen Gesprächsthemen gibt. Das Zusammenfinden in kleinen Interessengemeinschaften ist durch die Enge des Raumes unmöglich.

Da ist es ausgerechnet Frau M., die sich darum bemüht, »alle unter einen Hut zu kriegen«, wie sie selber sagt. »Wir können doch nicht Tag für Tag so herumhängen und uns anöden. Los, Mädels, überlegt mal, wie ihr euch zu Hause manchmal die Zeit vertrieben habt.« Da fühlen sich fast alle angesprochen. Frau H. rümpft zuerst die Nase, macht aber dann um so eifriger mit.

Oft spielen wir nun stundenlang die alten Kinderspiele: »Ich sehe was, was du nicht siehst«, »Teekesselraten«, oder wir kramen Rätsel aus unserem Gedächtnis hervor. Aber damit allein lassen sich die langen Tage nicht ausfüllen.

Frau M. hat eine neue Idee. Sie legt Patiencen. Zuvor muß sie allerdings die Karten herstellen. Das Material bezieht sie von der Wandverkleidung.

Unser hübsch tapeziertes Zimmer bietet schon bald einen traurigen Anblick. Die geblümte Tapete in den zarten Farben rosa, grün, beige wird wichtigeren Zwecken zugeführt. So benutzt jeder sein Feld hinter dem Bett, um sich mit Toilettenpapier auszurüsten. Frau M. nimmt sich jetzt der freien Wand unter dem Fenster an, aber es ist ja ein gemeinnütziges Vorhaben. Miniatur-Patience-Karten entstehen mit Hilfe eines Stückchen Bleistifts und einer Nagelschere. Beides hat sie irgendwo »ergattert«.

Dann beginnen spannende Minuten. Wir fiebern mit, ob die Patiencen aufgehen. Frau M. legt sie für jeden, der darum bittet. Dieses Spiel hat für mich etwas Faszinierendes, und ich gehe bei Frau M. in die Lehre.

Zu meinem Geburtstag im März 1946 erhalte ich das bisher wertvollste Geschenk in meinem Leben – ein eigenes Kartenspiel – von Frau M. Weiß der Himmel, wo sie die Tapete dazu aufgetrieben hat, denn unsere ist längst verbraucht.

34

Als herzerfrischend empfinden wir die Kontroversen der beiden Lehnitzer Frauen, die trotz guter Vorsätze ihren spitzen Zungen nicht immer Einhalt gebieten können und allerlei »Liebenswürdigkeiten« austauschen. Doch wir wissen, daß es nicht so ernst gemeint ist. Frau M. ist schnell zum »Versöhnen« bereit, wenn Käthe sie an ihr Versprechen erinnert. Frau K., die ältere der beiden, gibt sich nicht sofort zufrieden. Sie brubbelt noch eine Weile vor sich hin.

Von uns erhält sie den Beinamen »Mutter« K., weil sie unentwegt uns »junges Gemüse« wie Kinder behandelt. Die kleine Frau sieht schon rein äußerlich wie ein »Muttchen« aus. Das Kleid aus blauem Waschsamt mit weißen Pünktchen hängt an ihr herunter, die wollenen Strümpfe rutschen dauernd. Ihren kleinen dünnen Zopf hat sie oben am Kopf festgebunden.

Seltsame Sachen erleben wir mit Mutter K. Manchmal grenzt ihr Hang zum Bemuttern an Aufdringlichkeit. Während ihrer Nachtwache sammelt sie die von den Mädchen abends abgelegten Wäschestücke ein und wäscht sie heimlich im Bad aus. Damit bringt sie sich – erwischt man sie – um Kopf und Kragen. Aber Mutter K. ist furchtlos, naiv furchtlos.

Morgens geht sie dann von Bett zu Bett, um ihren »Lohn« in Form einer Brotscheibe zu kassieren. Da kommt sie bei Helga richtig an: »Was geht Sie meine Unterwäsche an! Außerdem ist das Waschen verboten, das wissen Sie genau!« Doch so schnell läßt sich die flinke Frau nicht abschütteln. »Komm doch bloß mal, Helgachen, und guck dir an, wie weiß deine Höschen wieder geworden sind, die waren doch von dem Entlausen ganz vergraut.« Entsetzt sieht Helga, daß eine volle Leine, aus Stoffresten geknotet, über der Badewanne hängt. »Um Himmels willen, wenn eine Kontrolle kommt, sind wir dran. Sie werden feststellen, wem die Stücke gehören.«

Käthe muß wieder eingreifen, und das tut sie sehr bestimmt: »Runter mit dem Zeug, seht zu, wie ihr es trocken bekommt. Weg mit der Strippe, Frau K., aber auf der Stelle.« Ganz erschrocken und verstört befolgt Mutter K. die Anweisung und sagt fast weinerlich: »Hab's doch nur gut gemeint, Käthchen, hab's doch nur gut gemeint.« Im Grunde kann man ihr nicht böse sein, aber es geht um unser aller Wohl.

Doch Mutter K. hat noch weitere Überraschungen parat. Nach einem Streit mit Frau M., die ihre kommunistische Grundidee verteidigt, erbost sich Mutter K.: »Du mit deiner Weltverbesserung, das will ich schon lange. Ich zeig's dir!« Schon ist sie raus aus dem Zimmer, stellt sich im Flur auf und beginnt mit schrillem Organ zu singen: »Wacht auf, Verdammte dieser Erde…« Uns bleibt fast das Herz stehen. Christel fragt erstaunt: »Was habt ihr denn, was ist das für ein Lied?«

Ich kannte es nur, weil unser Hauptlehrer in einer Musikstunde meinem Klassenkameraden Max L. ein Liederbuch weggenommen hatte, da er zu der Melodie »Von all unsern Kameraden« einen falschen Text sang. Der Hauptlehrer riß das Buch an sich, blätterte darin und platzte förmlich vor Wut: »Kommunistenpack! Das könnte euch so passen, ›Wacht auf, Verdammte dieser Erde…‹ Daraus wird nichts, niemals!« Dann riß er das Liederbuch in Stücke und drohte: »Das hat ein Nachspiel!« Zu Hause fragte ich meinen Vater, warum sich der Hauptlehrer so aufgeregt habe. So erfuhr ich von der »Internationale«.

Und nun ertönt sie hier im Lager. Eigentlich müßte es ja unsere Bewacher freuen, aber erstens ist Singen generell verboten, und wer weiß zweitens, wie sie es auffassen würden.

Zum Glück hört es keiner, außer den Frauen im Eingang, und die verraten nichts. Frau Kr., die stille bescheidene Frau Kr., geht hinaus, packt Mutter K. beim Arm und zieht sie ins Zimmer. »Ist ja gut, Frau K., kommen Sie rein.« Das wirkt mehr als Mahnreden. Aber der Schock sitzt uns noch lange in den Gliedern.

Kurz vor Ostern 1946 zerschlägt sich wieder einmal die Hoffnung auf baldige Heimkehr. Die verheißungsvollen Gerüchte lösen sich ins Nichts auf. Es geht zwar ein Transport ab – aber denen, die dabei sind, bringt er nicht die Freiheit. Wir nehmen an, daß sie entweder in die Sowjetunion deportiert oder irgendwohin verschleppt werden. (Als wir fast ein Jahr später – im Januar 1947 – in Jamlitz ankommen, treffen wir einige dort wieder.) Die Stimmung sinkt auf den Nullpunkt. Am Abend des besagten Transportes legen wir uns ohne Gutenachtwünsche zur Ruhe. Die beängstigende Stille wird nur von verhaltenem Schluchzen und tiefen Seufzern unterbrochen. Auch mich befällt tiefe Traurigkeit. Die Welzower Jungen waren dabei. Wo mögen sie jetzt sein? Keiner von uns findet Schlaf. Da umfängt uns wie ein Streicheln Käthes warme Stimme:

>»Seltsam wirkt der Sterne Walten
über unsern dunklen Wegen,
ihren schweigenden Gewalten
mußt du still ans Herz dich legen.«

Das Gedicht »Sternenglaube« von Ina Seidel schließt mit der Verheißung:

>»Nach dem Takt der ewgen Runde
wandelt das Geschick im Tanze,
unbewußt ist dir die Stunde:
Plötzlich liegt die Welt im Glanze.«

Die Worte verhallen, und nach einer Pause sagte Käthe leise, aber fest: »Gute Nacht«.

Der Grundstein einer schönen Tradition ist gelegt. Allabendlich verabschieden wir uns mit Versen, die uns aufrichten. Ganz selbstverständlich beteiligt sich jeder daran. Mich erstaunt, wie viele Dichterworte im Gedächtnis fast aller haften. Wer kein Gedicht weiß, greift auf Liedtexte zurück: »Der Mond ist aufgegangen...« – »Abend wird es wieder...« – »Die Blümelein, sie schlafen...«.

An einem Abend packt es uns. Keiner weiß hinterher, wie es dazu kam. Es geschieht zu einer Zeit, als einige Veränderungen in der Kommandantur uns auf großzügigere Behandlung hoffen lassen: Ursel von Bredow erhielt von einer sowjetischen Ärztin eine Sitzgelegenheit in Gestalt einer Kiste zum Geschenk. Die Appelle werden nicht mehr endlos ausgedehnt. Wie leicht glaubt der Mensch an das Gute!

Anstatt ein Gedicht aufzusagen, beginnt eine von uns – ich kann nicht mehr sagen, wer es war – zu singen: »Am Brunnen vor dem Tore...«

Nach und nach stimmen alle ein, zuerst verhalten, dann – jede Vorsicht vergessend – hallt es zweistimmig durch die nächtliche Stille:

»Ich schnitt in seine Rinde
so manches liebe Wort,
es zog in Freud und Leide
zu ihm mich immer fort.«

Ein lautes »Achtung« reißt uns aus der Andacht, mitten in der zweiten Strophe. Die Frau aus Zimmer 2, die heute Wache steht, wird selbst überrumpelt und kann uns nicht mehr warnen.

Alle wiegten sich in Sicherheit, da abends lange Zeit keine Kontrollen vorgenommen wurden.

Es muß ein Überprüfungskommando der Lagerpolizei sein, das plötzlich in unser Zimmer eindringt, denn bei den sonst üblichen Kontrollen führen meist nur Wachsoldaten Stichproben in einzelnen Eingängen durch. Heute ist das anders. Im Schein der aufleuchtenden Taschenlampen erkennen wir vier sowjetische Offiziere, darunter eine Frau. Die Kapowa ist es nicht, das merken wir an ihrem Auftreten.

Mit den Taschenlampen leuchten die Offiziere die Betten ab. Wir haben blitzschnell die Decken über den Kopf gezogen und stellen uns schlafend. Einer der Offiziere leuchtet Frau L. ins Gesicht, fragt auf deutsch: »Wer gesungen?« Frau L. tut verschlafen und antwortet: »Ich habe nichts gehört.« Das ist nicht klug, denn sofort schreit ein anderer sie an: »Du nix hören, wir auf Straße hören singen!«

Die Frau schaltet sich ein, macht sich zur Wortführerin. »Gesang verboten – verstehn!«, herrscht sie uns an. Kleinlaut antworten mehrere von uns mit Ja. »Da, da! Wer singen Lieder?«, prasselt erneut die Frage auf uns nieder, danach die Drohung: »Wenn keiner sagt, alle in Bunker, ganze Zimmer!« Was das bedeutet, ahnen wir. Der Strafbunker – ein Kellerraum im Haus 15 des Frauenzwingers – reicht für 18 Frauen nicht aus. Also müßte man uns woanders hinbringen – vielleicht in den weit größeren Bunker des Männerlagers – oder gar ganz weg?

Käthe erhebt sich, sicher will sie alles auf sich nehmen, erklären, daß sie allein verantwortlich ist. Das kann für Käthe Isolierung mit anschließender Verlegung zur Folge haben. Für uns wäre das ein nicht abzuschätzender Verlust. So muß wohl auch Marianne, die von oben alles am besten beobachten kann, empfinden. »Ich habe gesungen«, bekennt sie und steigt vom Bett.

»Du nix allein! Wir hören laut singen von mehr Personen, wer noch singen?« Die Uniformierte läßt nicht locker. Impulsiv schließt sich Helga dem Beispiel Mariannes an, stellt sich neben sie und sagt schlicht: »Ich!«

Damit ist die Aktion aber nicht beendet, denn die Kontrollierenden wissen genau, daß zwei Mädchen nicht so stimmkräftig singen können. Ich bin bereit, mich als dritte zu melden, richte mich auf, falle aber gleich wieder zurück, weil mir Lotti mit den Füßen einen scharfen Stoß versetzt. Ehe ich fasse, was geschieht, ist Lotti mit einem Satz aus dem Bett, drängt sich zwischen Marianne und Helga. Sie braucht nichts zu sagen, einer der Offiziere winkt ab. Die »Täter« scheinen ihm auszureichen. »Mitkommen, dawai! Wache auch, dawai, dawai!«, treibt die Wortführerin an.

Mich beschäftigt die Frage: Warum hat Lotti das getan? Sie, mit der ich nie so recht warm werden konnte, springt für mich ein. Dabei war sie die einzige, die nun wirklich nicht mitgesungen hat. Sie behauptete immer: »Ick kann nich singen, ick brumme nur.« Im nachhinein erklärt Lotti einfach: »Denkste denn, du hätt'st nach deiner Krankheit den Bunker überlebt!«

An uns ist es jetzt, die drei aus unserem Zimmer moralisch und körperlich zu stärken. Wir schmuggeln abwechselnd Brot und Sachen in den Bunker. Ich packe Lottis türkisfarbene Strickjacke zu einem kleinen Bündel zusammen, verstecke ein Käntchen Brot darin. Während Elsa die Wache ablenkt, versuche ich, das Päckchen durch das Loch der schmalen Gitterstäbe, die vor dem Kellerfenster angebracht sind, zu zwängen.

Zwei Wochen lang können wir auf diese Weise den drei »Sängerinnen« die Bunkerhaft erleichtern. »Drei für alle – alle für drei!« – unter diesem Motto steht in unserem Zimmer die Aktion echter Solidarität.

Zu den Freundinnen, die ich im Zimmer 4 fand, zähle ich nun auch Lotti. Unser Verhältnis zueinander gewinnt an Herzlichkeit.

In den fast 15 Monaten meines Ketschendorfer Aufenthalts unterliegt die »Besatzung« unseres Zimmers mehrfachen Veränderungen. Außer Christel kommt für kurze Zeit Ursel von Bredow zu uns. Sie nimmt Ilses Bett ein, deren Verlegung mich sehr betrübt. Ilse ist auch Kindergärtnerin, und wir schmiedeten gemeinsam traumhafte Zukunftspläne. Zwei andere Mädchen werden ebenfalls »ausgetauscht«. Dafür weist Frau H. Hannelore bei uns ein.

Hannelore und Ursel sorgen abwechselnd für Aufregungen unterschiedlichster Art. Hannelore hält uns mit ihrem Temperament in Atem. Sie will uns unbedingt das Tanzen beibringen. Nicht die üblichen Tänze, nein, Hannelore führt uns solistisches Können vor – mit Tricks und allem, was zum Schautanz gehört. Ursels Auftritte hingegen sind ernsterer Art. Sie leidet zeitweise unter schweren Depressionen und weiß dann nicht, was sie tut. Das bedauernswerte Mädchen wurde bereits im Zustand geistiger Umnachtung verhaftet. So sehr wir an ihrem Schicksal Anteil nehmen, das Zusammenleben mit ihr wird zur Belastung. Wenn es sie überkommt, springt sie unmotiviert aus dem Bett, reißt das Fenster auf und schreit: »Kameraden, ich komme!« Nur mit Mühe gelingt es uns, sie von einem Sturz aus dem Fenster zurückzuhalten. Sie wird dann wütend, beißt, tobt und ruft: »Ich muß die Kameraden retten!« Frau L., die in einer Nervenklinik Pflegerin war, nimmt sich des Mädchens an. Aus diesem Grunde wurde Ursel auch bei uns eingewiesen. Aber seltsamerweise übt Frau M. einen weit größeren Einfluß auf Ursel aus. Ihre natürliche Art, mit ihr umzugehen, beeindruckt mich. Sie tut eigentlich gar nichts, sagt ruhig: »Mensch, Uschi, laß das, die Kameraden sind längst gerettet.« Wenn Ursel ungläubig zu ihr hinschaut, bestätigt Frau M. mit überzeugender Geste: »Ja, ich hab's gesehen, alle sind in Sicherheit. Nun komm, Mädel, komm vom Fenster weg. Ist niemand mehr da.« So oder ähnlich besänftigt sie die Kranke, und wir atmen auf.

Einige Wochen lang beherbergen wir eine etwa 30jährige Frau, die meint, übersinnliche Kräfte zu besitzen. Den Beweis will sie in ihren spiritistischen Sitzungen antreten. Da uns kein Tisch zur Verfügung steht, muß die »Kiste der Kapowa« herhalten. Doch die Frau merkt sehr schnell, daß wir sie nicht ernst nehmen, und als gar Frau M. sich nicht enthalten kann, in Abwandlung eines Faust-Zitats aus dem Hintergrund ihres Bettes zu deklamieren: »Ich bin der Geist, der stets verneint und der dir heute nicht erscheint.«, da ist es um die arme Frau geschehen. Sie unternimmt in unserem Zimmer keinen zweiten Versuch.

Wie viele personelle Wechsel es auch gibt, der »alte Stamm« meistert die schwierigsten Situationen.

Am frühen Morgen des 16. Januar 1947 zerreißt der Ruf »Fertigmachen zum Transport!« das Band, das uns für ein Jahr und zweieinhalb Monate zu einer festen Gemeinschaft verknüpft hat. Jedoch ist dieser Riß nur mit einer äußerlichen Trennung verbunden.

Was uns im Inneren zusammenhielt, wird Bestand haben.

Ein Häftling wird geboren

Ketschendorf, November 1945.

Einige Tage nach meinem Umzug in das Zimmer 4 liege ich wie so oft nach der Trennung von Gerti und Rosemarie abends wach. Die bedrückende Enge im Raum, das schmale Bett, das ich mit Lotti teilen muß, vor allem aber die schwindende Hoffnung, schnell nach Hause zu kommen, all die beängstigenden Lagereindrücke hindern mich am Schlafen.

Da glaube ich ein leises Weinen zu hören, nicht in unserem Zimmer, es muß weiter entfernt sein. Ich lausche angestrengt – eine Kinderstimme?

Träume ich? Das ist doch nicht möglich, wie soll ein Kind hierher kommen!

Das Weinen wird lauter, geht in ein Wimmern über, kläglich, herzerweichend.

Jetzt werden auch die anderen wach. Lotti dreht sich um: »Was ist denn los?« Ungläubig frage ich: »Hör doch mal, ist hier ein Kind, das weint?«

Frau Kr., die schon längere Zeit im Lager weilt, erklärt: »Das wird Hansi sein. Heute nachmittag habe ich gesehen, daß Ilse mit dem Kleinen und ihrer Freundin nebenan in das Zimmer eingewiesen wurde. Frau H. brachte sie her. Ihr wißt ja, das ›Kinderzimmer‹ hier oben war noch nicht belegt. Sicher haben sie es für Ilse eingerichtet.«

Wir sprechen leise, denn das Reden miteinander ist nachts verboten. Laute Gespräche bringen die Nachtwache in Gefahr. Sie muß Meldung erstatten oder wird im Fall einer plötzlichen Kontrolle schwer bestraft.

In dieser Nacht erfahre ich, daß Ilse als hochschwangere Frau gegen Ende Mai 1945 hier eingeliefert wurde. Die Verhaftung sollte ihrem Mann gelten.

Als Ilse den sowjetischen Offizieren, die bei ihr eindrangen, klarmachen wollte, daß ihr Mann gefallen ist, hat man sie zum Verhör mitgenommen. Sie sollte das Versteck ihres Mannes angeben. Der Dolmetscher übersetzte: »Dein Mann in Rußland gewesen, Frauen und Kinder umgebracht. Du sagen, wo er ist.« Alle Beteuerungen, daß ihr Mann nichts Schlechtes getan habe und aus dem Krieg nicht heimgekehrt wäre, halfen nichts. Auch Ilses Beteuerung, daß sie zu Hause die Nachricht von seinem Tode habe und sie vorweisen könne, brachte keinen Erfolg. Der Vernehmungsoffizier beharrte auf seiner Behauptung und ließ übersetzen: »Dein Mann Faschist, wenn wir nicht wissen, wo er versteckt ist, mußt du bleiben in Gefängnis.«

Ilses Zustand war zu diesem Zeitpunkt nicht zu übersehen. Ich hatte einmal davon gehört, daß die Sowjetsoldaten kinderfreundlich seien. Für diesen Fall traf das nicht zu! Ilse wurde festgehalten, mehrere Tage lang in gleicher Weise verhört und dann auf Transport nach Ketschendorf geschickt.

Jetzt kann ich erst recht nicht einschlafen. Diese Geschichte wirft alle bisherigen Annahmen von »zufälligen Verhaftungen« über den Haufen.

Am nächsten Tag versuche ich, Kontakt mit Ilse aufzunehmen – vergebens. Es ist streng untersagt, das Zimmer, in dem Ilse mit dem Kind und einer Gefährtin untergebracht ist, zu betreten.

Ilse darf auch nicht mit dem Säugling spazierengehen. Vom Zählappell ist sie befreit. Das Essen wird ihr von einer »Melderin« gebracht.

Wenn Ilse zum »Stadtrand« – welch vornehmes Wort für die aus Holz gezimmerte Latrine im entlegenen Teil des Frauenzwingers – gehen muß, wird sie von ihrer Mitbewohnerin Anneliese begleitet, und beide dürfen keine Gespräche mit anderen Frauen führen.

Erst einige Monate später – es muß im Spätsommer 1946 sein – werden die Bestimmungen gelockert. Grund dafür ist der Einsatz einer sowjetischen Ärztin in der Kommandantur, die den Frauen zugetan ist und sich persönlich auch um Ilse und das Kind bemüht. Sie bringt ab und zu Sachen und ein wenig Zusatzverpflegung.

Das erzählt mir Ilse, als ich sie näher kennenlerne. Ein Zufall kommt mir dabei zu Hilfe: Eine Melderin, die mich am Eingang sah, bat, Ilse eine Nachricht zu übermitteln. Sie sollte mit dem Kind am Nachmittag zum Tor gehen. Ilse wird immer gesondert zur Entlausung und zum Baden geführt.

So bekomme ich den kleinen Erdenbürger zu Gesicht: ein Kind, derart durchsichtig und zart, daß man Angst hat, es zu berühren. Fast ehrfürchtig stehe ich vor dem Lager des Kleinen, das Ilse ihm auf der Bettstatt errichtet hat. Dank der Decken und Tücher, mit denen die »Kapowa«, so nennen wir die sowjetische Ärztin im Range eines Kapitäns, Ilse versorgt, ist Hansi warm eingehüllt.

»Willst du ihn mal halten?«, fragt Ilse. Sie nimmt ihn hoch und legt ihn mir in die Arme. Da schlägt das kleine Wesen die Äuglein auf, streckt mir die Ärmchen entgegen.

Wie schrecklich ist es, mit ansehen zu müssen, daß ein unschuldiges Kind in so einer Umgebung aufwachsen muß.

Es ergibt sich, daß ich öfter das »Kinderzimmer« betrete und mit Ilse ins Gespräch komme. Sie hat das Bedürfnis, mit jemandem zu sprechen, findet aber wegen der lange währenden Isolierung wenig Kontakt. Die älteren Frauen sind zu stark mit sich selbst beschäftigt, die Mädchen sind Ilse im allgemeinen »noch zu jung für solche Geschichten«. Ilse spürt meine Anteilnahme, und so erfahre ich, wie im Todeslager Ketschendorf ein Häftling das Licht der Welt erblickte.

Ilse wird gleich nach ihrer Einlieferung isoliert, die Zeit der Entbindung ist nahe gerückt. Man bringt sie ins Lazarett. Da es aber dort keine Einzelzimmer gibt, legt man sie in einen abgeteilten Kellerverschlag. Der Zementfußboden wurde zuvor mit Stroh beschüttet. Eine einzige Decke teilt man ihr zu. Ohne jegliche Geburtshilfe – nur der Beistand einer Mitgefangenen wird ihr gewährt – bringt Ilse bar der minimalsten hygienischen Bedingungen auf blankem Stroh das Kind zur Welt. Der schönste Augenblick im Leben einer Frau wird für sie zur Qual, denn was erwartet den neuen Erdenbürger?

Hansi – so nennt Ilse ihr Kind – wird als Häftling Nr. X registriert.

Irgendwie kommt mir bei Ilses Schilderung die Geschichte der

Maria in den Sinn, die im Stall das Jesuskind gebar. Aber in der Bibel ist zu lesen: »Sie wickelte es in Windeln und legte es in eine Krippe, denn sie hatten sonst keinen Raum in der Herberge.« Im Stall zu Bethlehem fanden sich auch Hirten ein, die »Heiligen drei Könige« brachten dem Kind Geschenke ... Ilse besitzt nicht einmal Windeln, von einer Krippe gar nicht zu reden und noch viel weniger von »Königen«, die Geschenke bringen.

Doch Ilse darf erfahren, was Solidarität bedeutet. Jeder, der von der Geburt Kenntnis erlangt, versucht zu helfen. Trotz eigenen Mangels läßt manch einer ihr und dem Kind etwas heimlich zukommen. Dafür ist Ilse dankbar. Sie selbst bezahlt einen hohen Preis für die Geburt neuen Lebens. Mangelerscheinungen treten auf. Alle Zähne fallen ihr aus. Was sie an Kräften besaß, hat sie dem Kind mitgegeben.

Es dauert sehr lange, bis sie sich erholt. Aber sie weiß, daß sie nicht aufgeben darf. Das Kind braucht sie – das Kind braucht vor allem Nahrung, damit es am Leben erhalten bleibt. Die Muttermilch fließt spärlich. Wo soll sie Milch herbekommen? Für Ketschendorfer Häftlinge gibt es keine Milch – auch nicht für Hansi.

Ilse filtert durch ein Leinenläppchen Graupenbrühe, die sie von ihrer Mittagsration abnimmt. Ihre Gefährtin hat irgendwo einen kleinen Teelöffel, eher einen Mokkalöffel, aufgetrieben. So füttern sie den Kleinen, als die Milch bei Ilse völlig versiegt, mit grauem Wasserschleim. Häftling Hansi schluckt, er hat keine Wahl. Er behauptet sich allen Entbehrungen zum Trotz.

Mir drängen sich Vergleiche auf. Wie gern übernahm ich als Schulmädchen die Betreuung kleinerer Kinder. Das Patenkind meiner Mutter war mein besonderer Liebling. In seiner Familie war ich – 10jährig – fast zu Hause. Beim Baden und Windeln des kleinen Wolfgang durfte ich bestimmte Handgriffe übernehmen. Wenn er dann – hübsch angezogen – im Kinderwagen lag und vor Vergnügen krähte, weil er genau wußte, daß er ausgefahren wird, war ich ganz stolz.

Ich fühlte auch die Verantwortung für das mir anvertraute kleine Wesen. Pünktlich brachte ich den Jungen zur Mutter zurück, damit er seine Mahlzeiten nicht versäumte.

Zu allen Festtagen bedachte ich den kleinen Mann mit Geschenken, freute mich, wenn er mit seinen kleinen Händchen danach griff, die Dinge erst einmal in den Mund nahm und dann mit ihnen spielte. Ich sah ihn, umgeben von der Liebe und Fürsorge seiner Eltern, Großeltern und Paten, heranwachsen. Bangte mit ihnen, wenn er krank war, registrierte mit Vergnügen jede neue Phase seiner Entwicklung.

Hansi besitzt nur die Liebe seiner Mutter und später ab und zu ein freundliches Wort der Mitgefangenen. Die ersten Jahre seiner Kindheit sind gezeichnet von Hunger, Kälte, Freudlosigkeit – aber Hansi kommt durch.

Ein zweites Ketschendorfer Lagerkind, von dessen Existenz ich zu einem späteren Zeitpunkt erfahre, hat keine Mutter mehr. Sie starb bei der Geburt. Man erzählt sich, es soll eine Russin gewesen sein. Ob das nur eine Annahme ist oder die Wahrheit, bleibt mir unbekannt.

Ich habe dieses Kind auch nie zu Gesicht bekommen, denn Frau Ku., die sich des kleinen Jungen annahm, gehört zu den privilegierten Frauen und wohnt im Eingang der Lagerleitung des Frauenzwingers. Ich weiß nur, daß Frau Ku. auf dem Transport nach Jamlitz mit dem Kind dabei ist.

Die Jamlitzer Frauen berichten davon, daß einige in ihrem Lager geborenen Kinder elend zugrunde gingen oder tot zur Welt kamen.

Durch Elfriede lerne ich hier Uschi M. kennen. Elfriede, die ein feines Gespür für seelische Nöte der Menschen hat, nimmt sich der jungen, etwa 30jährigen Frau an. Rein äußerlich wirkt sie robust, etwas schnodderig – aber das ist mehr Selbstschutz, wie ich bald feststelle. Innerlich ist sie aufgewühlt, von tiefem Schmerz erfüllt.

Bei ihrer Verhaftung befand sie sich im vierten Monat der Schwangerschaft. Kurz zuvor hatte sie die Nachricht vom Tod ihres Mannes erhalten – er war gefallen. Uschi trug die Verhaftung mit Fassung, als kleine Angestellte im Verwaltungsapparat einer NSV-Dienststelle hatte sie nichts zu befürchten. Als man sie in das Lager Jamlitz brachte, blieb ihr die Hoffnung auf das Kind, in dem ihr Mann weiterleben sollte. Diese Gewißheit gab ihr Kraft.

Unter ähnlichen Verhältnissen wie Ilse brachte sie einen Sohn zur Welt, hielt ihn überglücklich im Arm. Wenige Stunden nach der Geburt erlosch das kaum erwachte Leben. Eine verzweifelte Mutter blieb zurück, die alles verloren hatte – den Mann, das Kind, die Freiheit.

Ein unschuldiger namenloser Häftling endete in einem Jamlitzer Massengrab.

Ilse hat Glück – was man in unserer Situation unter Glück versteht! Hansi ist etwa eineinhalb Jahre alt, als wir in Jamlitz eintreffen.

Eine junge Frau hat hier kurz zuvor entbunden. Das Kind ist von einem sowjetischen Soldaten der Wachmannschaft. Er knüpfte trotz strengen Verbots Beziehungen zu dieser Frau, fand Wege, sich heimlich mit ihr zu treffen. In Jamlitz herrschen ganz andere Gepflogenheiten als in Ketschendorf, das merken wir bald. Das Geheimnis der beiden mußte allerdings streng bewahrt werden, sonst hätte es dem Soldaten das Leben kosten können – da wird nicht lange gefackelt.

Die junge Frau bekommt ein extra Zimmer – einen abgetrennten Raum in einer Baracke. Die deutsche Lagerleitung bringt Ilse und Hansi im gleichen Raum unter.

Da der Sowjetsoldat sich für sein Kind verantwortlich fühlt, bringt er, so oft das möglich ist, etwas Milch und Zusatzverpflegung für die Kinder. Hansi hat eine Familie gefunden. Nicht für lange Zeit, denn es geht wieder auf Transport – Mühlberg wartet auf uns.

Die Mühlberger Frauen sind erstaunt, daß unter den Neuankömmlingen Kinder sind. »Das gibt es bei uns nicht«, hören wir. Später erfahren wir, warum das so ist. Eingelieferten schwangeren Frauen wurden hier die Kinder abgenommen. Ist das menschlicher?

Die Mühlberger Lagerleiterin Dorle stellt sich sofort den Problemen, die die Mütter mit Kindern in das Lager hereinbringen. Sie läßt kurzerhand eines der kleinen Zimmer im alten Lager herrichten: rotkarierte Gardinen vor den niedrigen Fenstern, Betten mit Strohsäcken und Laken, ein Tisch, zwei Stühle, ein Hocker. Ilse kann es nicht fassen – eine richtige Wohnung, und Hansi bekommt ein eigenes Bett.

Bärbel R., eine äußerst sympathische junge Frau, nimmt Mütter und Kinder in persönliche Obhut. Durch ihre Zugehörigkeit zur Lagerleitung kann sie manches organisieren. Mit den Frauen der Schneiderstube, die im alten Lager eingerichtet ist, kommt sie schnell überein, daß sofort Kleidung für Mütter und Kinder genäht wird. Die inzwischen zweijährigen Jungen werden mit Hemdchen, Höschen und Jäckchen versorgt, die Lumpen können endlich abgelegt werden.

Bärbel selbst fertigt mit geschickten Händen aus Flicken Puppen und Stofftiere. Im Männerlager hat sie Bekannte, die, als sie von den Kindern erfahren, Spielzeug aus Holzresten herstellen: Bausteine, geschnitzte Tiere – alles, was Kinderherzen erfreut.

Wir erfahren später, warum Bärbel das alles tut. Sie selbst trug ein Kind unter dem Herzen, als sie verhaftet wurde. Aus einer kinderreichen Familie stammend, freute sie sich auf ihr eigenes Baby.

In der Kommandantur wurde über ihren Fall, wie vorher über gleichgelagerte, entschieden. Kleine Kinder bedeuten eine Belastung für die Frauen und für das Lager! Ärztliche Kunst befreite Bärbel von dieser »Last«.

Sie hat es nicht verwunden. Die tröstenden Worte der Gefährtinnen, es sei vielleicht besser so, erreichten ihr Bewußtsein nicht.

Jetzt hat sie eine lohnende Aufgabe gefunden. Sie trägt zum Glück anderer bei. Leuchtende Kinderaugen danken es ihr. Wir im neuen Lager haben kaum noch Kontakt mit den Müttern und ihren Kindern. Sie sind vollständig im alten Lager integriert, fühlen sich dort wohl, und wir gönnen es ihnen.

Im Sommer 1947 treffe ich Ilse in der Nähe des Tores zum Männerlager. Sie kommt gerade von dort. Seit Wochen ist sie in zahnärztlicher Behandlung. Fast erkenne ich sie nicht wieder. Eine hübsche junge Frau steht vor mir. Das vormals eingefallene, durch die fehlenden Zähne entstellte Gesicht hat ein völlig anderes Aussehen erhalten. Ilse strahlt. »Jetzt kann's nach Hause gehen«, ruft sie mir schon von weitem entgegen, »schau mal, was der Zahnarzt mir für schöne Zähne verpaßt hat.«

Ja, auch das ist in Mühlberg möglich: Ärzte und Zahnärzte durften unter Bewachung die gesamte Einrichtung ihrer Praxis ins Lager holen, moderne Geräte, gutes Material. Das ist mehr, als wir zu träumen wagten.

Inzwischen ist ein Jahr vergangen. Während ich in der Revierbaracke auf meine Entlassung warte, leben die Mütter mit den Kindern weiterhin in Ungewißheit. Sie wurden bisher nicht aufgerufen, und wir wissen, daß die Aufrufe abgeschlossen sind.

Kleiner Hansi, mein Wiegenlied, in Ketschendorf für dich und deine Mutter erdacht, soll dich begleiten – ich vergesse nicht, was geschehen ist.

>>Engel vom Himmel, sie wiegen dich sacht, schlafe, schlafe . . ., stehn um dein Bettlein und halten die Wacht, schlafe. – Schau in das Land, wo die Seligen sind, träume vom Himmel, mein einziges Kind.<<

Bewacher und Bewachte

Oberflächlich betrachtet gibt es in den sowjetischen Internierungslagern zwei Gruppen von Menschen: einige wenige, die über das Schicksal anderer verfügen, und eine unübersehbare, rechtlose Menge, die der Gewalt ausgeliefert ist.

Man könnte beide – ebenfalls bei flüchtigem Hinsehen – auch gliedern in Angehörige zweier Völker: Russen und Deutsche. Doch die Einteilung ist so nicht richtig, denn es gibt Übergänge zwischen beiden. Auch weist jede Gruppe eine starke innere Differenzierung auf.

Die Bewacher unterscheiden sich bereits durch Rang, Machtbefugnisse und Charaktermerkmale – einheitlich ist nur das Äußere, die Uniform und das Wohnen in festen ordentlichen Häusern vor dem Lagerkomplex.

Gemeinsames hat auch die Masse der Namenlosen: Hunger, Mangelerscheinungen, Heimweh. Doch die Differenzierung in dieser Gruppe ist noch stärker, nicht nur wegen der größeren Anzahl. Das beginnt bei der Nationalität: Nicht ausschließlich Deutsche bevölkern die miserablen Unterkünfte, es sind Ausländer dabei: Engländer, Franzosen, Bulgaren und – Russen. In Ketschendorf befinden sich unter den weiblichen Häftlingen die Engländerin Eva R. sowie die Französinnen Madeleine, Simone, Nicole und Kitty.

Mir ist nur von Kitty bekannt, weshalb sie interniert wurde. Sie

48

war während des Krieges für die Gestapo tätig. Anträge auf Entlassung von inhaftierten Personen gelangten auch in ihre Hände. Kitty nutzte die Gelegenheit, vielen Personen zu helfen, und versah die Papiere mit dem Stempel »genehmigt«. Das blieb nicht lange verborgen. Kitty büßte dafür im faschistischen Konzentrationslager Buchenwald.

Kurze Zeit nach der Selbstbefreiung der Buchenwalder Häftlinge wurde Kitty gesucht und verhaftet, weil sie für die Gestapo gearbeitet hatte.

Nun bewohnt sie mit den Leidensgefährtinnen aus ihrem Land und der Engländerin im 4. Eingang des Hauses 17 – dem sogenannten Ausländereingang – das kleine obere Zimmer. Die übrigen drei Räume sind mit Russinnen – ehemaligen »Ostarbeiterinnen« – belegt. Sie werden alle in die Sowjetunion »zurückbefördert«. Viele von ihnen wären gern in Deutschland geblieben.

Der »eigenen« Leute bedienen sich die Bewacher mit Vorliebe. So erhalten in den Männerlagern frühere Angehörige der Wlassow-Truppen Aufsichtsfunktionen, da sie zumeist die deutsche Sprache beherrschen. Hauptsächlich sollen sie die Häftlinge aushorchen und denunzieren.

Doch diese Rechnung geht nicht immer auf. Margot G., die zu dem Kreis der mir nahestehenden Mädchen zählt, kann das aus der Erfahrung bestätigen.

Im Internierungslager Frankfurt (Oder) begegnete sie dem ehemaligen Wlassow-Offizier Paul Gregori. Mit der roten Armbinde versehen, hat er Zutritt zu den Unterkünften der Frauen. Beide fühlen sich zueinander hingezogen. Als Margot schwer erkrankt, sorgt Gregori wie ein Vater für sie. Er holt das Mädchen aus der Typhus-Baracke, läßt es ins Lazarett überführen, versorgt es mit Medikamenten und Lebensmitteln.

Sowohl in Frankfurt wie auch später in Jamlitz genießt Gregori eine besondere Stellung, die er aber zum Vorteil der deutschen Mitgefangenen nutzt. Er hilft nicht nur Margot in Notsituationen, sondern jedem, der seiner Unterstützung bedarf. Als Aufseher im Außendienst gelingt es ihm, in Jamlitz eine Nachricht an Margots Angehörige herauszuschmuggeln.

Große Unterschiede gibt es auch unter den deutschen Internierten. Sie betreffen nicht allein Alter, Herkunft und Beruf,

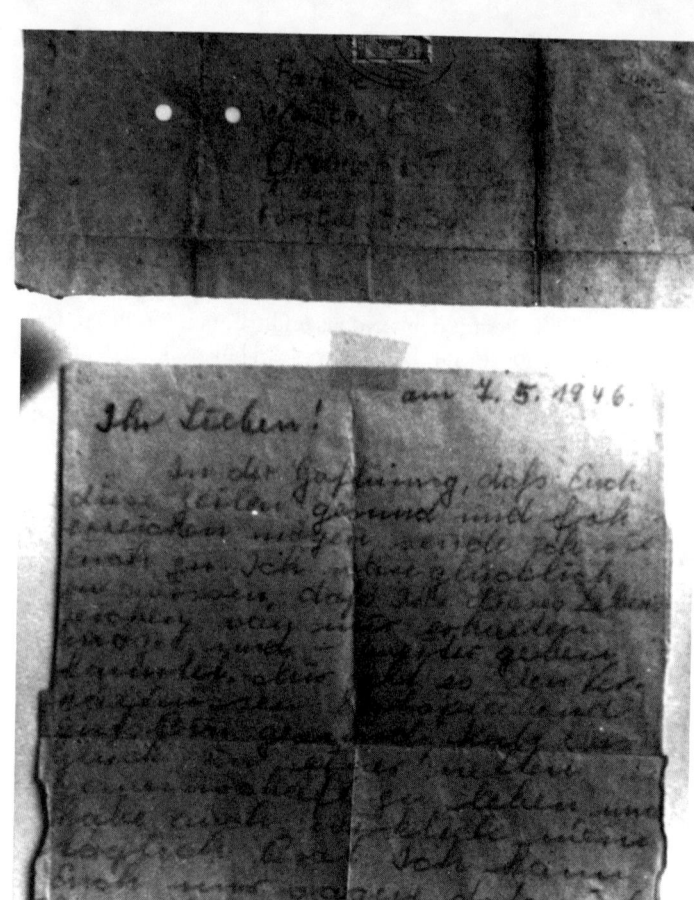

Brief Margot Göbelers an die Angehörigen

am 7.5.1946

Ihr Lieben!
In der Hoffnung, daß Euch diese Zeilen gesund und froh erreichen
mögen, sende ich sie Euch zu. Ich wäre glücklich zu wissen,
daß Ihr dieses Lebenszeichen von mir erhalten möget und –
weitergeben könntet.
Mir geht es den Verhältnissen entsprechend gut. Bin gesund, habe
das Glück, in einer netten Gemeinschaft zu leben, und habe auch
wirklich mein täglich Brot.
Ich kann Euch nur sagen, daß sich Eure kleine Motte schon
durchhaut – denn mein Weg ist trotz allem von einem Glücksstern
erleuchtet.
Heute feiern wir den Geburtstag von einer Kameradin, und ich
wünschte mir, daß Ihr diesen Tag miterleben könntet. Ich glaube
kaum, daß es draußen so einen reichhaltigen Geburtstagstisch
geben könnte.
Also macht Euch keine Sorgen um mich!
Einst, und ich hoffe sogar in Kürze, scheint auch für mich
draußen wieder die Sonne.
Wenn nur nicht die seelische Belastung um Euch daheim wäre.
Doch bleibt Ihr mir nur gesund, ich komme ebenso zu Euch zurück.
Ich bin augenblicklich in der Cottbusser Gegend, Kreis Lübben,
»zu Hause«.
Mit »fräken« Grüßen in alter Frische herzlichst

Eure Margot

sondern auch den Grad der Schuld – besser der Beschuldigungen. Die Skala reicht von wirklich schuldigen Personen, die an der Planung und Verwirklichung von Nazimaßnahmen mitwirkten, über einfache »Mitläufer« bis hin zu vollkommen Unschuldigen. Die zuletzt Genannten befinden sich in der Überzahl.

Sehr verschieden sind ebenfalls das Verhalten der deutschen Internierten untereinander und ihre Beziehungen zu den Bewachern. Zum Teil verfließen bei letzterem die Linien ineinander, denn aus der Masse der Bewachten werden einige in die Reihen der Bewacher aufgenommen – mit dem Unterschied, daß sie davon keine – oder wenige – Vorteile haben: Sie hungern mit uns, sie frieren mit uns, sie haben keine Adresse.

Meine erste Begegnung mit den uniformierten Bewachern in Ketschendorf bestätigt, was ich schon bei dem Verhör in Welzow empfand: Wir sind unseren »Befreiern« auf Gedeih und Verderben ausgeliefert.

Am Abend trifft unser Transport im Lagervorhof ein. Das Herunterklettern vom Lastwagen wird von antreibenden Rufen der Wachposten begleitet. Maria, meine Gefährtin aus der Cottbusser Gefängniszelle, wird durch ihre Körperfülle behindert; der Morgenmantel, den sie bei der nächtlichen Verhaftung überwarf, verheddert sich in einer Kette. »Dawai, dawai!«, ruft einer der Wachposten und versetzt ihr einen Stoß, der sie zu Boden schleudert. Ein breiter Riß klafft in ihrem einzigen Kleidungsstück.

Ein Russe mißhandelt eine Landsmännin (Maria ist eine russische Emigrantin) – das ist mein erster Eindruck. Die folgenden sind nicht erfreulicher. Wir müssen uns aufstellen, werden gezählt, immer wieder gezählt. Dann beginnt das Durchsuchen. Dazu werden wir einzeln in einen großen kahlen Raum geführt. Auf Holztischen häufen sich Gegenstände, die den Ankömmlingen vom Wachpersonal der sowjetischen Kommandantur abgenommen werden.

Mein sorgsam geknüpftes Bündel wird von einem Posten aufgerissen. Ein Gläschen Marmelade, das mir meine Mutter nach Spremberg ins Gefängnis brachte, fällt zu Boden, der Posten stößt es mit dem Stiefel zur Seite. Eine Dolmetscherin durchwühlt meine Manteltaschen. »Wo Schmuck?«, fragt sie grob, »Uhri, Ringe!« – »Ich habe nichts«, sage ich wahrheitsgemäß, aber sie

52

läßt nicht locker. »Ausziehen!«, lautet der Befehl. Nur dem Umstand, daß sie durch die Zurufe eines Sergeanten unterbrochen wird, verdanke ich, daß sie von mir abläßt. Er hat bei einer Frau Ringe und eine Halskette gefunden. Die Dolmetscherin legt die Schmückstücke nicht auf den Tisch, sondern steckt sie in die Brusttasche ihrer Uniform.

Gleich in den ersten Tagen meines Lageraufenthaltes kommt es zu einem Ereignis, das mir beinahe einige Tage Strafbunker einbringt. Ich werde Augenzeuge einer verbotenen Handlung.

Nichtsahnend gehe ich vor dem Haus auf und ab. Ein schmaler Streifen trennt uns von dem Zaun, der das Männerlager vom Frauenzwinger abgrenzt. Viele Frauen sind zu dieser Zeit draußen, auch Frau Hu. und Frau Hä. aus der »Küche«, in der ich untergebracht bin. Ich weiß, daß ihre Männer ebenfalls im Lager sind und sie sich des öfteren dies- und jenseits des Zaunes begegnen. Da begibt sich auch schon Frau Hu. in seine Nähe – auf der Lagerstraße nimmt ebenfalls ein Mann aus einer Gruppe Kurs in Richtung Zaun. Blitzschnell faßt Frau Hu. in ihre Jackentasche, wirft ihrem Mann ein Stück Brot zu.

Im gleichen Augenblick ertönt ein verhalten gerufenes »Achtung« auf unserer Seite – alle Frauen verschwinden in den Eingängen, ich bleibe wie angewurzelt stehen. Entsetzt sehe ich, wie Herr Hu. auf der Männerseite von einem Wachposten ergriffen und abgeführt wird.

Der Streifen vor unserem Haus ist leer, aber ein wütender Sergeant kommt in Begleitung eines Dolmetschers und der deutschen Lagerleiterin, Frau H., auf mich zu. Eine Flut von Beschimpfungen in russischer Sprache ergießt sich über mich, dann folgt die barsche Frage des Dolmetschers: »Wer hat Brot geworfen?« Ich erschrecke zu Tode. Soll ich jetzt auch noch den Namen der Unglücklichen angeben? Zu Frau H. gewandt, beteure ich: »Ich kenne die Frau nicht, ich bin doch erst seit vorgestern hier.«

Frau H. erklärt das dem Dolmetscher, der übersetzt. Russische Worte fliegen hin und her, dann ergeht der Befehl: »Die Frau zeigen!« Der Dolmetscher schubst mich dem Eingang zu, unglücklicherweise zerrt er mich sofort in die »Küche«. Die Frauen sitzen verängstigt auf dem Strohlager, Frau Hu. blickt nicht auf. Ich tue so, als schaue ich mich um, und sage dann mit klarer Stimme:

»Hier ist sie nicht.« Wieder eine Redeflut in russischer Sprache, schließlich packt mich der Sergeant am Arm: »Du mitkommen!« – Der Dolmetscher macht Frau H. klar, daß ich in den Strafbunker muß.

Jetzt erfahre ich zum ersten Mal, daß die als Bewacher eingesetzten Häftlinge der Willkür nicht völlig unterworfen sind. Frau H. richtet sich gerade auf, tritt einen Schritt vor, zieht mich zu sich heran und antwortet: »Dieses Mädchen ist neu und weiß noch nicht über Verbote Bescheid. Ich bürge dafür, daß so etwas nicht mehr vorkommt.« Der Sergeant zögert, er will sein »Recht« durchsetzen, da fügt Frau H. hinzu: »Ich rede mit dem Kommandanten.«

Die Ankündigung verfehlt ihre Wirkung nicht, ich darf gehen.

Die Frauen müssen nun noch mehr achtgeben, denn alle Zugführer (die Einteilung der Häftlinge erfolgte in Zügen zu je Hundert Personen), zu Frau H. gerufen, werden angewiesen, unverzüglich Meldung zu erstatten, wenn ein gleiches »Vorkommnis« beobachtet wird. In einem solchen Fall wird die Isolierung im Strafbunker um drei Tage verlängert. Frau H. läßt keinen Zweifel daran, daß sie im Wiederholungsfalle die Konsequenzen zu tragen hat. Das will keiner von uns, denn wer weiß, wie eine »Nachfolgerin« sich verhalten würde?

Solche und ähnliche Erlebnisse führen mich zu der bitteren Erkenntnis: Diese Menschen, die Bewacher in der Uniform der Roten Armee, hassen uns, betrachten uns als persönliche Feinde. Ihre angestaute Wut über die von der Deutschen Wehrmacht und der SS verübten Greueltaten an ihrem Volk schütten sie über uns aus.

Viele Häftlinge berichten von immer gleich klingenden Anschuldigungen bei der Festnahme oder bei Verhören. »Du Faschist!« – »Alle Deutschen Faschisten!« – »Vater, Mutter, alle erschossen, du gewußt, daß deutsche Soldaten das machen!«

Ich zweifle nicht am Wahrheitsgehalt der Aussagen, aber läßt sich Unrecht durch neues Unrecht sühnen?

Nicht alle Uniformierten treten uns so gegenüber, als leuchtendes Beispiel steht dafür: die Kapowa.

Beim Zählappell an einem Spätsommertag 1946 sehen wir die »Neue« zum ersten Mal. Es wurde uns zugetragen, daß ein Wech-

54

sel in der Kommandantur stattgefunden habe. Viele sind skeptisch – man sagt, die Frauen sind oft schlimmer als die Männer.

Das ist sie also – eine Russin, Ärztin im Range eines Kapitäns. Die Uniform sitzt gut, unter der Mütze lugen blonde Haare hervor. Das Alter läßt sich schlecht schätzen.

Mit unbewegter Miene schreitet sie die Reihen ab, bleibt ab und zu stehen, um diese oder jene zu betrachten. Das ist neu, kein Offizier würdigte uns beim Appell je eines Blickes.

Neu ist auch, daß die Kapowa persönlich durch die Häuser geht und die Zimmer kontrolliert.

Ihr erster Weg im Frauenlager führte in das Zimmer neben uns, in dem Ilse mit ihrer Gefährtin und dem kleinen Hansi wohnt. Dieser Besuch zieht Veränderungen nach sich. Die Kapowa ordnet an, daß Mutter und Kind Zusatzverpflegung erhalten, ebenso Kleidungsstücke und Decken aus dem Nachlaß Verstorbener. (Diese Sachen wurden bisher nur in einer »Kleiderkammer« gelagert.)

Die Kapowa kommt auch in unser Zimmer, von Frau H. und einem Dolmetscher begleitet, den sie aber kaum in Anspruch nimmt, da sie die deutsche Sprache recht gut beherrscht. Wir sitzen auf unseren Betten, als Käthe »Achtung!« ruft. Die Kapowa deutet mit einer Handbewegung an, daß wir sitzen bleiben sollen. Sie schaut sich prüfend um. Ihr Blick bleibt an unseren doppelt belegten Betten haften. »Warum zwei zusammen?«, fragt sie. Frau H. berichtet, daß alle Zimmer überbelegt seien. »Dann Maßnahme treffen – überlegen«, erwidert die Kapowa mit Nachdruck, »ich wiederkommen und sehen.«

Plötzlich entdeckt die Kapowa Ursel von Bredow, die wie meist zusammengeduckt auf ihrem Bett hockt und vor sich hinstiert.

»Was ist mit Djewotschka?« Frau H. erklärt Ursels Zustand, sagt, daß sie psychisch krank ist.

Die Kapowa beugt sich zu Ursel nieder und spricht sie an: »Dotschurka«, das klingt fast zärtlich, »du etwas wunschen?« Ursel springt aus dem Bett. »Wünschen?«, fragt sie ungläubig.

»Da, da, wunschen«, wiederholt die Kapowa. Ursels Blick wird plötzlich klar, sie überlegt nicht lange, »Ich möchte so gern hier sitzen, hier am Fenster – nicht immer im Bett kauern, wo ich keinen Himmel sehe, keine Sterne...«, sprudelt es aus ihr hervor.

»Nun, choroscho, du setzen!«, entscheidet die Kapowa und verläßt ziemlich abrupt das Zimmer. (Später erzählt irgendwer, die Kapowa habe während des Krieges ihre Tochter verloren, sie sei zusammen mit ihren Angehörigen von deutschen Soldaten erschossen worden.)

Tags darauf bringt Frau H. höchst eigenhändig eine Bretterkiste in unser Zimmer, stellt sie vor Ursels Bett: »Die hat ein Wachposten gebracht, du sollst sie als Stuhl benutzen.« Ursel ist sprachlos, wir sind es auch. »Sie hat Wort gehalten.« Das ist alles, was Ursel sagen kann.

Die »Kiste der Kapowa« – so taufen wir das gute Stück – macht uns alle zu stolzen Besitzern, denn Ursel ordnet an, daß jeder von uns sie benutzen kann, wann immer er einmal sitzen möchte.

Mir wird bewußt, wie sehr mitunter von einem einzigen Menschen Wohl und Wehe eines anderen abhängen.

In allen drei Lagern, die ich kennenlerne, kommt es zu engeren Beziehungen zwischen uniformierten Bewachern und einigen wenigen Häftlingen. Letztere sind wahrscheinlich aufgrund ihrer Akte ausgesucht: Ihre Fähigkeiten und Fertigkeiten sind den Bewachern von Nutzen.

Im Ketschendorfer Frauenzwinger existiert im Haus 15 der sogenannte Handwerkereingang. Ein Raum ist der Lagerleiterin und ihrer Stellvertreterin vorbehalten, in einem größeren Zimmer wurde eine regelrechte Schneiderstube eingerichtet, in der Frau Ku. für Angehörige der sowjetischen Kommandantur – insbesondere für die weiblichen – paßgerechte Kleidung aus geliefertem Material fertigt. Eine andere Frau, die sich auf Feinstrickerei versteht, zaubert aus herbeigeschafften, feinsten Garnen Decken, Umschlagtücher und ähnliche von sowjetischen Frauen begehrte Handarbeiten.

In diesem Eingang herrscht demzufolge ein reges Kommen und Gehen der »Kunden«, die, wie wir annehmen, die Leistungen mit Lebensmitteln vergüten. Deshalb steht vor diesem Eingang stets eine ebenfalls besonders ausgewählte Wache. Normale Häftlinge haben hier keinen Zutritt.

Solche Kontakte gibt es auch in Jamlitz, doch vorwiegend im Männerlager. Das weiß ich von Dorle aus Welzow, die lange vor mir in Jamlitz war und zu männlichen Bekannten aus ihrem Heimatort

56

Verbindung aufnehmen konnte. Sie berichtet, daß des öfteren sowjetische Frauen im Offiziersrang solche Häftlinge aufsuchen, die über bestimmte Talente verfügen. So gibt Natascha (eine Apothekerin) einem Maler ständig Aufträge, nach ihren Angaben Bilder zu malen, und besorgt auch das nötige Material. Sicher ist das kein Einzelbeispiel.

In Mühlberg nehmen diese Beziehungen noch umfangreichere Ausmaße an. Unweit des Frauenlagers befindet sich eine Kunstwerkstatt. Inge H. aus unserer Baracke, die durch Vermittlung eines Freundes in der deutschen Lagerleitung (Zone IV des Männerlagers) tätig ist, erfährt dort, daß über 40 Häftlinge in den verschiedensten künstlerischen Bereichen ein Wirkungsfeld fanden. Die Kunstgegenstände, die unter ihren geschickten Händen entstehen, sind ausschließlich Auftragswerke der sowjetischen Kommandantur und der deutschen Lagerleitung.

Im Unterschied zu den Lagern Ketschendorf und Jamlitz bleibt die Beschaffung von Werkzeug und Material nicht einzelnen »Bestellern« überlassen, sondern erfolgt organisiert durch die Kommandantur.

In Mühlberg spüren wir am deutlichsten, daß wir außer von sowjetischen Befehlsgewaltigen auch von Bewachern aus den eigenen Reihen »beherrscht« werden. Fast hat es den Anschein, als unterliege das gesamte Lager der deutschen Lagerselbstverwaltung, der im Männerlager (Zone IV) ein ganzer Barackenkomplex zur Verfügung steht.

Lagerleiter Haller wird wegen seines selbstherrlichen Regimes, das er gemeinsam mit seinem engsten Vertrauten Thomas und ihm genehmer Häftlinge errichtet hat, von den Internierten gefürchtet. Einige seiner Vasallen nutzen ihre Sonderstellung schamlos aus, indem sie ihre »Untergebenen« drangsalieren und sich sowie ihren »Freunden« auf unredliche Weise Vorteile verschaffen.

Die sowjetische Kommandantur läßt ihnen völlig freie Hand – so lange sie zur Aufrechterhaltung des Lagerbetriebes benötigt werden.

Im Frühjahr 1948, als die Auflösung des Lagers bevorsteht, wird die gesamte deutsche Lagerleitung absurviert und vermutlich in die Sowjetunion deportiert. Zu viel wissen alle Beteiligten über die Zustände im Lager, die sie selbst mit verschuldet haben.

Wir im Frauenlager verspüren nicht so krasse Gegensätze zwischen den deutschen Bewacherinnen und uns. Dorle bewohnt mit ihrer »Mannschaft« zwar eigene Räume, aber innerhalb des »alten« Frauenlagers. Was sich in diesen Räumen »abspielt«, wissen wir nicht. Wir stellen nur fest, daß die leitenden Frauen auch nach der Erweiterung des Frauenlagers nicht auf ihre Vergünstigungen verzichten müssen. Sie tragen nach wie vor maßgeschneiderte Kleider und Kostüme aus edlen Stoffen, die die sowjetische Kommandantur eigens für sie »beschaffte«. Sicher erhalten sie auch Sonderverpflegung, denn sie sehen recht gut genährt aus.

Zwischen ihnen und uns tut sich eine Kluft auf. Zwar begegnen sie uns freundlich, zeigen sich aufgeschlossen für unsere Sorgen, aber sie gehören nicht mehr zu uns, sie sind zu echten Bewachern aufgestiegen.

Während der 16 Monate in Mühlberg sehen wir innerhalb des Frauenkomplexes kaum einen sowjetischen Offizier, höchstens zu besonderen Appellen. Eher begegnen wir auf dem Territorium des Männerlagers beim Gang zum Arzt oder zum Baden Angehörigen sowjetischer Wachmannschaften, die Kontrollen in den Männerbaracken vornehmen oder einfach nur herumstehen.

Zur fast persönlichen Berührung kommt es zwischen Bewachern und Bewachten einmal im Monat beim Besuch der »Kultura«. In der Theaterbaracke nehmen sowjetische Offiziere und Wachmannschaften die vorderen Plätze ein. Für sie sind dort Stühle aufgestellt. Der Rest des großen Raumes wird von Häftlingen bevölkert, die sich auf lehnenlosen Bänken aneinanderdrängen.

Ein seltsamer Anblick bietet sich dem Betrachter:

Zwei Kategorien von Menschen, die sich schon rein äußerlich voneinander abheben, sind zum gleichen Zweck hier vereint. Die einen ordentlich gekleidet, von kräftiger Statur und gesundem Aussehen, die anderen – eine weit größere Anzahl – in zerschlissene Sachen gehüllt, mit fahlgrauen Gesichtern und ausgezehrten Körpern.

Vor diesem gemischten Publikum hebt sich der Vorhang, gibt eine glitzernde Scheinwelt frei, die ihre Wirkung nicht verfehlt.

An den großartigen Darbietungen der Künstler aus der »grauen Masse« erfreuen sich Bewacher und Bewachte gleichermaßen. Für eine kurze Zeit spinnen unsichtbare Fäden eine Verbindung zwischen diesen beiden gegensätzlichen Polen...

Alle Jahre wieder

»Alle Jahre wieder
kommt das Christuskind
auf die Erde nieder,
wo wir Menschen sind...«

Zu uns kommt es nicht, sind wir keine Menschen?

In Ketschendorf ist 1945 das Weihnachtsfest gestrichen. Die verheißungsvollen Prophezeihungen, daß wir Weihnachten zu Hause feiern können, lösen sich ins Nichts auf.

Dafür werden die Brotrationen kleiner, in der grauen Wassersuppe können wir die Graupenkörner zählen.

Kein Tannenzweig, keine Kerze, keine Zuversicht.

1. Advent – ich bin am Nachmittag bei Gerti. In dem »kleinen« Zimmer, ehemals das Kinderzimmer der Wohnung, ist es weitaus gemütlicher als in meiner Unterkunft. Hier wohnen nur sechs Mädchen, und für Besuche findet sich immer noch ein Platz. Angenehm ist auch, daß sich unsere Gespräche nicht ausschließlich um das Essen und häusliche Dinge bewegen, wie das in Zimmern mit altersmäßig unterschiedlicher Belegung an der Tagesordnung ist.

Der kleine transportable Ofen in der Ecke täuscht Wärme vor – Holz zum Heizen gibt es auf Zuteilung, jeden Morgen ein paar Scheite, die bald verbraucht sind.

Jeder bringt seine Schlafdecke mit, denn die Winterkälte dringt durch die Wände. Ich schlüpfe mit unter Gertis Decke, da ich keine eigene besitze.

Die schwarzhaarige pfiffige Margret hat heute eine Überraschung für uns.

»Laßt mal Margret machen«, sagt sie verschmitzt, holt unter dem Bett ein Bündel hervor. In Lumpen verpackt, entpuppt sich der »Schatz« als Heizmaterial: kleine Holzstückchen, Späne, sogar einige Kienäpfel: »Hat Margret organisiert, nicht fragen woher«, erklärt sie, als sie unsere erstaunten Gesichter sieht. »Lernt man alles bei den Soldaten.« Margret war während des Krieges Flak-Helferin.

Das Feuer in dem kleinen Ofen knistert. Allein dieses Geräusch verbreitet Wohlbehagen.

Wir hocken dicht beieinander, hängen unseren Gedanken nach, sprechen über Erlebtes. Es sind keine erbaulichen Weihnachtsgeschichten, die wir uns erzählen. Jeder hat das Bedürfnis, sich etwas von der Seele zu reden.

Nach einer Pause beginnt Margret zu sprechen, das erste Mal, daß sie von sich berichtet. »Immerzu muß ich an den alten Lehrer aus Wolfshain denken. Wo er jetzt wohl sein mag? Ich hab ihn hier noch nicht gesehen.« »Aus Wolfshain?«, frage ich, »doch nicht etwa Herr S.? Mit ihm warst du zusammen? Ja, warum in aller Welt hat man ihn denn abgeholt?«

Margret zuckt die Schultern. »Er war mit auf dem Transport von Spremberg nach Cottbus. Transport ist gut! Wir mußten die Strecke zu Fuß bewältigen, eine Gruppe von ungefähr 60 Inhaftierten. Das war im September. Die Sonne brannte, wir waren müde, hatten Durst.

Der Lehrer schleppte sich nur mühsam vorwärts. Er hatte offene Beine, stützte sich auf seinen Stock.

Einer der russischen Wachposten trieb uns ständig an, es ging ihm nicht schnell genug. Mein Weggefährte konnte nicht mehr. Er blieb stehen. Da faßte ich ihn am Arm, redete ihm zu. ›Laß mich, Mädel‹, bat er, ›ich bleibe hier liegen. Geh du weiter, du bist jung, du schaffst es.‹

Der Posten kam auf uns zu – wir waren bereits einige Schritte hinter den anderen zurückgeblieben. Er schimpfte auf russisch, griff nach dem Stock des alten Mannes, wollte ihn wegschleudern. Da konnte ich nicht anders – ich warf mich ihm in den Arm, erfaßte den Stock, rief: ›Papa bolen, idjom medleno!‹ (Der alte Mann ist krank, wir gehen langsam.)

Entweder war der Iwan verblüfft über meine – wenn auch geringen – russischen Sprachkenntnisse oder über die Lautstärke des Ausrufs, jedenfalls ließ er den Stock los. Ein anderer Soldat der Bewachungsmannschaft kam hinzu, wechselte einige Worte mit ihm, sagte dann: ›Nun, setzen eine Weile.‹

Das war die Rettung für den alten Lehrer. Auf dem restlichen Weg stützte ich ihn, so gut ich konnte. Mit Hilfe eines Häftlings, der den Vorfall beobachtet hatte, brachten wir ihn schließlich nach Cottbus. Danach habe ich ihn nicht mehr gesehen.«

Ich bin zutiefst erschüttert, kann meine Erregung nicht verbergen. Wo bleibt da die Gerechtigkeit! Dieser alte Mann hat niemandem etwas zuleide getan. Von den Dorfbewohnern wurde er wegen seiner Rechtschaffenheit geachtet. Mir half er damals, ein Zuhause in Wolfshain zu finden, als ich – 17jährig – den Kindergarten dort übernehmen mußte.

Und mein Hauptlehrer? Der uns die Ideen der Nazis einhämmerte, der mächtige Mann, der im Ort für Ordnung und »Sauberkeit« sorgte? Er sitzt zu Hause in der warmen Stube, feiert das Weihnachtsfest bei Kerzenschein und gutem Essen, singt »Oh, du fröhliche...«. Ich beginne an Gottes Güte zu zweifeln.

Aber der Tag ist noch nicht zu Ende. In meinem Zimmer herrscht bedrückendes Schweigen. Nicht einmal Frau M., die immer etwas zu erzählen hat, findet ein Wort. Ich lege mich zu Lotti in die Koje. Mürrisch rückt sie ein Stück zur Seite. Mein eigener Kummer tritt zurück hinter dem, was die Frauen empfinden, die ihre Familie, ihre Kinder das erste Mal zum Weihnachtsfest allein lassen müssen. Die nicht einmal wissen, wie es ihnen geht, Weihnachten – Fest der Liebe!

Und heute ist der 1. Advent.

> »Ein Lichtlein strahlt uns heute
> am grünen Tannenkranz...,
> es will uns Hoffnung künden,
> will frohe Botschaft sein,
> daß wir trotz allen Leides
> uns auf die Weihnacht freun.«

Erst als ich leises Schluchzen vernehme, wird mir bewußt, daß ich die Verse, die mir gerade eingefallen sind, halblaut gesprochen habe.

Mutter K. kriecht aus ihrer Bettstatt, kauert sich neben mein Lager. »Noch mal, sag's noch mal«, bittet sie.

Der Mond scheint in unser Fenster – ich sehe, daß Frau Kr. sich aufgerichtet hat, Frau F. sitzt oben in ihrem Bett, hält den Kopf in den Händen vergraben – erlösende Tränen ... Wohl dem, der wieder weinen kann.

Die Ketschendorfer Mauern schließen uns – die wir das Jahr überstanden haben – ein zweites Mal zum Weihnachtsfest ein. Wieder war das Warten auf Heimkehr vergebens, aber wir haben uns mit manchem abgefunden. Wie im vorigen Jahr verringert sich das Gewicht der Brotrationen, je näher das Fest heranrückt.

Gewöhnt der Mensch sich wirklich an alles? Sicher nicht, doch der Wille zum Überleben nimmt täglich zu.

Adventszeit – Vorfreude, schönste Freude. Wir resignieren nicht mehr. Jeder trifft seine Vorbereitungen zum Fest, ganz individuell.

Aus Brotrinden »zaubern« wir Pfefferkuchen. Sie werden in Formen geschnitten – Herzen, Sterne, Tannenbäumchen. Gut, daß Käthe heimlich ein Messer beschaffen konnte. Sie brachte es vom Kiefernnadelschneiden mit.

Beim Herstellen von Geschenken sind dem Einfallsreichtum keine Grenzen gesetzt.

Für Gerti und Rosemarie habe ich bereits eine Brosche gefertigt, Frau Kr. und Mutter K. sollen einen »bunten« Teller bekommen, den ich aus einem Tapetenrest schneiden und mit einigen »Pfefferkuchen« belegen will. Für Käthe denke ich mir eine Geschichte aus, vielleicht kann ich sie später einmal aufschreiben.

Schwieriger erscheint es mir, für Hannelore ein geeignetes Weihnachtsgeschenk zu finden. Mit den hübschen kleinen Dingen, die wir sticken oder nähen, wie Lesezeichen, Nadelkissen, Serviettenringen oder ähnlichem kann ich sie wohl kaum erfreuen. Hannelore kam erst Ende des Sommers in unser Zimmer, ich war zu der Zeit schwer erkrankt. Sie hatte vorher in einem großen Raum im Nebeneingang gewohnt und mußte wegen wiederholten Diebstahls mehrere Wochen im Strafbunker zubringen. Als sie zurückkam, protestierten ihre Zimmergefährtinnen gegen die Wiederaufnahme.

Frau H. sah sich gezwungen, eine andere Lösung für Hannelore zu finden. Sie sprach mit Käthe, unserer Zimmerältesten. Käthe nahm sich des Mädchens an, teilte das eigene Bett mit ihm. Sie machte auch den Frauen unseres Zimmers klar, daß wir Hannelore nicht abweisen können – irgendwo mußte sie doch bleiben.

Ein Häufchen Elend, bleich wie der Tod, nur noch Haut und Knochen, verkroch sich Hannelore tagelang in dem einzigen freien Winkel zwischen zwei Bettstellen des Zimmers.

Mit viel Geduld »fütterte« Käthe sie auf. Meine Brotration stand einige Tage zur Verfügung, da ich kein Brot essen durfte. Hannelore war dankbar, übernahm freiwillig die Wache an meinem Bett, wenn Käthe oder meine anderen »Pflegerinnen« nicht da waren. Als es mir besser ging, erzählte Hannelore ihre Geschichte. Sie hatte nie ein richtiges Zuhause. In der Nähe von Leipzig wohnte sie bei einer Tante. Die Mutter war in einer Trinkerheilanstalt, ihren Vater kannte sie nicht. In den letzten Kriegstagen lief sie von »zu Hause« weg, schloß sich einem Mann an, der wegen eines Leidens nicht zur Wehrmacht eingezogen war und allerlei dunkle Geschäfte betrieb. Die labile Hannelore folgte ihm bedingungslos in allem, war bereit, für ihn zu stehlen, nur damit er sie mitnahm.

Im Wirrwarr nach Kriegsende geriet Hannelore in andere schlechte Gesellschaft, landete in einem kleinen Lokal mit Barbetrieb. Dort lernte sie einen Eintänzer kennen, der ihr das Tanzen beibrachte, so daß sie in dem Lokal auftrat und ihren Lebensunterhalt verdiente.

Eines Nachts wurde sie von einer sowjetischen Streife aufgegriffen und landete schließlich im Gefängnis des NKWD. Der weitere Weg führte nach Ketschendorf.

Da sie es nie gelernt hatte, ein geordnetes Leben zu führen, kam sie hier weniger zurecht als andere.

Sie war nicht in der Lage, ihre Brotration auf den ganzen Tag zu verteilen, gleich morgens aß sie alles auf. Wenn die Frauen abends ihr zurückgelegtes Stück Brot verspeisten, mußte sie am Hungertuch nagen. So ließ sie sich zum Diebstahl verleiten. Das ist keinesfalls gutzuheißen, aber niemand hatte sich bemüht, ihr zu helfen.

Käthe vereinbarte gleich zu Beginn, jeden Morgen ein Stück Brot von ihr in Verwahrung zu nehmen, damit sie das Einteilen lernte. In unserem Zimmer fügte sich Hannelore bald in die Gemeinschaft ein. Sie stahl nicht mehr, aber nach und nach versetzte sie ihre Habe, sogar ihre Unterwäsche, gegen Brot. Die Tage wurden kälter, und Hannelore fror. Ihre Hände waren blau, wenn sie vom Außendienst, zu dem sie sich gemeldet hatte, heimkam.

Handschuhe, denke ich, schöne warme Handschuhe, die wären nützlich für Hannelore. Frau Kr. hatte nach dem Tod ihres Mannes ein paar seiner Socken bekommen. Heimlich steckte sie ihr ein Freund des Toten beim Baden zu. Einen davon gibt sie mir zum Auftrennen, als ich mein Anliegen mitteile.

Kurz entschlossen nehme ich noch eines von meinen rotmelierten gestrickten Söckchen dazu und beginne mit dem Stricken. Ein hübsches Norwegermuster, das mir Frau M. beibrachte, schmükken die grau-roten Fingerhandschuhe.

Hannelore gerät vor Freude außer sich. Ungestüm fällt sie mir um den Hals, jubelt: »Das ist das schönste Weihnachtsgeschenk in meinem Leben!« Dann wirbelt sie davon, streckt jedem ihre Hände entgegen: »Sind die Handschuhe nicht wunderbar – die habe ich geschenkt bekommen.«

Der Heilige Abend bringt auch mir eine Überraschung. Wir treffen uns am frühen Nachmittag mit Gerti und Rosemarie, um noch einen Rundgang zu machen. Eine Frau, die wir nicht näher kennen, tritt auf uns zu.

»Mädels, ich muß euch das heute sagen. Jedesmal, wenn ich euch zusammen sehe, freue ich mich an eurer Freundschaft. Das ist ein Lichtblick für mich in dieser schweren Zeit. Nehmt darum ein kleines Geschenk von mir.«

Sie holt aus ihrer Manteltasche drei Stirnbänder, aus Bettlakenstoff gefertigt, hervor. Jedes ist andersfarbig bestickt: Gertis mit hellblauen Blüten, Rosemaries mit rosafarbenen und meines mit bunten Blumenranken.

Wir haben diese Bänder während der ganzen Lagerzeit getragen.

Alle Jahre wieder – zum dritten Mal in der Fremde. Mühlberg hält für das Christkind das Tor offen. Mit Engeln und Gefolge trifft es am 1. Advent ein. Bärbel R. aus dem alten Lager trägt mit ihrer Laienspielgruppe Weihnachtsstimmung von Baracke zu Baracke.

64

Geschenke von den Lagergefährtinnen

»Süßer die Glocken nie klingen
als zu der Weihnachtszeit,
s'ist, als ob Engelein singen,
wieder von Frieden und Freud...«

Wir singen mit, dem Zauber der Vorweihnacht hingegeben.

Daß wir singen dürfen, ist allein schon ein Geschenk zum Fest der Feste. Darüber vergessen wir Hunger, Elend, Krankheit.

Wenn das Gerti miterleben könnte, denke ich. Doch dann wird mir klar, wie töricht dieser Wunsch ist. Sie blickt doch zu Hause erwartungsfroh dem Weihnachtsfest entgegen. Vielleicht zündet sie zu dieser Stunde das erste Adventslicht an.

»Ein Lichtlein strahlt uns heute
am grünen Tannenkranz,
will uns das Herz erhellen
mit seinem goldnen Glanz...«

65

Geschenke von den
Welzower Jungen zu Weihnachten 1945 in Ketschendorf

Ketschendorf 1945 – ob sie sich daran erinnert? Oder ist draußen so viel auf sie eingestürmt, daß Vergangenes zurückgedrängt wird? Wie auch immer, meine Gedanken sind bei ihr...

Bei all den Vorbereitungen auf Weihnachten, die wir in Mühlberg treffen und die uns voll in Anspruch nehmen, stelle ich mir zweifelnd die Frage, ob wohl neben der Geschäftigkeit – Herstellen von Geschenken, Proben zum Weihnachtsspiel – die Weihnachtsfreude Einkehr halten wird.

Ich will mit Elfriede darüber sprechen. Sie wohnt in einer anderen Baracke. So oft ich kann, besuche ich sie. Es geht ihr nicht gut. Ihre nicht ausgeheilte Tuberkulose macht ihr zu schaffen. Blaß und durchsichtig ist ihr Gesicht, aber Elfriede klagt nicht.

Einmal, als ich bei ihr saß, sagte sie: »Warum soll ich unzufrieden sein. Das Leben hat mich reich beschenkt, so reich, daß ich davon zehren kann, bis ans Ende meiner Tage. Ich durfte in meinem Beruf aufgehen, ich hatte einen Mann, der mich liebte, und

66

in den Jahren der Gefangenschaft fand ich viele gute Freunde, Menschen, die mir lieb und teuer sind – ist das nicht genug?«

Welche Tiefen des Leides muß Elfriede durchschritten haben, daß sie so geläutert ihren Blick nach innen richten kann.

Als sie meinen Kummer wahrnimmt, weiß sie auch gleich ein Rezept.

»Darf ich dich um etwas bitten?«, fragt sie, ohne auf mein Problem einzugehen.

Wie gern erfülle ich ihr eine Bitte. Sie hat einen Pullover, der schon fadenscheinig war, aufgetrennt. »Würdest du mir eine Weste daraus stricken?« Sie hält mir das dunkelblaue Wollknäuel hin. »Ich könnte jetzt Wärme so gut gebrauchen.« Als ich freudig zustimme, kommt ein Zusatz: »Aber ich möchte, daß du hierher zum Stricken kommst, jeden Tag eine Stunde, wir können dabei plaudern.« Kluge Elfriede – wie gut sie mich kennt. Bei einer Beschäftigung redet sich's leichter – ich darf mich bei ihr freisprechen.

Vor lauter Eifer stricke ich ein paar Maschen verkehrt ab – ein Fehler entsteht im Muster. Ich will das Stück noch einmal auftrennen, Elfriede hindert mich daran: »Laß, diese Stelle wird mich immer an dich erinnern und an unsere Gespräche – sprich weiter.«

Von Weihnachten im Jahr zuvor erzähle ich ihr, da strickte ich auch – Handschuhe für Hannelore. Freude schenken ist das höchste Glück, so empfand ich es, als ich in Hannelores leuchtende Kinderaugen blickte. Eine Woche später hatte sie die Handschuhe gegen ein Stück Brot eingetauscht. Tagelang ging sie mir aus dem Wege, ich wußte nicht warum, bis Käthe, die davon erfahren hatte, sie aufforderte, es mir zu sagen. Das war schwer für Hannelore, ich merkte es wohl. »Bist du mir jetzt böse?«, fragte sie zerknirscht. Konnte ich das? –

Elfriede hört mir aufmerksam zu, dann sagt sie: »Du mußt wieder etwas tun – etwas ganz Besonderes, denke dir eine Freude für andere aus, mit der du dich selbst beschenkst.«

Abends sinne ich lange darüber nach. Ein simpler Spruch aus meinem Poesie-Album fällt mir ein:

»Willst du glücklich sein im Leben,
trage bei zu andrer Glück,
denn die Freude, die wir geben,
kehrt ins eigne Herz zurück.« .

Plötzlich weiß ich, was zu tun ist. Unter uns wohnt eine Frau mittleren Alters, die »drüben« (im Männerlager) als Schwester Dienst tut. In der Isolierbaracke betreut sie etwa 30 an Tuberkulose erkrankte Jungen. Zu Skeletten abgemagert und von schlimmen Hautausschlägen gequält, liegen sie meist teilnahmslos in ihren Betten.

Frau M. ist bestimmt nicht wehmütig veranlagt, sie hat unzählige Menschen sterben sehen, aber dieses Elend geht ihr doch sehr nahe. Mein Entschluß steht fest: Die Jungen sollen beschert werden. Christa und Ruth beziehe ich in das Vorhaben ein. Wir legen einen Vorrat an Weihnachtsplätzchen an. Täglich schneidet jeder von uns aus Brotrinde zwei Formen aus. Gegenüber Ketschendorf verbessern wir das Verfahren: Die Brotstücke werden mit Kaffee befeuchtet und mit Zucker bestreut – welch ein Luxus. Wir sind uns darin einig, daß wir kein Plätzchen davon für uns selbst behalten. Eine stattliche Anzahl füllt schließlich den Beutel, den wir zu diesem Zweck genäht und bestickt haben. Am Morgen des 24. Dezember übergeben wir ihn Frau M. mit der Bitte, die Jungen von uns zu grüßen. Tief bewegt verspricht Frau M., das zu tun.

Als sie am späten Nachmittag zurückkehrt, kann sie ihre Gefühle nicht verbergen. Ihre Augen füllen sich mit Tränen: »Mädels, ihr wißt nicht, was ihr da getan habt. Die Gesichter der Jungen hättet ihr sehen müssen. Sie konnten es nicht fassen, daß so etwas möglich ist. Ich mußte ihnen von euch erzählen. Einer aber war ganz still. Er breitete die Plätzchen auf seiner Decke aus, ganz behutsam, als seien sie die kostbarsten Schätze. Sein Blick schien weit entrückt, bis ich ihm leise über das dünn gewordene Haar strich. Da sagte er: ›Das sind gute Menschen, Schwester Gerda, jetzt weiß ich, daß es gute Menschen gibt.‹ Alle trugen mir auf, euch ein gesegnetes Weihnachtsfest zu wünschen, ach Mädels…« Ihr Stimme versagt. Nacheinander umarmt sie uns drei.

Wir sind ergriffen. Eine Welle von Wärme und Licht durchflutet uns, verdrängt das Heimweh und macht uns reich. »Oh, du fröhliche, oh, du selige, gnadenbringende Weihnachtszeit...«

Innere Freude schwingt mit in unserem Gesang, unserem Spiel, mit dem wir am Abend in den Baracken die »Weihnachtsnacht an des Kindleins Wiege« aufführen. Helga, die Leiterin unserer Spielschar, schaut uns prüfend an: »Ihr habt euch heute selbst übertroffen. Man könnte meinen, ein Weihnachtsengel habe euch berührt.«

Ja, so ist es. Das Christkind selbst ist uns erschienen. Es kommt auf die Erde nieder, wo wir Menschen sind.

Wir selbst haben es in der Hand, unser Leben so zu gestalten, daß es lebenswert ist, daß wir Weihnachten als Fest der Liebe erleben – alle Jahre wieder.

Unser täglich Brot

»Unser täglich Brot gib uns heute...«, betet die Christenheit seit Jahrtausenden. Dem uralten Wunsch nach Fortbestand des Lebens wird in dieser Bitte des »Vaterunser« Ausdruck verliehen.

Wie die Blume ohne Zufuhr von Wasser und Nährstoffen welkt, wie der junge Vogel tot aus dem Nest fällt, wenn die Eltern ihn nicht mit Futter versorgen, so geht der Mensch ohne tägliche Mahlzeiten zugrunde. Ein quälendes Hungergefühl signalisiert dem Körper, daß er Nahrung braucht.

Niemals vor meiner Lagerzeit habe ich dem Brot so große Bedeutung beigemessen wie jetzt. Ich setzte mich immer an einen gedeckten Tisch, auf dem nicht nur die gefüllte Brotschale stand.

Selbst in den Kriegsjahren litten wir keinen Hunger im eigentlichen Sinne. Meine jüngere Cousine Felicitas wohnte zu dieser Zeit im Hause meiner Eltern, so daß uns vier Lebensmittelkarten zur Verfügung standen, die bei strenger Einteilung sogar gestatteten, am Sonntagnachmittag Kuchen zu essen.

Meine Mutter und mein Vater sorgten mit ihrer Garten- und Feldarbeit für die Bereicherung des Speiseplanes.

Schlimmer erging es uns in den ersten Nachkriegswochen, als in den Läden keine Lebensmittel zum Kauf vorhanden waren. Doch gemeinsam rückten wir der Not zu Leibe, sammelten Beeren und Pilze in den umliegenden Wäldern. Meine Mutter ging Ähren lesen, Vater schrotete die Körner, so daß wir daraus eine nahrhafte Suppe kochen konnten. Kartoffeln bauten wir im Garten an, und die Kartoffelpuffer – auf der blanken Herdplatte gebacken – schmeckten vorzüglich. Nein – gehungert haben wir nie, auch wenn wir nicht jeden Tag Brot zur Verfügung hatten.

Im Lager wird das Brot zum Symbol der Lebenserhaltung – jeden Morgen empfangen wir die Gabe Gottes und wissen zugleich, daß dieses Stück unseren Hunger nicht stillt.

Ketschendorf, November 1945.

Mein erster Morgen im Lager. Zwischen Gerti und Rosemarie liegend, erwache ich, fröstelnd und zerschlagen. Die dünne Strohschicht auf dem Fliesenfußboden der Küche wärmte nicht. Ich freue mich auf das Frühstück. In den Gefängnissen (Spremberg und Cottbus) gab es eine dicke Scheibe Brot und einen großen Topf Malzkaffee, schön warm. Kaffee gibt es hier auch, aber der ist dünn, lauwarm, und ich besitze kein Gefäß, in dem ich ihn holen könnte. So trinke ich abwechselnd mit Gerti aus ihrem Kochgeschirr. Herzhaft beiße ich in den Brotkanten, der mir zugeteilt wurde. »Halt!«, ruft Gerti aus, »du mußt das Stück einteilen, es gibt nicht mehr. Mach es so wie wir: Teile es in drei Teile, eins für früh, eins für nachmittags und das dritte für abends.« Das Frühstück auf dem Strohlager ist rasch beendet, ich spüre eine Leere im Magen. Ist das Hunger?

»Wir müssen für dich etwas auftreiben, worin du mittags deine Suppe holen kannst«, überlegen Gerti und Rosemarie. Sie erzählen mir, daß es vor einigen Wochen noch genügend Gefäße gab, die zum Teil aus der »Hinterlassenschaft« der Bewohner stammten oder von der Lagerleitung verteilt wurden. Doch durch die reichlichen Zugänge in den letzten Wochen ist alles »vergeben«. Auch Frau H. kann nicht helfen, sie rät dazu, »eigene Reserven aufzuspüren«. Immerhin bekomme ich von ihr einen Blechlöffel. Schließlich überläßt mir Frau Hä., eine Cottbusserin, ihre Teekanne, die sie aus dem Bestand der Küche bisher zum Kaffeeholen nutzte. »Vorläufig«, sagt sie, »bis du was Besseres gefunden hast, ich habe ja noch mein Kochgeschirr.«

Beglückt halte ich das kostbare Stück in den Händen, echtes Porzellan mit chinesischem Muster in zarten Rot- und Brauntönen. Allerdings merke ich bald, wie ungeeignet die Teekanne zum Empfangen der Mittagsmahlzeit ist. Nicht nur, daß sie lediglich die Hälfte der mir zustehenden Graupensuppe aufnimmt, es geht auch noch ein Teil daneben. Schnell hält eine andere Frau ihre Schüssel darunter, um die Reste aufzufangen. Trotzdem bin ich froh, aus einem Porzellangeschirr das geschmacklose Essen zu löffeln, denn einige Frauen müssen aus Blechdosen oder aus Einweckgläsern essen. Später, als ich beim Abschied von Maria, die nach Rußland deportiert wurde, ihre Steingutschüssel erhalte, darf ich die mir liebgewordene Teekanne behalten. Frau Hä. schenkt sie mir. Das ist die Realität in Ketschendorf: 15 Monate lang besteht unser »täglich Brot« aus einem Brotstück – das Gewicht schwankt zwischen 200 und 300 g – und einem Liter Graupenbrühe, mal dicker, meistens durchsichtig, von gräulicher Färbung.

Allerdings erleben wir wenige Wochen lang, von Mai bis ungefähr September 1946, »bessere« Tage. Aufgrund der hohen Sterblichkeitsziffern im Winterhalbjahr 1945/46 soll eine Kontrollkommission zur Überprüfung der »Lebensbedingungen« aus Karlshorst kommen. So besagen es jedenfalls die umlaufenden Parolen. (Gesehen haben wir nie jemanden.) Aber mit der Versorgung schien es bergauf zu gehen. Die Brotstücke fallen größer aus, die Suppe wird dicker. Bei uns im Zimmer macht das Essen jetzt Spaß. Es wird zum unterhaltenden Teil des Tages. Jeder rührt zunächst konzentriert in seiner Schüssel und gibt den Erfolg der Suchaktion bekannt: »Sondermeldung«. Wir bauen dieses Spiel aus, indem wir tippen: »Wer wird als nächster ein Stück Fleisch herausfischen?« Besonders verbissen sucht Frau Ha. nach einem solchen »Schatz«. Findet sie keinen, drängt sie ihre Enttäuschung zurück und meint sarkastisch: »Ich bin schon froh, wenn ich weiß, daß die Gräupchen mit Fleisch gekocht sind.«

Ab Juni erhalten wir zusätzlich Vitamine in zweifacher Form. Jede Woche gibt es pro Person einen Salzhering. Der ist nicht immer ganz einwandfrei! Bei der Wärme kann man ihn nicht aufheben, und wer weiß, wie lange er schon in der Verpflegungsstelle lagerte. Wir spülen die »Tiere« unter fließendem Wasser an der

Pumpe ab und verspeisen sie mit »Haut und Haar«. Langsam, bedächtig kauen wir die Gräten, sie sollen dem Körper wertvolle Spurenelemente zuführen. Dem Genuß folgt oft genug ein Durchfall, zumindest eine Magenverstimmung, da unsere Verdauungsorgane nicht auf solche Kost eingestellt sind.

Günstiger wirken sich die Vitamingaben in Gestalt des Kiefernnadeltees aus. Sie bringen uns auch eine Abwechslung, denn wir müssen die gelieferten Kiefernzweige aufbereiten. Im Keller werden die Nadeln abgestreift und in zwei Zentimeter große Stücke geschnitten. Der Tee schmeckt scheußlich, dennoch trinken wir davon, den Rest benutzen wir zur Fußpflege.

Die Freude währt nicht lange. Mit Beginn des Herbstes 1946 erfolgt eine rigorose Kürzung aller Lebensmittelrationen. Reichte das bisherige gerade so, um sich am Leben zu halten, wobei der Hunger nie gestillt wurde, beginnt jetzt eine Periode lebensbedrohender Hungerkrankheiten.

Die Angst um die nackte Existenz macht die Menschen schlecht, verleitet sie zu Taten, die sie unter normalen Umständen niemals begehen würden.

War schon von Beginn an das Brot ein beliebtes »Tauschobjekt«, so nimmt dieses Geschäft nun unerhörte Ausmaße an. Das läßt sich am Beispiel unserer Hannelore gut belegen. Dieses Mädchen versetzt nach und nach all ihre »Habe« für Brot. Auch finden Frauen, die infolge der Parolen von einer nahen Heimkehr überzeugt sind, sich bereit, trotz eigenen Darbens, Brot für andere begehrenswerte Dinge einzutauschen. Nachdem Hannelore auch die Handschuhe, die ich ihr zu Weihnachten 1946 schenkte, zu Brot gemacht hat, besitzt sie nichts mehr. Der Hunger treibt sie dazu, sich an unseren aufgesparten Brotresten zu vergreifen. Vielleicht denkt sie: »Von jedem einen kleinen Brocken, das fällt nicht auf«? Oder denkt sie gar nichts dabei?

Käthe redet mit ihr, versucht zunächst, ihr Tun geheimzuhalten. Hannelore sieht alles ein und verspricht, sich zu bessern. Frau Kr. steckt ihr sogar hin und wieder ein Stückchen Brot zu. So können wir sie mit einigem Aufwand bis zu unserem Abtransport nach Jamlitz im Januar 1947 decken. Wir wissen, daß eine neue Strafe im Bunker ihren sicheren Tod bedeuten würde.

In Jamlitz verliere ich den Kontakt zu Hannelore. Sie wohnt nicht in unserer Baracke. Manchmal sehe ich sie zusammen mit den Ausländerinnen, insbesondere mit der Französin Madeleine. Diese Beziehung bringt ihr sicher Vorteile, da die Ausländerinnen in Jamlitz viele Vergünstigungen haben.

Für uns bringt das neue Lager nicht nur angenehmere Wohnverhältnisse, sondern auch – wie es auf den ersten Blick erscheint – eine bessere Verpflegung. Aus ist es mit der täglichen grauen Grütz- oder Graupenbrühe. Mit Hingabe löffeln wir die helle Wassersuppe, in der Kartoffelstückchen und einige Fleischfasern schwimmen. Die Brotrationen kommen uns größer vor. Manchmal ist das Brot ganz frisch und duftet köstlich. Jamlitz hat eine eigene Bäckerei. Einmal in der Woche bekommen wir 20 g Zucker – es geht aufwärts!

Der Schein trügt. Die »alten« Jamlitzer sagen es uns, und wir merken bald, welche verheerenden Auswirkungen die Zusammensetzung der Kost hat. Nach dem Verzehr des frischen Brotes stellen sich nicht selten Erbrechen und Durchfall ein. Gefährlicher jedoch ist das Mittagsmahl. Das spürt man allerdings nicht sofort. Wasser sammelt sich im Körper an – zuerst in den Füßen. Es steigt hinauf, unaufhörlich.

Eine Schwester, die im Lazarett tätig ist, bringt erschütternde Berichte mit. Die Männer sind stärker gefährdet als wir. Sie machen davon Gebrauch, Nachschlag zu empfangen, wenn der Kübel nicht leergeschöpft wurde. Aber gerade zuunterst sammelt sich reine Wasserbrühe an, die sie begierig trinken. Im Laufe der Wochen nehmen sie an Umfang zu, glauben, daß die Ernährung »anschlägt«, bis sie spüren, daß ihre unförmig gewordenen Beine sie nicht mehr tragen. Wenn das Wasser höher steigt, gibt es keine Rettung mehr. Sie gehen elendig zugrunde.

Wir treffen Gegenmaßnahmen, indem wir unseren Brotkanten, wenn er frisch ist, nicht essen, sondern ihn für den nächsten Tag »abtrocknen« lassen. Das bedeutet zwar, einmal das Frühstück auszulassen, aber diese Vorratswirtschaft zahlt sich aus. Beim Mittagessen verzichten wir auf den Nachschlag und essen dafür am zeitigen Nachmittag von dem aufgesparten Brot. Manchmal – an Feiertagen – verarbeiten wir es zu Brottörtchen. Das lernen wir in Jamlitz. Vieles ist hier anders – das quälende Hungergefühl bleibt gleich. Es treibt einige soweit, alle inneren Werte zu annulieren und sich auf die niedrigste Stufe des Menschseins fallen zu lassen.

An dem Brot, das sie als Judaslohn entgegennehmen, kleben Tränen.

Schmeckt es nicht bitter?

Das möchte ich den Jungen fragen, der in Jamlitz »freiwillig« Posten bezieht, um »unerlaubte« Vorgänge zu melden. Margot und Gregori bringen seine »gewissenhaften« Beobachtungen 14 Tage Einzelhaft ein.

Weiß er, was das für Margot bedeutet? Zwei Wochen lang in völliger Dunkelheit, bei halber Brotration und Wasser, ohne Decke auf nacktem Steinfußboden zubringen zu müssen?

Und Gregori – er wollte Margot auf einem Zettel mitteilen, daß er für das »Pelzmützenkommando« ausersehen ist. Wird er nach der Bunkerhaft noch genügend Kräfte haben, die Strapazen der Deportation zu überstehen?

Nein, darüber denkt dieser junge Mensch nicht nach, ebensowenig wie all diejenigen, die ihre Kameraden »anschwärzen«, um der Qual des Hungers für Stunden zu entrinnen.

Mühlberg, Juni 1947.

Ein Sonntagmorgen, wie er im Buche steht. Durch die seitliche linke Luke dringt Sonnenschein auf unsere Etage. Ich stehe als erste auf, denn heute habe ich Hausdienst. Ob mir meine Überraschung gelingt?

Als meine Familienmitglieder im Waschraum sind, decke ich den Frühstückstisch. Dazu habe ich aus einem Stoffrest, den ich in der Schneiderstube für eine Scheibe Brot »erwarb«, eine Decke mit Hohlsaum gefertigt.

Für den Kaffee stelle ich auf jeden Platz ein becherartiges Gefäß aus Ton, und in einer größeren Schale rühre ich den Brotaufstrich zusammen: Geröstete Brotkrümel, die ich am Abend vorher einweichte, hinzu kommt etwas Marmelade von unserer Wochenration und ein wenig Zucker.

Einen Augenblick halte ich inne – wie »fürstlich« wir hier leben, denke ich. Wir sind nun fast ein Vierteljahr in Mühlberg, haben uns zu einer Familie zusammengetan, und vor allem bekommen wir höhere Verpflegungssätze. Das Stück Brot ist größer, bestimmt wiegt es 400 g, dazu empfangen wir einmal wöchentlich einen Löffel Zucker, Marmelade und – das können wir zuerst kaum fassen – ungefähr 20 g Butter! Die Butterrationen werden von Kläre, der Foureuse, im Vorratsraum zurechtgemacht. Sie benutzt dazu eine kleine Kelle, so daß lustige Halbkugeln entstehen.

Beim ersten Mal getrauten wir uns kaum, dieses »Wunder« anzurühren, leckten ganz vorsichtig daran, so wie Kinder am Eis, wenn sie noch nicht wissen, was das ist. Einige Frauen, meist ältere, aßen die erste Portion sofort ganz auf und klagten danach über Bauchschmerzen. Oft muß ich darüber nachsinnen, warum sich gerade die betagteren Frauen unvernünftig, beinahe gierig auf das Essen stürzen und auch nicht bereit sind, mit anderen zu teilen. Ist ihr Selbsterhaltungstrieb stärker ausgeprägt?

Die größere Brotration mit allen »Zutaten« ist nicht die einzige Änderung in unserem Speiseplan. Zweimal am Tage wird Kaffe oder Tee ausgeschenkt – wir holen davon, so viel wir möchten, denn jetzt besitzen wir auch genügend Gefäße.

Unser Mittagsmahl, eine Suppe aus Kartoffelabfallprodukten (wie sie beim Brennen von Kartoffelschnaps zurückbleiben) und Trockengemüse, bringt mehr Abwechslung als die Graupensuppe in Ketschendorf oder die Kartoffelbrühe in Jamlitz, weil der Anteil an Trockengemüse nicht immer gleich ist, manchmal werden auch Brennesseln mit verkocht, so daß die Suppe einen anderen Geschmack bekommt.

Am meisten freuen wir uns über die verbesserte Eßkultur. In Mühlberg gibt es mehrere Werkstätten, darunter eine Töpferei mit einer Drehscheibe zum Herstellen von Tongefäßen. Die dort arbeitenden Häftlinge sind wahre Künstler. Sie vervollkommnen nach und nach ihre Technik. Es entstehen nicht nur schön geformte Schüsseln, Becher oder Krüge, sondern sie sind auch glasiert, bemalt oder anderweitig verziert. Zwar reicht das Geschirr bei weitem nicht, um die vielen Häftlinge genügend auszustatten. Wir haben durch unsere Familienwirtschaft den Vorteil, den »Hausrat« gemeinschaftlich nutzen zu können, wie beispielsweise das eine Messer, das Ruth aufgetrieben hat.

Alle Verbesserungen täuschen jedoch nicht darüber hinweg, daß der Hunger weiterhin unser Begleiter bleibt. Wie können wir unsere Lage erleichtern?

Was wir bereits in Jamlitz ab und zu versuchten, wird hier zur Gewohnheit – wir verschaffen uns einen Tag in der Woche, an dem wir uns satt essen können. In der Regel ist das der Sonntag.

Auch heute habe ich zu diesem Zweck die nötigen Vorkehrungen getroffen, die immer dem Hausdienst, der sonntags an der Reihe ist, obliegen: Ab Mitte der Woche wurde von jedem eine dicke Scheibe Brot »einbehalten«, ebenso eine der vier Butter-, Zucker- und Marmeladenrationen. Daraus entsteht für die Sonntags-Kaffeetafel eine Brottorte, ähnlich der Jamlitzer, nur zusätzlich mit einer Schicht »Buttercreme« gefüllt. Das Sonntagsabendbrot weicht ebenfalls vom alltäglichen ab. Die Brotscheiben werden dünn geschnitten und auf dem Steinofen geröstet (eigentlich mehr getrocknet). Dazu gibt es einen Belag, bestehend aus Kartoffelstückchen und Fleischfasern, die am Tag zuvor den Mittagsmahlzeiten entnommen werden.

Auf diese Weise wird jeder Sonntag zum Festtag mit vier Mahlzeiten, und außerdem denkt sich der verantwortliche Hausdienst immer eine kleine Raffinesse aus, die er als »Betthupferl« vor dem Schlafengehen kredenzt. Für heute abend habe ich schon vier »Zuckerherzen« vorbereitet – aus Brotkruste geschnitten und mit Zucker »überbacken«. So wie bei uns wird das in fast allen »Barackenfamilien« praktiziert. Was tut es da zur Sache, daß wir wochentags mit ungestilltem Hunger von der Mahlzeit aufstehen. Die Freude auf den siebenten Tag wiegt schwerer.

Kläres grelle Stimme »Brot und Kaffee fassen« reißt mich aus der Betrachtung. Meine »Familie« sitzt erwartungsvoll, mit angezogenen Beinen auf dem Lager, den »gedeckten Tisch« bestaunend. Die Festtagszeremonie kann beginnen.

Erst in den letzten Wochen, die ich in der Revierbaracke zwecks »Auffütterung« zubringe, weicht der nagende Schmerz in der Magengegend einem angenehmen behaglichen Gefühl. Das Stück Brot, das ich morgens in der Hand habe, ist doppelt so groß wie der Brotkanten in Ketschendorf.

So kurz vor dem Weg in die Freiheit steht mir in aller Deutlichkeit vor Augen, welchen Wert ein Stück Brot besitzt. Als Symbol für den Erhalt des Lebens wird es mich immer mahnen, sorgsam mit ihm umzugehen und nie vergessen zu bitten: »Unser täglich Brot gib uns heute.«

Meine Überlebenschancen

»Ich komme wieder!« Das waren die letzten Worte, die ich meinen Eltern zurief, als ich den Weg ins Ungewisse antrat. Ein Versprechen, von dem ich glaubte, daß es leicht zu halten sei.

In jenem Augenblick war ich sicher, die Gerechtigkeit wird siegen.

Zweifel beschlichen mich erstmals im Cottbusser Gefängnis, als Maria mit Gewißheit behauptete, wir würden in die Sowjetunion befördert werden.

Dann glimmt wieder Hoffnung auf: Ketschendorf – als Entlassungslager deklariert! »Wir kommen wieder nach Hause!« Davon sind wir fünf Mädchen aus Haidemühl gemeinsam überzeugt. Der feste Vorsatz ist Verpflichtung und hält uns zunächst aufrecht, läßt uns die menschenunwürdigen Verhältnisse leichter ertragen.

»Glaubt nur fest daran, wir kommen heim!«, bestärken uns unsere Zimmergefährtinnen, vom gleichen Wunsch beseelt. Bald wird uns klar, daß Glaube allein nicht ausreicht.

Der Lageralltag in Ketschendorf läßt den Verdacht aufkommen, daß uns eine der härtesten Strafen auferlegt ist – die Beschäftigungslosigkeit. Sie soll die Menschen geistig und körperlich zerstören. Mir fällt der Bericht einer Frau ein, die bei einer Begegnung mit einem sowjetischen Offizier den Mut hatte, ihn um Arbeit zu bitten. Sie erhielt die Antwort: »Arbeit Medizin für Deutsche – hier nix Medizin!«

Der Ausspruch gewinnt in den Lagern doppelte Bedeutung:
– Zugrundegehen am Nichtstun,
– Zugrundegehen an unbehandelten Krankheiten.

Ich treffe für mich eine Entscheidung. Mir ist bewußt, daß meine Eltern den letzten Satz, den ich ihnen sagte, immer im Ohr haben und sich daran klammern. Also hilft mir kein Abwarten, ich muß etwas tun. Dabei kommt mir der von der Natur verliehene Selbsterhaltungstrieb zu Hilfe. Ein Trieb, der sich nicht ausschließlich auf Nahrungsaufnahme beschränkt.

»Der Mensch lebt nicht vom Brot allein«, heißt es in der Bibel, und ich denke intensiv über den Sinn des Spruches nach. Dabei wird mir klar, daß Beschäftigung allein keine ausreichenden Überlebenschancen bietet. Sie bildet allerdings eine wichtige Grundlage, und wir ersinnen ständig neue Varianten manueller Tätigkeit, die vielfach bereits mit Denkarbeit gekoppelt sind.

Im Herbst 1946 arbeite ich meinen rot-weißen Pullover um. Nicht zufällig griff ich nach ihm, als ich Abschied von zu Hause nahm, denn ich hatte ihn in den letzten Kriegstagen im Bunker des Braunkohlentagebaues, in dem wir Schutz vor Tieffliegern suchten, gestrickt. Nun wies er schadhafte Stellen auf, besonders unter den Armen und am unteren Rand.

Das Auftrennen bereitet Schwierigkeiten – oft reißt der Wollfaden –, aber es erfordert keine Gedächtnisleistung. Überlegen muß ich erst danach, gilt es doch, das wenige, übriggebliebene Material so effektiv wie möglich zu nutzen. Es soll ja ein geschmackvolles Kleidungsstück entstehen. Meine Zimmerfreundinnen und Gerti beteiligen sich an »Entwürfen« zur Verarbeitung, wobei es um Form, Zusammenspiel der Farben und vor allem um das Strickmuster geht. Das beschäftigt uns tagelang, bis schließlich Gertis Variante allgemeine Zustimmung findet und ich das »Umsetzen« in Angriff nehmen kann.

Ähnlich schöpferisches Vorgehen ist gefragt, wenn wir kleine Handarbeiten anfertigen. Stickmuster, Formen, Farben, Materialzusammenstellung bedenken wir zuvor auf das genaueste, steht doch nicht bloßer Zeitvertreib auf dem Plan.

Dennoch füllt mich diese Art des Tätigseins nicht aus. Ich versuche, mich gezielt an Gesprächen zu beteiligen, die mich zum Denken anregen und für mein Leben »draußen« eine Anleitung geben können.

Eine Freundin von Frau H. kommt oft in unser Zimmer und spricht von ihren Reiseerlebnissen. Was mir an ihnen besonders gefällt, ist die Art und Weise der Reisevorbereitung. Frau R. erzählt, nach welchen Gesichtspunkten sie gemeinsam mit ihrem Mann das Reiseziel auswählte. Reizvolle Landschaften, Kennen-

lernen bedeutender Stätten, breitgefächerte Erholungsmöglich-
keiten spielten dabei eine Rolle. Sie verdeutlicht lebhaft und anschaulich, wie das geschieht:»Wir liegen beide lang auf dem Tep-
pich – vor uns die ausgebreitete Landkarte – und suchen die Umgebung unseres Reiseziels ab. Ich habe einen Zettel und notiere,
wohin wir wandern wollen, welche Kulturstätten wir besichtigen
möchten, was der Urlaubsort selbst an Gelegenheiten zur aktiven
Erholung bietet.

Diese Übersicht ist Grundlage für eine detaillierte Auswahl der
Gegenstände, die wir mitnehmen wollen, und natürlich auch für
die Kleidung.«

Das gefällt mir, und ich nehme mir vor, später einmal das gleiche Verfahren anzuwenden. Aber bereits jetzt denke ich über eigene Reiseziele nach. Mit Hilfe meiner schulischen Geographie-
kenntnisse erschließe ich mir im stillen noch unbekannte Gegen-
den.

Was mir aber vor allem hilft, diese Zeit zu überstehen, ist uner-
müdliches Gedächtnistraining. Schon in den ersten Ketschendorfer Wochen, in denen wir generell zum Nichtstun verurteilt sind,
beginne ich damit, Gedichte oder Passagen aus Dramen zu reka-
pitulieren. In der Schule und zu Hause in meiner Freizeit las ich
mit Hingebung Gedichte, lernte sie auswendig und deklamierte
sie ebenso begeistert.

Nun schöpfe ich aus diesem geistigen Vorrat, fülle damit halbe
Nächte, wenn ich vor Hunger und Kälte keinen Schlaf finde.

Über eine Ballade, die ich einmal gelesen hatte, sinne ich lange
nach. Mir fehlen die ersten Zeilen, und ich weiß auch den Titel
nicht mehr. Die Ballade muß von Ludwig Uhland sein, denn ich
stieß auf sie im Zusammenhang mit »Des Sängers Fluch«. Immer
wieder beginne ich mit den Zeilen, die ich behalten habe, in der
Hoffnung, den Anfang zu finden:

> »... Kamst du, der mit Schwert und Liedern
> Aufruhr trug von Ort zu Ort,
> der die Kinder aufwiegelt
> gegen ihres Vaters Wort?
> Steht vor mir, der sich gerühmet
> in vermessner Prahlerei,

daß ihm nie mehr als die Hälfte
seines Geistes nötig sei?
Nun der halbe dich nicht rettet,
ruf den ganzen doch herbei,
daß er neu dein Schloß dir baue,
deine Fesseln brech entzwei!«

Ganz zufällig erwähne ich einmal in Gertis Zimmer, wie sehr es
mich bedrückt, diese Ballade nicht vervollständigen zu können.
Aber keinem der Mädchen ist sie bekannt. Gisela, die sich selbst
intensiv mit Lyrik beschäftigt, meint:»Frag doch mal Frau Dr. F.,
die wohnt im nächsten Eingang. Sie hat in einigen Zimmern schon
Gedichte vorgetragen. Das hörte ich.« Gisela zeigt mir beim Reponsieren (Spazierengehen) auch die genannte Person. Doch ich
habe Hemmungen, sie anzusprechen. Ach du liebe Zeit, denke
ich, zu der Frau führt bestimmt kein Weg. Leicht nach vorn
gebeugt, macht sie einen unbeholfenen Eindruck, der durch
die lässige Kleidung verstärkt wird. Das etwas zu große Samt-
barett verdeckt zur Hälfte ihr Gesicht. Sie trägt einen weiten
dunklen Mantel und Spangenschuhe. Ehe ich mich entscheiden kann, ob ich auf sie zugehe, schiebt mich Gisela vor und
läßt mich stehen. Da bleibt mir nichts anderes übrig, als sie anzusprechen.

»Verzeihen Sie«, beginne ich schüchtern, doch sie lacht und
sagt mit angenehm weicher Stimme:»Sei nicht so förmlich, Mädchen, was hast du auf dem Herzen?«

In der Frage schwingt Anteilnahme mit – der Bann ist gebrochen. Frei und offen bitte ich sie darum, mir bei der Suche nach
Titel und Anfang einer Ballade behilflich zu sein.

»Na, laß mal hören, was du noch weißt«, ermuntert sie mich,
und ich beginne:

»... Kamst du, der mit Schwert und Liedern
Aufruhr trug von Ort zu Ort ...«

Weiter komme ich nicht. »Bertran de Born, die Ballade heißt
›Bertran de Born‹!«, sagt sie mit Bestimmtheit. Im gleichen Augenblick fällt mir der Anfang ein.

Wir sprechen gemeinsam:

>Droben auf dem schroffen Felsen
raucht in Trümmern Autafort,
und der Burgherr steht gefesselt
vor des Königs Zelte dort...«

Dann müssen wir beide lachen, und schon sind wir in ein Gespräch vertieft über Lyrik im allgemeinen und Balladen im besonderen.

Das ist keine gewöhnliche Begegnung. Sie wird bestimmend für meine persönliche Entwicklung.

Elfriede – so darf ich diese ungewöhnliche Frau nach kurzer Bekanntschaft nennen – hat den wesentlichsten Anteil daran, daß ich mein Versprechen einlösen kann. Dank ihrer Einflußnahme finde ich selbst in Augenblicken tiefster Niedergeschlagenheit die Kraft, mich aufzuraffen.

Ich erfahre, daß sie Dozentin auf dem Fachgebiet der Germanistik an einer Universität war. Aus gesundheitlichen Gründen konnte sie in den letzten Jahren keine Vorlesungen mehr halten. Eine schwere Tuberkulose machte Heilbehandlungen in verschiedenen Kureinrichtungen erforderlich. Manchmal spricht Elfriede mit verhaltener Stimme von der Liebe zu einem Mann, mit dem sie zusammenlebte, der ihr alles bedeutete.

Doch niemals äußert sie sich, warum und wie sie verhaftet wurde. (Ich habe das nie erfahren.) Ich weiß nur, daß sie nicht zu denen zählt, die aus Mühlberg entlassen werden. Welchen Vergehens sollte sich eine schwerkranke, etwa 40jährige Frau schuldig gemacht haben? Sie gehörte weder einer Partei an, noch bekleidete sie in einer Naziorganisation eine Funktion. Aus allen Schilderungen ihrer Vergangenheit geht hervor, daß sie vollkommen unauffällig lebte...

Von Elfriede lerne ich, wie man Verse »baut«. Sie führt mich ein in die Geheimnisse der Metrik, der Lautmalerei, der symbolhaften Gestaltung. »Du mußt immer das Bestreben haben, mit Worten ein Bild zu entwerfen, das der Betrachter nicht nur anschaut, sondern das ihn anregt und vor allem, das sein Gefühl anspricht.«

Meine ersten laienhaften Versuche, Gedanken in Worte zu kleiden, liegen weit zurück. Meist waren es Gedanken der Freundschaft, der ersten erwachenden Liebe, die mich dazu brachten. Jetzt wird mir bewußt, daß Gefühl allein nicht ausreicht. Mit dem Wissen, das mir Elfriede vermittelt, werde ich später eine solide Grundlage für schöpferisches Gestalten haben, das ist gewiß.

Bereits jetzt beginne ich mit der Anwendung. Ein Gedicht, das meiner neuen Freundin gewidmet ist, trage ich ihr als ersten Versuch vor. »Das ist gut«, sagt sie, »aber nicht gut genug, es fehlt darin das Allgemeingültige.« Nach ihren Hinweisen gehe ich ans Überarbeiten, aber je mehr ich verändere, um so »unfertiger« erscheint es mir.

Elfriede rät: »Versuche zunächst einmal, dich einem anderen literarischen Genre zuzuwenden. Ich schätze, daß du gut zu erzählen verstehst.«

So zeichne ich mit Worten gedanklich ein Erlebnis nach, das mich seit meinem 17. Lebensjahr gefangenhält: erstes Liebesahnen und gleichzeitig Verzicht auf Erfüllung, »Die stille Stunde« nenne ich meine Erzählung. Vielleicht lege ich zu viele sprachliche Farbtupfer hinein, das Bild wird zu bunt, aber mir eröffnet der Ausflug in die Weite der Epik neue Überlebenschancen.

Mit Eifer betreibe ich die »schriftstellerische« Tätigkeit, dringe in ungeahnte Gefilde vor, gebe meinen Empfindungen Ausdruck:

> »Es öffnet sich mir jene hohe Pforte,
> die selten nur den Menschen offensteht,
> von einem Ahnen werde ich umweht –
> die Stille spricht zu mir – doch ohne Worte.«

Ständig stoße ich aber auf Grenzen, weil es nicht möglich ist, Gedanken schriftlich zu fixieren. Jeden noch so schwachen Strohhalm ergreife ich, um wenigstens Anhaltspunkte festzuhalten.

In günstigen Momenten, wenn Frau M. bei guter Laune ist, bitte ich sie, mir kurz ihren Bleistiftstummel auszuleihen. Sie tut das verständlicherweise nicht gern, willigt dann nach längerem Zögern schließlich mit der Einschränkung ein: »Das ist aber heute das letzte Mal, Uschi, du weißt genau, wie dringend ich das Restchen für meine Karten brauche.« Natürlich weiß ich das. Frau M. legt stundenlang Patiencen – das ist ihre Art des Überlebenstrainings. Die Karten im Mini-Format fertigt sie aus der Wandtapete – auch davon gibt sie mir ab, denn unter der rauhen Schale der Frau verbirgt sich ein weiches Herz.

So lerne ich – mit geborgtem Schreibgerät und Tapetenfetzen ausgestattet –, mich auf wesentliches zu beschränken, halte wichtige Stellen fest oder mache Stichpunkte.

So widersinnig das auch klingen mag: Das Schreibverbot brachte mir Gewinn. Ich war gezwungen, mir das Formulierte sofort einzuprägen, es so lange aufzusagen, bis es sich unauslöschlich im Gedächtnis eingenistet hatte. Die Eigenschaft, Gedrucktes und Geschriebenes schnell zu erfassen, kam mir dabei zugute.

Erst in Mühlberg gelange ich in den Besitz eigenen Schreibmaterials. Dazu verhilft mir die Barackenmitbewohnerin Inge H., die Gefallen an meinen Gedichten findet. Auch die Märchen, die ich erzähle, bereiten ihr Freude. Ihre Tätigkeit im Komplex IV der deutschen Leitung gewährt ihr einige Freiheiten und Vorteile, zumal sie dort einen Bekannten hat.

So bringt sie mir eines Tages im Juli 1947 ein Brett mit. Es ist wunderschön glatt und aus hellem ungemasertem Holz, so daß man darauf ohne Mühe schreiben kann. Die Maße, 1 m lang und 0,15 m breit, gestatten mir, ganze Passagen aufzuschreiben. Die Schrift läßt sich mit Wasser und Tonseife leicht abwaschen, da ich einen Bleistift benutze. Auch diesen (eigentlich Rest von Bleistiften) besorgt mir Inge H. von Zeit zu Zeit. Sie muß beim Übergang vom Männer- zum Frauenlager nichts befürchten, weil ihr Passierschein den Vermerk trägt: »Durchlaß ohne Kontrolle«.

Selbstverständlich nehme ich diese Vergünstigung an – ich will überleben, ich brauche das Material, es dient einem guten Zweck, und ich weiß, es ist nicht gestohlen und keinem entstehen Nachteile, wenn ich Gebrauch davon mache.

Nachts lege ich das Brett, von der Schrift gesäubert, unter meinen Kopf. Im Falle einer Durchsuchung müßte ich mit Strafe rechnen, denn das Schreiben ist in Mühlberg ebenso verboten wie anderswo.

Die Zeitungen, die wir ab September 1947 bekommen, eröffnen neue Perspektiven. Ilse, die sehr zugängliche Barackenälteste, gestattet mir, von abgelegten Exemplaren hin und wieder einige Ränder abzutrennen. Dabei wechsele ich mich mit Ursel Walther ab, die das »Schreibpapier« ebenso dringend benötigt wie ich.

Hauptspeicher des Erdichteten bleibt das eigene Gedächtnis. Wir wissen, daß wir Geschriebenes – selbst wenn es nur Zettel wären – bei einer Entlassung keinesfalls herausbekämen. Im Gegenteil, beim Auffinden solcher »verdächtigen« Stücke könnten sich Komplikationen ergeben.

Das kann, das will ich nicht riskieren – ich will nach Hause!

Zwischenstation Jamlitz

Ein kalter, grauer Wintertag empfängt uns, als wir, steif vom langen Liegen in unbequemer Stellung, aus dem Waggon klettern. Einer hilft dem anderen, trotzdem fallen einige Frauen beim Absprung von der letzten Stufe zu Boden. Die Begleitmannschaft treibt zur Eile an: Aufstellen zu fünft in Gruppen von 50 Personen. Der große Lagerplatz am Bahnhofsgelände ist menschenleer. Unser Zug hat sich formiert, 400 Frauen sind marschbereit. Erbarmungswürdige Gestalten, die sich da in Bewegung setzen. Wir haben uns die Tücher ins Gesicht gezogen zum Schutz vor dem scharfen Wind.

Später habe ich in mein Tagebuch geschrieben:

Nun war es klar für uns, wir kommen in ein neues Lager – Jamlitz bei Lieberose –, jemand hatte diese Botschaft durch Flüsterparolen in Umlauf gesetzt. Das empfanden wir wie eine Erlösung, hatten wir doch auf dem Transport das Schlimmste vermutet.

Auf der Landstraße, die in einen Wald führte, begegneten uns Menschen. Scheu wichen sie unserem Zug aus. Vielleicht war es Angst vor den bewaffneten sowjetischen Soldaten, die den Leuten mit Gesten andeuteten, sich fernzuhalten. Uns erschien es aber, als wichen sie uns aus – wir kamen uns wie Ausgestoßene vor.

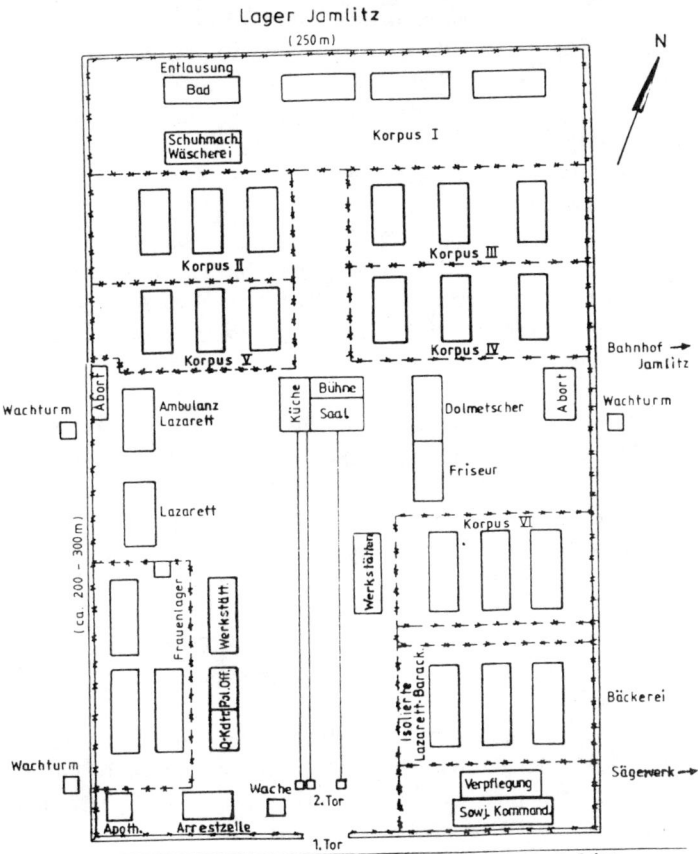

Lager Jamlitz

N

(250 m)

Entlausung
Bad

Schuhmach.
Wäscherei

Korpus I

Korpus II

Korpus III

Korpus V

Korpus IV

Bahnhof →
Jamlitz

Abort

Wachturm

Ambulanz
Lazarett

Küche | Bühne
Saal

Dolmetscher

Abort

Wachturm

(ca 200 – 300 m)

Lazarett

Friseur

Frauenlager

Werkstatt

Werkstätte

Korpus VI

Q-Kdt./Pol.Off.

isolierte Lazarett-Barack.

Bäckerei

Wachturm

Wache

2. Tor

Verpflegung

Sägewerk →

Apoth.

Arrestzelle

1. Tor

Sowj. Kommand.

nach Lieberose   F 320

nach Guben

85

Ich malte mir aus, wie es wäre, wenn ich allein weitergehen dürfte
– die trostlose Landstraße entlang –, wohin ich wollte. Das er-
schien mir unmöglich. Nein, ich fühlte mich zu denen zugehörig,
die das gleiche Los ertrugen; mit ihnen den Weg zu Ende zu gehen,
war mein Wunsch.

Da lag es vor uns – umgeben von einer hohen Bretterwand, mit
Stacheldraht gesichert –, das neue Lager.

Wir atmeten auf, als sich das Tor hinter uns schloß und wir wie-
der im Bereich des Stacheldrahtes waren. Das mag unwahrschein-
lich klingen, doch entspricht es der Wahrheit. Damals waren wir
noch nicht reif für die Freiheit, zu viel gemeinsam ertragenes Leid
verband uns.

Jamlitz ist anders als Ketschendorf, in jeder Beziehung. Wir kommen in eine richtige Barackenstadt, eigens für Gefangene angelegt.

Im September 1945 wurde das frühere Straflager der SS vom
NKWD wieder in Betrieb genommen. Lange brauchen wir, um
die ganze Tragweite dieser Tatsache zu erfassen. Ein Lager, von
den Nazis errichtet, in dem Menschen gequält, zu Tode geschunden wurden, dient unseren »Befreiern« dazu, Tausende von Männern und Frauen jahrelang unter menschenunwürdigen Bedingungen gefangenzuhalten.

Eines haben Ketschendorf und Jamlitz gemeinsam: Es sind Todeslager, denn Tausende Häftlinge (in Ketschendorf etwa 6000,
in Jamlitz ungefähr 5000)[1] starben an den Folgen der Unterernährung.

Und eine weitere Gemeinsamkeit ist nachweisbar, die auch für
Mühlberg und alle anderen 13 größeren Internierungslager zu-
trifft: Deportationen in die UdSSR.

Gefangene gaben diesen Transporten den Namen »Pelzmützenkommando«. In Jamlitz erfahren wir erstmalig Details darüber, denn kurz vor unserer Ankunft ging wieder ein solches
»Kommando« ab. Der Vorgang ist immer gleich: Alle Häftlinge
(auch Frauen sind dabei) werden gründlich überprüft.

Besonders Wert legen die Organe des NKWD auf Spezialisten

1 Siehe Karl Wilhelm Fricke: Politik und Justiz in der DDR, Köln 1990, S. 76f.

wie Chemiker, Wissenschaftler, Techniker, aber auch auf Häftlinge, die eine zufriedenstellende körperliche Beschaffenheit aufweisen und als Arbeitskräfte in Frage kommen. Die Ausgesuchten werden in einer Baracke zusammengefaßt, streng isoliert gehalten und »aufgefüttert«, bevor sie, in spezielle Güterwagen verladen, den Leidensweg antreten, von dem nur wenige wiederkehren.

Noch ehe wir richtig Fuß gefaßt haben, versorgt man uns mit Parolen: »Das war der letzte Schub, der nach Rußland ging, Jamlitz wird aufgelöst. Ihr werdet nicht lange hier sein.« Allzugern klammern wir uns an den Strohhalm, der Hoffnung heißt.

Fast alle Neuankömmlinge finden in einer einzigen, riesigen Baracke Unterkunft. Uns wird gesagt, daß es die sogenannte Berliner Baracke ist, die aufgestockt wurde. Bettstellen in vier Etagen werden von uns belegt. Man kann sie mit einem Hochhaus vergleichen. In der Mitte durch Zwischenwände geteilt, ergeben sich auf einer Ebene vier Pritschen für je zwei Personen.

Für Gerti und mich ist klar, daß wir zusammenziehen, uns wird im vierten Stock einer der beschriebenen Lagerstätten eine »Wohnung« zugewiesen. Das ist fast Luxus im Vergleich zu Ketschendorf. Die etwa 1,90 m mal 1,50 m große Fläche bietet uns genügend Raum, nur an eines müssen wir uns gewöhnen: Die Außenseiten haben keine Randbegrenzung, es besteht Absturzgefahr. Aber wir drängen uns beim Schlafen sowieso an die Mittelwand, denn es ist kalt in den Baracken. Für die zwei Kanonenöfen gibt es nur einmal in der Woche Heizmaterial, und das ist schnell aufgebraucht.

Die Jamlitzer Frauen, von denen viele schon im Herbst 1945 hier eingeliefert wurden, sind von dem zahlenmäßig großen Neuzugang nicht begeistert. Vor unserer Ankunft hatten sie reichlich Platz, es soll sogar abgetrennte Einzelkojen gegeben haben. Jetzt müssen sie dichter zusammenrücken und auch auf einige »Freiheiten«, die sie genossen, verzichten.

Das Männerlager – bedeutend größer als das Ketschendorfer – ist nur durch einen einfachen Stacheldrahtzaun vom Frauenlager getrennt, der kaum bewacht wird. Für Frauen, die ihre Männer oder Bekannte im Lager haben, bietet sich die Möglichkeit, einander zu begegnen oder wenigstens am Zaun miteinander zu sprechen. Männer, die einen Posten innehaben, dürfen, mit einer roten Armbinde versehen, das Frauenlager betreten.

Das ist für uns alles neu – wir spüren eine deutliche Verbesserung unserer gesamten Lebensverhältnisse.

Natürlich hat zunächst jeder von uns das Bedürfnis zu erkunden, ob Bekannte im Lager sind. Auch die »alten« Jamlitzer hoffen, unter den Neuen vertraute Gesichter zu sehen oder vielleicht zu erfahren, was aus diesem oder jenem geworden ist.

Von Baracke zu Baracke verbreiten sich die Nachrichten wie ein Lauffeuer. Auf diese Weise dringt die Kunde zu mir, daß ein Mädchen aus Welzow in Jamlitz ist. Sehr schnell kommt es zu einer Begegnung, denn beide hatten wir den Wunsch, einander zu sehen, miteinander zu reden.

Wir begrüßen uns wie Freundinnen, obwohl wir uns nur flüchtig kennen. Dorle W. war früher wie ich Jungmädelführerin, und wir haben manchmal gemeinsam an Treffen teilgenommen. Doch hier in der Fremde einen Menschen zu finden, der gleiche Erinnerungen besitzt, mit dem man sich austauschen kann – und sei es nur, um Namen aufzufrischen, sich an Straßen und Plätze zu entsinnen, bestimmte Ereignisse aufleben zu lassen –, ist ein großes Gefühl.

Natürlich frage ich gleich danach, was aus den anderen geworden ist, den Führerinnen, die unsere Vorgesetzten waren (meist stammten sie aus Welzow). Aber Dorle weiß nichts. Sie ist allein verhaftet worden, und wir müssen erneut registrieren, daß die »Oberen« verschont geblieben sind.

Ich erzähle von den Jungen aus Welzow, die lange vor mir abgeholt wurden, denen man vermutlich »Werwolf«-Tätigkeit vorgeworfen hat. Dorle kann gut verstehen, wie freudig überrascht ich war, sie in Ketschendorf wohlbehalten wiederzusehen. Aber meine Hoffnung, daß sie mit dem Transport im Frühjahr 1946 nach Jamlitz gebracht worden sind, zerschlägt sich.

»Nein«, Dorle schüttelt den Kopf, »dann wüßte ich davon, ich kenne ja auch viele von ihnen. Aber mit einem Transport aus Ketschendorf kam im April 1946 ein Mann aus Welzow an – Max Fischer heißt er und ist etwa 50 Jahre alt. Kennst du ihn?« Mir sagt der Name nichts, doch höre ich interessiert zu, es ist ja ein Welzower. Dorle berichtet weiter, daß sie zuweilen mit ihm sprechen könne, da er als Kurier die Möglichkeit hat, das Frauenlager zu betreten. Er gehört zur Küchenbrigade und bringt des öfteren Sonderzuteilungen für die Lagerkinder herüber.

Eines Tages stehe ich ihm gegenüber. (Damals maß ich der Begegnung keine große Bedeutung bei, nur insofern, daß ich erstmals mit einem Mann im Lager sprechen durfte.) Die Begegnung beruht auf einem Zufall. An einem Vormittag will ich mich mit Dorle treffen, um – wie oft in diesen Wochen – beim »Rundgang« über die Heimat zu plaudern. Da sie nicht an der vereinbarten Stelle erscheint, will ich sie von ihrer Baracke abholen. Am Türeingang sehe ich sie im Gespräch mit einem Mann beisammenstehen. Erfreut über mein Erscheinen, wendet sie sich zu mir. »Fein, daß du kommst, ich habe mich verspätet, weil Herr Fischer mir ›Guten Tag‹ sagen wollte. Er hat heute hier zu tun. So lernst du ihn gleich kennen«, und zu ihm sagt Dorle: »Das ist Ursula Bauer aus Haidemühl, von der ich bereits erzählt habe.« Er streckt mir die Hand entgegen, wir tauschen einen Blick und wechseln einige Worte, sicher die üblichen gegenseitigen Fragen nach Bekannten, nach dem persönlichen Befinden. Lange kann er sich nicht aufhalten, denn so gelockert es auch in Jamlitz zugeht, immer sind »Aufpasser« da, und wir bilden mit drei Personen schon »eine Gruppe«.

Er verabschiedet sich und geht mit schweren Schritten, als bereite ihm das Laufen Mühe, zur Baracke hinüber, in der die Mütter mit den Kindern untergebracht sind. Den Essenträger hält er sorgsam in der Hand. Lange sehe ich ihm nach, nehme sein Bild mit – ein fahles, eingefallenes Gesicht mit tiefliegenden Augen, mit scharfen Linien um die Mundpartie –, Spuren der Gefangenschaft.

(Das war in meinem Leben die einzige Begegnung mit meinem Schwiegervater. Er hat nie erfahren, daß ich 10 Monate nach meiner Entlassung seinen Sohn kennenlernte und später heiratete. Er kehrte nicht heim...)

Jamlitz bringt mir ein weiteres Zusammentreffen, das für mich bedeutsam ist, was ich nicht gleich erkenne. Ich lerne Margot G. kennen. Sie ist lange vor uns aus dem Lager Frankfurt (Oder) hierher gekommen.

Von Elfriede, meiner mütterlichen Freundin, erfahre ich, daß

in Jamlitz einige Frauen gleich mir versuchen, ihre Gedanken zu
»verdichten«, unter ihnen ein junges Mädchen. »Ihr müßt euch
kennenlernen«, sagt sie, »wenn ihr euch austauscht, könnt ihr
euch gegenseitig bereichern. Margots Gedichte sind andersartig.«
Sie sagt nicht »sind besser als deine«, aber ich glaube, daß sie das
sagen will. Vor allem nennt sie das fremde Mädchen beim Vornamen, das kränkt mich. Ich fürchte, etwas von Elfriedes Zunei-
gung einzubüßen.

Trotz meiner Einwände organisiert Elfriede ein »zufälliges«
Treffen auf dem Appellplatz und macht uns miteinander bekannt.
Wir stehen uns gegenüber, schauen uns aber kaum an. Margot
muß ähnlich empfinden wie ich. Sie hat in Jamlitz bereits eine
»Partnerin« in Frau von Hörner-Heinze gefunden, mit der sie lyri-
schen Gedankenaustausch pflegt und die sie so verehrt wie ich El-
friede. Außerdem sind wir Neuankömmlinge bei den »alten«
Jamlitzern noch immer nicht gern gesehen.

So gehen wir uns fortan aus dem Wege, betrachten uns fast als
Rivalen.

Elfriede unternimmt einen zweiten Versuch, vereinbart mit
Frau von Hörner-Heinze und Frau Lehmann-Waldschütz, die
ebenfalls Gedichte verfaßt, einen Lyrikabend. Margot und ich
sind dabei.

Stark beeindruckt mich die Dichtung von Frau Lehmann-
Waldschütz, ich bewundere ihren sprachlichen Reichtum, aber
ich muß mir auch eingestehen, daß Margots Gedichte mich an-
sprechen. Besonders angetan bin ich von ihrer »Ballade«. Vielleicht will ich mir selbst etwas beweisen, denn ich versuche, mich
auch dieser lyrischen Form zu bedienen. In eine erdachte Geschichte kleide ich das Leid der 15 Monate meines Lagerlebens
ein. Ich fühle selbst, daß dieser Versuch gelungen ist, und finde es
in dem Urteil von Elfriede bestätigt. »Hat Margots Ballade dich
dazu angeregt?«, fragt sie und rät mir, mit ihr darüber zu sprechen. Dazu bin ich nicht bereit.

Erst während des Transportes nach Mühlberg denke ich über
mein Verhalten nach und empfinde, wie töricht es war. Das gleiche Gefühl muß Margot bewegen – wir finden in der Weite Mühl-
bergs zueinander.

In Jamlitz verdichtet sich meine jahrelange Freundschaft mit

Gerti und erreicht ihren Höhepunkt. Wir leben ganz für uns – zu zweit in der Riesenbaracke, die aber nicht ungemütlich wirkt. Man könnte sie mit einer Stadt vergleichen, in der viele Häuser stehen, deren Bewohner zwar einander kennen, freundliche Worte miteinander wechseln, sich auch gegenseitig besuchen, aber im Grunde doch ein Eigenleben führen.

Gerti meint scherzhaft: »Wir sind vom Dorf in die Stadt gezogen.« Das trifft den Kern.

Gerti feiert am 26. Januar 1947 ihren 20. Geburtstag. Ich will ihn für sie so schön gestalten, daß ihr der Tag immer in Erinnerung bleibt. Aber die Zeit ist knapp, so daß ich keine Handarbeit mehr anfertigen kann. Außerdem habe ich kein Material dazu, auch kein Werkzeug. Nähnadeln und Stricknadeln hat man uns bei der gründlichen Durchsuchung am Ankunftstag abgenommen. So hole ich mir Rat bei Dorle, die in Jamlitz Bescheid weiß. Sie weiht mich in das Geheimnis des »Torte-Backens« ein. Das wird in Jamlitz seit einiger Zeit praktiziert. Dazu werden Brotkrümel auf der Herdplatte geröstet, mit Kaffe angefeuchtet, mit Zukker vermischt – wir bekommen einmal in der Woche ein Maß voll, 20 g. Alles muß in einem Töpfchen verrührt werden. Dorle kann mir zu so einem kleinen Gefäß verhelfen, das will ich nach dem Gebrauch Gerti zum Geschenk machen.

Das entstandene Brotgemisch streicht man dann zwischen Brotscheiben und verziert es mit ein paar Tupfen Marmelade. Da wir noch keine bekommen haben, stellt mir Elfriede ihre Wochenration zur Verfügung. Sie erhält wegen ihrer nicht ausgeheilten TBC in Jamlitz erstmalig einen Eßlöffel voll, Sonderzuteilung für Kranke. Selbstverständlich nehme ich nicht alles, nur soviel wie nötig, das übrige gebe ich ihr zurück.

Am Tag vor dem Geburtstag schicke ich Gerti zu Rosemarie, damit ich in Ruhe mit Dorles Hilfe »backen« kann. Abends ist das Prachtstück fertig, und ich bitte die Bewohner unserer untersten Etage, das Törtchen bis zum Morgen aufzubewahren.

Unbemerkt von Gerti klettere ich am Geburtstag in aller Frühe die steile Leiter hinab, um das Geschenk zu holen, und stelle es, oben angekommen, behutsam zur Seite. Noch befinde ich mich auf der Leiter, weil ich gleich wieder hinunter will. Mit Rosemarie und zwei anderen Mädchen wollen wir Gerti ein Ständchen bringen, es ist ja ihr 20. Geburtstag. Die Erlaubnis dazu erteilte uns Frau H., die Ketschendorfer Lagerleiterin. Sie wurde hier als Barackenälteste eingesetzt.

Es kommt anders!

Unter mir kracht es plötzlich, die Leitersprosse, auf der ich mit beiden Füßen stehe, bricht, ich verliere den Halt, stürze aus etwa zweieinhalb Meter Höhe ab.

Der Aufprall ist so stark, daß ich mich nicht bewegen kann, ich bekomme keine Luft und fühle stechende Schmerzen im Rücken. Hoch über mir sehe ich Gertis Gesicht am Rand unserer Etage und höre dann ihren Aufschrei »Ursel«. (Was danach geschah, weiß ich nicht.)

Ich finde mich wieder auf einer Matraze zu ebener Erde und nehme wahr, daß Frau H., die daneben steht, mit einem fremden Mann spricht, während Gerti an meinem Fußende kauert und weint.

Der fremde Mann ist Arzt, den man aus dem Lazarett herbeigeholt hat. Er trifft die Anweisung, die Matraze zu entfernen und mich flach auf den Fußboden zu legen. Wieviel Zeit vergangen ist, kann ich nicht einschätzen. Ich bin noch immer unfähig zu sprechen, die Schmerzen schnüren mir den Brustkorb zusammen.

Das Glück ist mir hold! Keine schwere Verletzung der Wirbelsäule. So jedenfalls lautet die Jamlitzer Diagnose. (Daß ich ein Leben lang an den Folgen des Sturzes zu leiden haben werde, wußte ich damals nicht.)

Gerti pflegt mich, als ich einigermaßen wiederhergestellt bin, mit liebevoller Fürsorge. Die gebrochene Sprosse unserer Leiter ist ausgewechselt worden – das normale Lagerleben nimmt seinen Lauf.

Die Wintertage sind lang in Jamlitz. Uns fehlen die vertrauten Gesprächsrunden in Gertis Zimmer. Spazierengehen darf ich noch nicht, der Rücken macht nicht mit. Rosemarie, die oft bei uns zu Besuch ist, äußert eine Bitte: »Ursel, erzähl uns doch mal einen Film. Du hattest ja durch deine Tätigkeit in Welzow oft Gelegenheit zum Kinobesuch.«

»O ja!«, schließt sich Gerti an, »du kannst gut wiedergeben, was du gesehen hast.«

Ich beginne in meinem Gedächtnis zu kramen und stelle fest,

daß mir viele Filmhandlungen noch gegenwärtig sind. Schon zu Hause habe ich oft meiner jüngeren Cousine, die eine Zeitlang im Haus meiner Eltern lebte, Filmeindrücke vermittelt. Die Sammlung der »Filmkuriere« war mir dabei immer eine gute Stütze.

Jetzt bin ich allein auf meine Erinnerung angewiesen. Je mehr ich mich damit befasse, um so stärker befreunde ich mich mit dem Gedanken, Rosemaries Wunsch zu entsprechen.

Rosemarie ist begeistert. Sie berichtet in »ihrem Haus« von den anregenden Erzählstunden. Unsere Runde vergrößert sich bald, die Nachfrage wächst. Aber unsere Etage bietet nicht Platz für alle, die ins »Kino« gehen wollen.

Da entschließe ich mich, dem Drängen der Interessenten nachzugeben – ich gehe auf »Tournee«. So bezeichnet Gerti scherzhaft meine Besuche in fast allen Vierteln unserer Baracke. Es kommt so weit, daß ich regelrecht eine Planung vornehmen muß, um allen Einladungen Folge leisten zu können.

Filme mit Zarah Leander, Heinrich George, Lil Dagover, Paula Wessely, Attila Hörbiger, Paul Hörbiger, Ilse Werner, Brigitte Horney, Magda Schneider sind besonders gefragt. Mein »Programm« ist vielseitig, so daß ich auch auf Sonderwünsche eingehen kann.

Vorwiegend werden Liebesfilme gewünscht wie »Es war eine rauschende Ballnacht«, »So endete eine Liebe«, »Befreite Hände« oder »Wen die Götter lieben«. Aber auch historische Filme sind gefragt. »Das Herz der Königin« steht an erster Stelle der Wunschliste. Kaum geäußert wird das Verlangen nach einem lustigen Film. Haben wir das Lachen verlernt? Eigentlich bin ich froh darüber, denn Filme mit tieferem Gehalt liegen mir mehr, ich kann ihren Inhalt auch besser nacherzählen.

Am schönsten ist es, wenn ich von meinen »Ausflügen« zurückkomme. Gerti wartet dann bereits mit dem Abendessen auf mich. Obwohl sie während meiner Abwesenheit auch unterwegs ist, um ihre »alten« Ketschendorfer Zimmerbewohner zu besuchen, sagt sie immer wieder: »Du hast mir gefehlt.« Manchmal kommt sie auch mit, hört sich einen Film zum zweiten oder dritten Mal an. »Zu Hause« wird dann ausgewertet. Gerti äußert offen ihre Meinung. »An der Stelle hast du zu weit ausgeholt!« oder »Bringe nicht zu stark deine eigene Meinung ins Spiel!« Für mich ist das sehr wichtig, mein Erzähltalent wird vervollkommnet.

An den Abenden sitzen wir, in eine Decke gehüllt, eng beieinander, uns gegenseitig wärmend. Wir sprechen über »Ereignisse« des Tages, schmieden Pläne, träumen herrliche Träume.

Ein Lieblingsthema ist das Ausmalen des späteren gemeinsamen Lebens. Gerti sieht sich mit ihrem Horst bereits in einer hübsch eingerichteten Wohnung. »Du ziehst natürlich mit ein«, sagt sie, »am besten wäre es, wenn wir zur gleichen Zeit heiraten, dann läßt sich alles schneller realisieren.« Und das, obwohl ich noch nicht einmal weiß, wen ich heiraten würde, denn eine so enge Beziehung zu einem Mann, wie Gerti sie hat, habe ich noch nicht gefunden.

Gerti zerschlägt meine Bedenken: »Laß uns erst mal draußen sein, das geht schneller, als du glaubst.« Wir sprechen ernsthaft darüber, wie mein Zukünftiger beschaffen sein müßte, »damit er zu uns paßt«. Sogar unsere Brautkleider entwerfen wir in allen Details. Mit knurrendem Magen stellen wir das Festmenü zusammen und überlegen, wer zur Doppelhochzeit eingeladen werden soll.

Das sind unvergeßliche Stunden der Gemeinsamkeit, in denen wir der Gegenwart entfliehen. Doch sie dauern nicht lange an. Jamlitz ist für uns nur ein Übergang, eine kurze Etappe unseres langen Weges.

In der Nacht vom 28. zum 29. März 1947 schrecken wir aus dem Schlaf. Schritte, Gepolter – Sergeanten mit Dolmetschern stampfen in die Baracke, Namen werden gerufen, dann die Aufforderung: »Antreten mit allen Sachen!«

Unser Hab und Gut ist schnell verstaut. Die Parolen stimmen also. Mein Name wird vor Gertis Familiennamen genannt, obwohl ihr Anfangsbuchstabe »A« ist. Bange Minuten, ist Gerti dabei? Ich warte noch, Rosemarie ist schon draußen. Dann die Erlösung, Gerti wird aufgerufen.

Wir verlassen gemeinsam die Baracke, wollen den Heimweg miteinander antreten.

Dann stehen wir auf dem Appellplatz, doppelreihig im weiten Kreis.

Stunden vergehen, aus allen Baracken strömen Frauen, die Doppelreihen reichen nicht aus. Der Grad der Zuversicht nimmt ab. Das sind keine Entlassungen! Das haben wir vor wenigen Wochen schon einmal erlebt.

Es geht wieder auf Transport! W o h i n ?

Im Viehwaggon

Halbschlaf hüllt mich ein.

Vertraute Geräusche eines fahrenden Zuges lassen mich in einen angenehmen Traumzustand versinken.

Schon als Kind ließ ich mich vom Reiz des Räderrollens der Eisenbahn gefangennehmen. Mit meinen Eltern reiste ich jedes Jahr in den Sommerferien zu meiner Großmutter. Die Fahrt nach Schwerin im Warthegau war lang. Wir mußten mehrere Male umsteigen. Jeder Zug hatte für mich etwas Eigenes, Geheimnisvolles. Mir war, als wolle er mir mit seinem Schnaufen, Quietschen, Pfeifen und anderen typischen Geräuschen von der großen Welt erzählen, von Städten, Dörfern, Wiesen und Feldern, die sich rechts und links der Bahngleise erstrecken. Meine Phantasie wurde angeregt, ich stellte mir vor, was da draußen geschieht, ließ mich von dem sanften Schuckeln einschläfern, eilte in Gedanken voraus, meinem Reiseziel entgegen. Was werden wir für schöne Wochen haben beim großen Familientreffen in Großmutters Haus. Sicher sind die kleinen Cousinen Betty und Erika tüchtig gewachsen. Bei Tante Lenchen darf ich wieder übernachten, und ich werde Hans – meinen »festen« Freund – wiedersehen, der seine im gleichen Haus wohnende Tante jedes Jahr besucht. Was für lustige Streiche werden wir anstellen, immerhin sind sieben von Großmutters neun Enkelkindern, dazu Hans und sein Bruder Rudi ständige Sommerferiengäste. In dem kleinen Dorf gibt es herrliche Plätze, zum Spielen, zum Baden in der Warthe, zum Stromern und Entdecken. Ob wir bald in Schwerin sind? Dann müssen wir auf die Kleinbahn warten – oder nehmen wir ein Taxi?

Ein Ruck reißt mich aus meinen Betrachtungen, holt mich gewaltsam in die Wirklichkeit zurück – Januar 1947.

Dunkelheit um mich – ist es Tag oder Nacht? Ich vernehme das Rascheln von Stroh, spüre die Kälte, die durch die Ritzen des Waggons dringt.

Die freundlichen Reisebilder zerrinnen. Wir befinden uns nicht in einem bequemen Personenzug, schon gar nicht in einem D-Zug. Zusammen mit mehr als 50 Frauen sind wir in einen Güterwaggon gesperrt, wie man ihn zum Transport für Vieh benutzt.

Nur, die Tiere bekommen wenigstens Licht und Luft während ihrer Beförderung. An unserem Waggon sind die Luftklappen mit Brettern zugenagelt. Mit der Zeit gewöhnen sich die Augen an das Dunkel. Damit eine größere Anzahl von Gefangenen in einem Waggon Platz findet, wurden in halber Höhe Bretter angebracht, so daß eine obere Plattform entstand.

Diese haben die Jüngeren unter uns mit großer Mühe erklommen. Neben mir liegt Gerti zusammengekrümmt auf dem Stroh, das bei der geringsten Bewegung knistert. Sie richtet sich auf, umklammert meine Hände, fragt angstvoll: »Wo sind wir, warum hält der Zug?«

Wie soll ich das wissen – keiner weiß es. Als man uns am frühen Morgen des 16. Januar »mit allen Sachen« aus den Ketschendorfer Häusern holte, schwankten unsere Gefühle zwischen Hoffen und Bangen: Entlassung oder Deportation? Angesichts des bereitstehenden Güterzuges auf einem Nebengleis des Bahnhofes in Fürstenwalde schwand die Aussicht auf Entlassung sehr schnell. Also doch nach Sibirien? Aber so viele wurden nie transportiert. Und jetzt das Halten auf freier Strecke?

Furcht erfaßt uns aufs neue – was haben sie mit uns vor? Bleiben wir auf einem Abstellgleis stehen, läßt man uns hier verhungern, um uns dann irgendwo zu verscharren? Niemand würde je davon erfahren – ein »verschwundener« Transport, wer könnte das nachprüfen?

Oder geschieht Schlimmeres? Wir hören dumpfe Schläge, das muß auf dem Dach sein – sollen wir an Ort und Stelle umgebracht werden? Nie in meinem Leben (auch später nicht) habe ich eine so unbeschreibliche Angst ausgestanden. Dann doch lieber Sibirien – wie es Maria geweissagt hat und wie es für sie auch zutraf –, Arbeitslager, gleich wo, da wäre immer noch Hoffnung auf Rückkehr.

Ein Schrei unterbricht meine Gedankengänge, er kommt aus der hinteren Ecke unserer oberen Etage. Ursel von Bredow liegt dort, sie rauft sich die Haare und stößt unartikulierte Laute aus. Hier kann nur Frau M. helfen. Die resolute Kommunistin mit dem schnoddrigen Berliner Mundwerk hat einen erstaunlichen Einfluß auf Ursel. In unserem Zimmer war sie die einzige, die Ursel mehrmals daran hindern konnte, aus dem Fenster zu springen.

Frau M. liegt unter uns auf dem Boden des Waggons. Ehe wir es uns versehen, steht sie auf, klammert sich an den Rand der oberen Bretter und verlangt: »Mädels, los, zieht mich schnell rauf, ich muß Ursel beruhigen, ehe sie ganz durchdreht.« Ursels Ausbruch und das nicht endenwollende Klopfen auf dem Dach des Waggons zerren an den strapazierten Nerven. Viele halten der seelischen Belastung nicht stand, beginnen zu weinen, zu jammern...

Panik droht auszubrechen.

Frau E., die Frau eines Gymnasialdirektors aus Spremberg, greift ein. Sie ist ungefähr 50 Jahre alt und fiel bisher nicht sonderlich auf. Jetzt liegt sie auf unserer Etage, dicht neben Gerti. Obwohl sie nicht zu den Jüngeren zählt, war sie bereit, »oben« einen Platz zu suchen, was den meisten älteren Frauen verständlicherweise zu beschwerlich erschien.

Mit ruhiger, fester Stimme verschafft sie sich Gehör: »Schluß jetzt, hört auf mit dem Gezeter! Wenn wir nach Hause wollen, müssen wir einen kühlen Kopf bewahren!« »Aber was machen sie mit uns?« – »Warum stehen wir hier?«, stürzen die Fragen auf sie ein. Frau E. überlegt: »Sicher überprüfen sie die Sicherheit des Waggons, damit keiner ausbrechen kann. Dabei kann der Zug nicht fahren...« Sie ist noch nicht am Ende ihrer Erklärung, da hören wir draußen Stimmen und das Klappern von Kübeln. Die Schiebetüren werden aufgeriegelt und geöffnet. Blendende Helle dringt herein und – frische Luft. Wir atmen tief.

»Dawai, saftrak (Frühstück)!« Die barsche Aufforderung klingt für uns wie eine Himmelsbotschaft. Schnell haben wir unsere Gefäße zur Hand. Zwei Frauen übernehmen das Weiterreichen der Eßgeschirre, die mit einer wäßrigen, undefinierbaren Flüssigkeit gefüllt werden.

Der Druck schwindet – verhungern lassen sie uns nicht!

Das Rollen der Räder, das Abklingen der Anspannung wirken einschläfernd – ich versinke erneut in Nachdenken. Die eben erfolgte Essenzuteilung zwingt mir Vergleiche zu früheren Reisen auf. Zusätzlich zu den Köstlichkeiten, die meine Mutter für unterwegs einpackte, durfte ich mich selbst versorgen. Der Automat auf dem kleinen Bahnhof Proschim-Haidemühl bot ein reichhaltiges Sortiment. Gewöhnlich wählte ich Pfefferminzecken, die, rosa-weiß, in einem hübschen Schächtelchen sortiert waren, und ein Päckchen mit gebrannten Mandeln, das machte mein Reisevergnügen vollkommen. Wie lange ich so meinen Erinnerungen nachhänge, läßt sich nicht sagen. Wir haben jedes Zeitgefühl verloren.

»Schlaft ihr?«, höre ich Frau E. fragen. »Nein, wir dösen nur«, kommt die Antwort von den Umliegenden. »Wollen wir unseren Geist ein wenig trainieren?«, schlägt Frau E. vor. Gleich sind wir bereit. Gerti, Rosemarie, ich und die in unmittelbarer Nähe untergebrachten Mädchen bilden, im Schneidersitz um Frau E. hokkend, einen Halbkreis.

Ohne Umschweife beginnt sie zu deklamieren:

> »Krachen und Heulen und berstende Nacht,
> Dunkel und Flammen in rasender Jagd –
> ein Schrei durch die Brandung...«

Mit der gleichen inneren Anteilnahme wie »Nis Randers« von Otto Ernst trägt sie weitere Balladen vor, verrät uns, daß sie für diese Form der Lyrik eine Vorliebe hat. Wir können mithalten. Gerti meint scherzhaft: »Dank dem alten Pauker B. Wie oft habe ich ihm sonst etwas gewünscht, weil wir alle Gedichte auswendig lernen mußten. Jetzt profitiere ich davon, ich probier's mit dem ›Erlkönig‹.« »Den können wir in verteilten Rollen sprechen«, sage ich.

Unbemerkt hat sich Ursel von Bredow in unseren Kreis gesetzt. An der Stelle »Mein Vater, mein Vater, und hörst du nicht, was Erlenkönig mir leise verspricht?« kommt sie Rosemarie, die des Knaben Rolle übernommen hat, zuvor. Sie legt ihr ganzes Inneres, ihre eigene Verzweiflung in die Worte – wir lassen sie zu Ende sprechen.

Unser Kreis wird größer – Zuhörer finden sich ein. Frau E. steigert sich im Vortrag des »Prometheus«. Die Verse erheben sich zur Anklage:

> »Wer half mir
> wider der Titanen Übermut?
> Wer rettete vom Tode mich,
> von Sklaverei?...

Ich dich ehren? Wofür?
Hast du die Schmerzen gelindert
je des Beladenen?
Hast du die Tränen gestillet
je des Geängsteten?«

Und es klingt wie ein Bekenntnis, das Schicksal zu meistern:

»Wähntest du etwa,
ich sollte das Leben hassen,
in Wüsten fliehen,
weil nicht alle Blütenträume reiften?«

Ein wahres Wetteifern beginnt. Wir helfen einander aus, wenn
eine Textstelle in Vergessenheit geraten ist. Wie gut kann ich diesem Zuhörerkreis darbieten, was mir aus Schillers Dramen im
Gedächtnis blieb: den Monolog der Johanna aus der »Jungfrau
von Orleans«.

»Lebt wohl ihr Berge, ihr geliebten Triften,
ihr traulich stillen Täler, lebet wohl.
Johanna wird nun nimmer auf euch wandeln,
Johanna sagt euch ewig Lebewohl...«

Wen wundert es, daß unsere Augen feucht werden, weil wir an
Hanna denken müssen, die nicht mehr heimkehren wird.
    Und wie für uns geschrieben die Sehnsuchtsgrüße der »Maria
Stuart«:

»Eilende Wolken, Segler der Lüfte,
wer mit euch wanderte,
wer mit euch schiffte –
grüßet mir freundlich mein Jugendland.
Ich bin gefangen, ich bin in Banden,
ich habe keinen anderen Gesandten.
Frei in den Lüften ist eure Bahn,
ihr seid nicht dieser Königin untertan.«

Schillers Dichtung hält uns in Bann. »Die Glocke« bildet die Krönung. Abwechselnd sprechen wir die Meistersprüche und die dazwischenliegenden Betrachtungen über den Ablauf des Lebens. Ein Kraftquell erschließt sich, läßt uns diese erste Fahrt ins Ungewisse überstehen.

Wir kommen in Jamlitz an.

Am Morgen des 28. März 1947 wartet zum zweiten Mal ein Güterzug auf uns. Er steht außerhalb des Bahnhofs Lieberose, bereit, 800 Frauen und eine weit größere Anzahl von Männern in unbekannte Regionen zu befördern.

Die gleichen Viehwaggons mit vernagelten Luftklappen werden uns beherbergen, die gleiche Innenausstattung ist vorbereitet: eingezogene Bretterböden, Stroh als Unterlage und in der Mitte ein Kübel, der als Toilette dient. Doch nichts ist wiederholbar, jedes Geschehen hat eine einmalige Prägung. Es sind andere Wachposten, die uns antreiben, die hochliegenden Trittbretter zu erklimmen. Die Zusammensetzung in unserem Waggon ist eine andere, teils ehemalige Ketschendorfer und teils »alte« Jamlitzer Frauen.

Ich blicke mich um. Ilse habe ich nicht gesehen, auch nicht die anderen Frauen mit den Kleinkindern. Vielleicht hat man sie nun endlich freigelassen.

Meine Rückenverletzung von dem Sturz in Jamlitz erlaubt es nicht, nach oben zu klettern, es gibt ja keine Leiter, die hinaufführt. Das Erreichen der oberen Etage erfordert Geschicklichkeit, wenn nicht sogar akrobatisches Können. Gerti darf mit unten bleiben, die anderen Mädchen müssen nach oben, weil der Platz auf ebenem Boden sonst knapp wird. So fühlen wir uns inmitten meist fremder Frauen ziemlich einsam.

Das »Beladen« der Waggons dauert eine Ewigkeit. Fast alle Jamlitzer Häftlinge haben das Lager geräumt. Die Frauen werden immer zuerst abgefertigt. Unser Waggon ist bereits fest verschlossen. Wir vernehmen von draußen her das Anrücken der Männer. Poltern, Befehle und Flüche in russischer Sprache begleiten den Vorgang des Verfrachtens. Stunden vergehen, bis sich der Zug in Bewegung setzt.

Wir liegen schweigend nebeneinander. Die Lust zum »Spinnen«, wie wir es gern in Jamlitz taten, ist uns vergangen. Wer sollte auch angesichts unserer Situation Zukunftspläne schmieden? Die Gespräche um uns herum ranken sich um das Essen. Koch- und Backrezepte werden ausgetauscht, eine weiß es immer genauer als die andere. Dabei nimmt unser Hungergefühl ständig zu. Vor der Abfahrt empfingen wir als Reiseproviant einen Brotkanten und eine »große« Ration Zucker, zwei Löffel voll. Gerti und ich beschließen, das Brot erst einmal aufzuheben, weil wir nicht wissen, ob und wann eine Essenzuteilung zu erwarten ist. Vorläufig begnügen wir uns damit, ab und zu am Zucker zu lecken, um den Magen zu besänftigen.

Christa und Ruth, die auf der oberen Etage stationiert sind, besuchen uns kurz, wenn sie zum Benutzen der Toilette nach unten müssen. Sie haben einen Platz dicht an der Luftklappe und berichten, daß ihnen ein schmaler Spalt zwischen den Brettern einen Ausblick gestattet. Christa ist sich ganz sicher, daß wir durch Neu-Petershain gefahren sind. Eine andere Cottbusserin hat das bestätigt. Mein Gott, so nahe an der Heimat vorbei: Man hätte abspringen und nach Hause laufen können. Aber dazu bietet sich keine Chance.

Wie viele Tage sind wir unterwegs? Zweimal gibt es Essen – einmal eine Kleie-Suppe, wie meine Tante sie für ihre Schweine kochte, und einmal Tee, dessen Geschmack nichts über die verwendeten Kräuter verrät, aber er wärmt. Da wir unsere Gefäße nicht auswaschen können, löst sich darin der angetrocknete Rest der Suppe auf, und wir trinken Tee mit Einlage. Manchmal stehen wir stundenlang auf toten Gleisen – wir kennen vom ersten Mal das Abklopfen der Waggons und sind darüber nicht mehr erschrocken.

Mir gibt die endlos scheinende Fahrt Anlaß, innere Einkehr zu halten. Ich lasse die zehn Wochen Jamlitz Revue passieren. Mir wird bewußt, daß ich durch das enge Beieinander mit Gerti andere, liebgewordene Gefährtinnen vernachlässigt habe. Und wie sehr kränkte ich Elfriede, als ich einen Gedankenaustausch mit Margot ablehnte. Deutlich erkenne ich die Beweggründe für meine Distanzierung von diesem Mädchen: Egoismus und Überheblichkeit.

In mir reift ein Entschluß: Wenn ich je heil hier herauskomme, werde ich den Weg zu Margot suchen.

Meine stumme Rechenschaftslegung währt nicht lange. Die Luft in dem fahrenden Gefängnis lähmt die Gedanken. Hier unten breitet sich der Geruch der Kübeltoilette stärker aus als oben. Das Atmen fällt schwer, ich spüre Übelkeit aufsteigen. Nur nicht übergeben, denke ich, dann wird es noch schlimmer.

Rechts neben uns bemerken wir eine Frau, lang und hager, mit hochaufgestecktem Haar. (Ein Wunder, daß sie ihre Haarnadeln noch besitzt.) Sie beteiligt sich wenig an den »Küchenberatungen« der anderen. Auch ihr fällt unsere Zurückhaltung auf. Sie spricht uns an: »Na, ihr beiden wißt wohl nicht, was ihr euch erzählen sollt, woher kommt ihr denn?« Es stellt sich heraus, daß Frau W. in Golßen beheimatet ist. Ich kenne die Kleinstadt, sie liegt in der Nähe von Dahme/Mark. Dort wohnt meine Tante Frieda. So kommen wir bald ins Gespräch über Landschaft und Umgebung dieser Städte.

Frau W. verrät uns, daß sie eine Erfindung gemacht und zum Patent angemeldet hat. »Klappfix« nennt sie den verstellbaren Tisch, den sie konstruierte. Bei einer Razzia fanden sowjetische Streifensoldaten die Pläne in ihrem Schreibtisch. Am nächsten Tag holte man die Frau samt ihren Plänen und gab ihr zu verstehen, daß sie »Spionage« betrieben hätte. »Sagt Tante Otti zu mir«, bittet Frau W. mitten in ihrer Erzählung. »Ich hatte immer so gern junge Leute um mich.« Tante Ottis Mitteilungsbedürfnis rettet uns über die Trostlosigkeit der Reise hinweg, bewahrt uns davor, in Lethargie zu verfallen.

Dann sind wir am Ziel. Obwohl wir nicht wissen, wo wir uns befinden, sind wir froh über das Ende der »Reise«.

Die meisten haben Schwierigkeiten, aus dem Waggon zu gelangen. Wir müssen vom Trittbrett ziemlich tief abspringen, denn es ist kein Bahnsteig da, der Zug hält auf freiem Gelände.

Das tagelange Verharren in unbequemer Stellung hat besonders die älteren Frauen bewegungsunfähig gemacht. Vor mir fallen zwei Frauen zu Boden, bleiben im Sand liegen. Zwei andere, die ihnen helfen wollen, werden von einem Posten weggestoßen. »Dawai, in Reihe gehen!«, lautet die Aufforderung.

Was das bedeutet, ist uns allen bekannt: zu fünft anstellen, in Gruppen zu 50 formieren, dann beginnt das Zählen.

Vorsichtig sehe ich zurück. Die beiden Frauen haben sich hochgerafft und stützen sich gegenseitig. Beruhigt will ich mich wieder umdrehen, da fällt mein Blick auf den Block hinter uns – ich sehe Ilse! Sie hält ihr Kind im Arm. Der Kleine ist wohl eingeschlafen. Ich bin so erschrocken, daß ich in der Stellung verharre, bis mich Gerti am Arm faßt: »Komm, sonst gibt es Ärger«, sagt sie leise.

Ilse und die anderen Mütter mit den Kindern auf diesem schrecklichen Transport – das darf doch nicht wahr sein! Mir bleibt keine Zeit mehr, darüber zu grübeln, warum es so viel Ungerechtigkeit gibt, denn die Frauenkolonne setzt sich in Bewegung.

Der Weg zum neuen Lager hält keinem Vergleich mit dem in das Waldlager Jamlitz stand. Wenn sich der Tag im Januar damals kalt und häßlich zeigte, lag doch in erreichbarer Nähe das schützende Lager – von Bäumen umgeben, die Sehnsüchte aufnehmen und von Ast zu Ast tragen würden. Wir waren damals froh, in der Heimat, in unserem Land, geblieben zu sein.

Wohin hat man uns jetzt verschleppt? Wo in Deutschland gibt es eine so trostlose Weite? Ringsum kein Baum, kein Strauch, nur Sand. Hier kann Leben nicht gedeihen, hier werden auch wir nicht existieren können.

Hinter mir vernehme ich ein Flüstern: »Das muß Mühlberg sein. Sicher bringen sie uns in das ehemalige Lager für Kriegsgefangene.«

Die Frau sagt die Wahrheit. In der Ferne erkennen wir hohe Drahtzäune, dahinter muß eine Bretterwand sein, denn man kann nicht in das Innere des Lagers blicken. Außerhalb des breiten hölzernen Tores stehen einige Steinhäuser und Steinbarakken, das sogenannte Vorlager, in dem die sowjetischen Offiziere und Wachmannschaften untergebracht sind. Das wissen wir von Jamlitz her. Bekannt erscheinen uns auch die Wachtürme, die das Objekt absichern. Alles liegt in einem Dunst von Staub, aufgewirbelt von Tausenden müder Füße.

Gibt es so etwas wie Vorzeichen? Bisher habe ich nicht daran geglaubt. Aber unser zweiter Transport im Viehwaggon steht unter keinem günstigen Stern. Das ungute Gefühl kündigte an, was uns erwartet: Öde und Trostlosigkeit.

Wir sind am Ende der Welt angelangt!

Meine »Familie«

Familiengründung in Mühlberg – ein schnelles und einfaches Verfahren!

Nach einem endlos scheinenden Marsch durch wegloses Gelände erreichen wir das neue Lager. Müde und erschöpft lassen wir uns auf den kalten, sandigen Boden des »Vorhofes« fallen, kaum fähig, einen Gedanken zu fassen. Die Einweisungen in die Baracken sowie das vorangegangene Durchsuchen in einem stallartigen Steingebäude nehmen viel Zeit in Anspruch, immerhin sind 800 Frauen aus Jamlitz angekommen.

Zuerst werden die Mütter mit Kindern sowie die kranken und alten Frauen abgefertigt. Alles scheint vorbildlich organisiert zu sein, keine Hektik, kein Herumschubsen. Erstaunt nehmen wir wahr, daß die Einweisungen ausschließlich von Mitgefangenen vorgenommen werden. Es sind Frauen aus dem bereits bestehenden Frauenlager, die der deutschen Lagerleitung (von der sowjetischen Kommandantur eingesetzt) angehören.

Während wir warten, geht die Lagerleiterin herum, spricht mit einzelnen oder mit kleineren Gruppen. Freundliche Worte findet sie, bekundet ihr Mitgefühl, besänftigt unsere Unruhe. Die etwa 30jährige Frau von mittlerer Statur mit dunkelblondem Haar ist für unsere Begriffe elegant gekleidet. Sie trägt ein gutsitzendes dunkelgrünes Kostüm im Jägerstil, mit Hornknöpfen besetzt, darunter eine weiße Bluse. Vor allem spricht sie uns gleich mit »du« an und bittet uns, sie einfach »Dorle« zu nennen. »Wir reden uns hier alle mit dem Vornamen an«, erklärt sie, »das bringt uns einander näher.« Dann gibt sie uns Ratschläge zur Einweisung:

»Am besten ist es, wenn sich immer einige zu einer Wohngemeinschaft zusammentun, das Belegen der Baracken geht dann schneller vonstatten.« Ein Blickwechsel mit Gerti – wir sind uns einig, daß wir zusammenbleiben. Rosemarie fand in Jamlitz Freundinnen ihres Alters, von denen sie sich hier nicht trennen möchte.

Wir schauen uns um. Neben uns sitzen Christa und Ruth, zwei Mädchen aus Gertis Ketschendorfer Zimmer. Beide sind noch unentschlossen. Da sagt Gerti: »Wollen wir zusammen wohnen?« Meine »Familie« ist gegründet – und wirklich wird diese Bezeichnung in Mühlberg offiziell verwendet.

Eine Baracke in Mühlberg. Zeichnung eines Häftlings

Im seit Anfang 1946 bestehenden Frauenlager geht es äußerst familiär zu. Wahrscheinlich soll diese Form des Miteinanderlebens auf uns übertragen werden. Doch das wird kaum möglich sein.

Die 300 »alten« Mühlberger Frauen wohnen in kleinen, niedrigen Baracken, die fast gemütlich anmuten. Vor den Fenstern hängen rot-weiß gewürfelte Gardinen, auf den Holzpritschen liegen Strohsäcke, die Fußböden sind gedielt. Ab und zu gibt es sogar einen Tisch und Stühle oder Hocker in den Räumen. Bei der Einrichtung ihrer Behausungen erhielten die Frauen jede Unterstützung sowohl von der sowjetischen Kommandantur als auch von der deutschen Lagerselbstverwaltung.

Die ganze Anlage vermittelt den Eindruck eines hübschen Dorfes, denn die Frauen haben auch einige Rabatten mit Blumen und Sträuchern angelegt. Der kleine Teich in der Nähe ihrer Baracken – ein mit Wasser gefüllter Bombentrichter – dient als Lebensborn für die Pflanzen, die sonst in der Sandwüste keine Wachstumschancen hätten.

Für uns Neuankömmlinge wurden zwei riesenhafte Doppelbaracken hergerichtet – ehemalige Pferdeställe. Über die gesamte Länge und Breite einer Baracke erstrecken sich durchgängig roh gezimmerte Holzpritschen in zwei Etagen. Es gibt keine Abgrenzungen der Schlafplätze, einer muß unmittelbar neben dem anderen liegen.

Als wir »unseren Platz« beziehen, wissen wir, warum es günstiger ist, sich zu dritt oder zu viert zu gruppieren. Auf diese Weise finden mehr Frauen auf den Pritschen Unterkunft. Die »Familien« nutzen die ihnen zugewiesene Stelle geschlossen und lassen nur rechts und links schmale Zwischenräume zu den Nachbarn.

Unsere »Wohnung« liegt günstig, vom Eingang aus auf der rechten Stirnseite der Baracke, die durch eine Tür unterbrochen ist. Deshalb haben wir an der Türseite keine Nachbarn. Dort begrenzt eine 10 cm hohe Leiste unsere Lagerstätte. Eine schräg angelegte Leiter, weitaus stabiler als die Leitern in Jamlitz, führt nach oben in unser Stockwerk. Die oberen Pritschen haben den großen Vorteil, daß durch die Fensterluken Tageslicht zu uns dringt.

Wir wissen, daß wir uns für längere Zeit hier einrichten müssen, und treffen die ersten gemeinsamen Entscheidungen. Von vornherein ist klar, daß es keine Über- oder Unterordnung gibt. Nichts geschieht, womit nicht alle vier einverstanden sind. Zuerst gestalten wird die »Wohnung«. Uns steht eine Fläche von 2 m Breite und 2,30 m Länge zur Verfügung. 30 cm müssen vorn für einen Gang frei bleiben. Am Kopfende haben wir Platz für unsere Eßgefäße und für persönliche Sachen.

Die Schlafstelle bereitet uns einiges Kopfzerbrechen. Wir müssen auf blanken Brettern liegen. Das ist zwar nicht neu, aber die Bretter sind ziemlich holprig, weisen Ritzen und Unebenheiten auf. Jeder von uns ist im Besitz einer Schlafdecke, die durften wir aus Jamlitz mitnehmen. Wir suchen die größte und dichteste aus, um sie als Unterlage zu nutzen. Gerti und ich beschließen, gemeinsam mit einer Decke als »Oberbett« auszukommen. Außerdem habe ich ja meinen Wintermantel, den ich notfalls als Zudecke verwenden kann.

Wir vier kennen uns. Ein so enges Zusammenleben erfordert aber, daß man mehr voneinander weiß. Deshalb nutzen wir die ersten Tage zum gründlicheren Kennenlernen.

Ruth, unsere Jüngste, wurde, erst 16jährig, aus ähnlichen Gründen wie wir in ihrer Heimatstadt Forst verhaftet. Es war das erste Leid, das ihr widerfuhr. Mit viel Wärme erzählt sie vom Leben im Elternhaus, von der Bäckerei des Vaters, die er trotz seiner Blindheit beispielhaft führte, von ihren beiden älteren Brüdern, die das »Nesthäkchen« vergötterten.

Christa kommt aus einer Cottbusser Beamtenfamilie. Ihr junges Leben ist bereits von schweren Schicksalsschlägen überschattet. Als sie 14 Jahre alt war, starb ihre Mutter. Eine Tante nahm sich des sensiblen Mädchens an, führte den Haushalt der großen Familie, denn Christa war das jüngste von fünf Geschwistern. Ihr Vater, von Beruf Oberstudienrat, blieb im Krieg, ebenso ihr ältester Bruder.

Zusammen mit einer Gruppe Jugendlicher wurde sie unterwegs »von der Straße« weggeholt.

Christa ist so alt wie Gerti, ich bin also die älteste, doch das ist ohne Bedeutung.

Wichtig allein ist, daß wir einen gemeinsamen Nenner für unser Zusammenleben finden. Jetzt, wo wir Näheres über Herkunft, Erlebnisse vor der Lagerzeit, über die Gefühlswelt des anderen wissen, ist es leichter, aufeinander Einfluß, aber auch Rücksicht zu nehmen. Für unseren Alltag legen wir bestimmte Normen fest. Da wir unterschiedliche Interessen haben, soll sich keiner eingeengt fühlen. Jeder darf seinen Neigungen nachgehen und selbst entscheiden, was für ihn gut ist.

Im Interesse eines geregelten Familienlebens richten wir einen Hausdienst ein. Das heißt, jeder ist der Reihe nach einen ganzen Tag verantwortlich für alle anfallenden Hausarbeiten: Aufräumen, Tischdecken, Abwaschen, Sauberhalten der »Wohnung«.

Am schwersten kommt Christa damit zurecht, weil sie mit häuslichen Arbeiten bisher am wenigsten zu tun hatte. Für diese war in ihrem Elternhaus ein Mädchen zuständig.

Aber gerade darum achten wir streng darauf, daß Christa ihre Pflichten erfüllt. Was macht es da, wenn sie beim Kaffeeholen – meine chinesische Teekanne dient als Gefäß – die Hälfte auf der Treppe verschüttet und die Frauen der unteren Etagen zetern, weil ein paar Spritzer zur Erde fallen. Auch das Einteilen der Tagesrationen bereitet ihr Schwierigkeiten. Sie gibt beispielsweise beim Frühstück zu viel von den »gespeicherten« Lebensmitteln aus. Denn Zucker und Marmelade bekommen wir in unregelmäßigen Abständen. Diese Vorräte werden in Bechern oder Dosen aufbewahrt und müssen für eine ganze Woche reichen.

Und beim Abwaschen kommt es anfangs vor, daß die Gefäße nicht ganz sauber sind – uns steht ja nur blankes kaltes Wasser zur Verfügung. Da hilft alles nichts, sie wird zurückgeschickt.

Doch am meisten macht ihr der »Speiseplan« zu schaffen. Wir haben uns angewöhnt, jeden Morgen, bevor wir mit dem Frühstück beginnen, vom »Hausdienst« zu hören, was es bei ihm (zu Hause) zum Frühstück, Mittag, Kaffee und Abendbrot geben würde. O Schreck, was uns Christa da manches Mal servieren will! Gleichwohl, wir wollen sie nicht verunsichern – außerdem würden wir hier ihre Speisen mit Vergnügen verzehren. Wenn wir »kochen«, hört Christa aufmerksam zu und lernt in kurzer Zeit, Gerichte zusammenzustellen.

Ruth beispielsweise verwöhnt uns mit wahrhaft lukullischen Speisen. Schon die Art des »Präsentierens« macht Appetit. Sie beginnt etwa so: »Also ich decke den Frühstückstisch. Heute nehme ich das Streublümchen-Kaffeegeschirr, lege dazu hellblaue Servietten zurecht, die Serviettenringe habe ich selbst angefertigt.« Dabei lächelt sie verschmitzt, greift nach hinten und holt wirklich vier Serviettenringe aus Stoff, mit kleinen Blüten bestickt, hervor, verteilt sie an uns. Solche Überraschungen sind bei Ruth keine Seltenheit. Bei ihr gibt es zu jeder Mahlzeit frische Backwaren aus »Vaters Bäckerei«, unglaublich die Fülle der Spezialitäten, mit denen sie aufwartet.

Gerti vergißt nie, einen Blumenstrauß auf den gedeckten Tisch zu stellen. Sie schneidet die passenden Blumen selbst im Garten zurecht. Gerti liebt Blumen über alles, am meisten die schlichten, von anderen kaum beachteten. Hat sie an einem Sonntag Hausdienst, schmückt sie gar den Platz jedes einzelnen mit seinen Lieblingsblumen. Für sich sucht sie dann immer Margeriten aus. Oftmals bringt sie zum Nachmittag Wiesenblumen von einem Spaziergang mit.

Zu ihrer Kaffeetafel gibt sie gern Erläuterungen: »Den Napfkuchen habe ich selbst gebacken. Wenn er euch schmeckt, verrate ich euch das Rezept. Seht mal her, ringsherum das Kränzchen aus

Heckenröschen und blauen Kornblumen, sieht das nicht hübsch aus?« Wir schließen die Augen und sehen wirklich den festlich gedeckten Kaffeetisch vor uns – willkommene Illusion in unserem tristen Lagerdasein.

Auf mein Tagesmenü sind alle immer äußerst gespannt. Nicht nur, weil ich als älteste die meisten Erfahrungen besitze, sondern weil ich ein Jahr lang die Haushaltsschule in Senftenberg besucht habe. Dort lernte ich alles, was eine perfekte Hausfrau wissen muß. So kann ich nebenbei einen theoretischen Kochkurs leiten und finde vor allem in Christa eine wißbegierige Schülerin.

Wir bereichern uns gegenseitig und versuchen, aus der aufgezwungenen Isolierung das Beste zu machen. Dazu gehört auch die tägliche »Stunde der Wahrheit«, meist nach dem Frühstück, wenn wir den Tagesablauf durchsprechen.

Sie verläuft so: Was am vorhergehenden Tag Anlaß zu Ärger oder auch zu besonderer Freude gab, wird »auf den Tisch« gelegt. Wir sind einmütig der Meinung, daß es besser ist, eine Nacht verstreichen zu lassen, am nächsten Morgen sieht manches anders aus. Bei diesen Gesprächen erfährt jedes Familienmitglied, was die anderen von ihm denken, wie sie sein Verhalten in bestimmten Situationen einschätzen. Auf diese Weise lernen wir, ehrliche Kritik zu üben, das eigene Handeln zu überprüfen, die Meinung der anderen zu achten und einander mit Offenheit zu begegnen.

Zu einem richtigen Familienleben gehört auch das Zusammenleben mit den Nachbarn. In der großen Baracke sind über 200 Frauen untergebracht – es gibt also Beziehungen zu unmittelbaren und zu entfernten Nachbarn.

Auf den oberen Etagen wohnen ausschließlich die Jüngeren. Sie haben sich, dem Rat der Lagerleiterin folgend, für ein familiäres Leben entschieden. Da wir zur rechten Seite keine »Anwohner« haben, nehmen wir Verbindung zu den links neben uns Wohnenden auf.

Das Lager von Rita H. und Traudel A. grenzt direkt an das unsrige. Mit beiden Mädchen verbinden uns viele Gemeinsamkeiten, obwohl sie ein Eigenleben führen. Traudel ist anfällig und kränklich, leidet auch unter Depressionen. Rita fühlt sich voll verantwortlich für sie. Beide waren schon zu Hause, in Luckenwalde,

Freundinnen, und Rita versprach Traudels Eltern, sich immer um sie zu kümmern.

Neben ihnen wohnen drei sehr verschiedenartige Mädchen. Eigentlich passen sie nicht recht zusammen, und sie führen auch kein so harmonisches Familienleben wie wir. Der Zufall, nicht die eigene Wahl entschied über ihre Zusammenführung.

Ruth H., sehr intellektuell und auch älter als die anderen, kann man als Einzelgängerin bezeichnen. Sie hat einige Marotten, über die wir zwar den Kopf schütteln, aber mit der Zeit tolerieren. Ruth läuft jeden Morgen noch vor dem Frühstück einige Runden und wiederholt dieses »Rennen« mehrmals am Tage. Das bringt ihr den Beinamen »Nurmi« ein. Morgens nach dem Waschen überschüttet sie ihren Körper mit eiskaltem Wasser und steigt dann, ohne sich abzutrocknen, in ihre Wohnung hinauf. Daran nehmen die Frauen, die unter uns wohnen, Anstoß. Sie beschweren sich bei Ilse, der Barackenältesten, über den »unästhetischen« Anblick. Ruth muß wohl oder übel darauf verzichten, bleibt dann aber so lange im Waschraum, bis sie trocken ist und sich anziehen kann.

Die beiden anderen – Hildchen und Ingrid – waren schon in Jamlitz zusammen. Hildchen ist verschlossen, fast scheu, aber freundlich, wenn man sie anspricht oder sie um etwas bittet. Ingrid hingegen hat das Bedürfnis nach Anschluß. Sie teilt sich gern anderen mit, hört aber auch ebenso aufmerksam zu, wenn erzählt wird. Oft sucht Ingrid eine Gelegenheit, um mit uns zu plaudern. Sie gehört schon fast dazu.

Der Bogen unserer Gesprächsthemen ist weit gespannt. Er umschließt alltägliche Bereiche wie Kleidung, Körperpflege ebenso wie die Gestaltung von Feiern und Familienfesten. Eine besondere Stellung nimmt der Austausch über Literatur, Musik, Malerei sowie andere künstlerische Genres ein. Dabei entdecken wir, daß Christa ein sehr hohes Allgemeinwissen besitzt. Sie genoß als einzige von uns eine höhere Schulbildung, und ihre Erziehung im Elternhaus war vornehmlich auf Kunst und Kultur ausgerichtet. Auf diesen Gebieten ist sie diejenige, die zur Erweiterung unserer Kenntnisse beiträgt.

So wie in unserer »Familie« funktioniert in den meisten jugendlichen »Wohngemeinschaften« das Zusammenleben. Nur sehr wenige Mädchen haben Anschluß an die ältere Generation gefunden. Die meisten Frauen bleiben »für sich«. Sie sind nicht bereit, mit anderen zu teilen, haben kein Interesse an Geselligkeit, und die Gespräche kreisen ausschließlich um Essen, Kochrezepte und um das, was man zu Hause tun würde. Andere Frauen – besonders die mittleren Jahrgänge – schließen sich an bestimmten Tagen zu Interessengruppen zusammen oder versuchen, einer Tätigkeit nachzugehen. Das ist in Mühlberg eher möglich als in den vorherigen Lagern.

Uns vier gibt das aktive Mitwirken in der Spielschar einen Lebensinhalt.

Die Zeit steht nicht still – sie arbeitet für uns.

Am 30. September 1947 feiern wir Ruths Geburtstag. Es ist unser erstes Familienfest, denn Gerti und ich verlebten unsere Geburtstage in Jamlitz, Christa muß noch bis Dezember warten.

Ich ahne nicht, daß dieser Feiertag ein Abschiedsfest für Gerti werden soll.

Wir drei haben uns vorgenommen, unserer Jüngsten ein unvergeßliches Erlebnis zu vermitteln, denn Ruth wird 18 Jahre alt. Am Morgen wird das Geburtstagskind mit Gesang geweckt, die Spielschar bringt ihr ein Ständchen, wie das seit langem üblich ist. Dann darf Ruth ihren Geburtstagstisch bewundern. Sie bekommt einen Brotbeutel, mit lustigen Motiven bestickt, an dem wir zu dritt gearbeitet haben. Auch für den Inhalt haben wir gemeinsam gesorgt: „Krokantkugeln», aus Brotkrumen und Zucker hergestellt – unsere Phantasie kennt keine Grenzen. Am Nachmittag holen wir in einem größeren Gefäß als sonst Kaffee – oder das, was sich Kaffee nennt – und verspeisen mit Genuß die nach bewährtem Mühlberger Rezept hergestellte Geburtstagtorte. Daß wir dazu tagelang die Hälfte unserer Brotrationen aufgespart haben, vergessen wir angesichts der Einmaligkeit des Geschehens. Der Tag zeigt sich von seiner freundlichsten Seite. Am Teich sitzend, kosten wir bis zum Abend die fast sommerliche Wärme aus. Ruth ist dankbar und überglücklich – wir rücken alle ein Stück näher zusammen.

Kurz vor der Nachruhe kommt Ilse zu uns. Wir sind verwundert, denn zum Gratulieren war sie bereits am Vormittag da. Aber Ilses Besuch gilt nicht Ruth. »Ich komme soeben von der

Lagerleitung«, teilt sie uns mit, »morgen werden die ersten Frauen entlassen.«

Gerti und ich wissen sofort, was sie sagen will, und Ilse spricht es aus: »Diese Entlassung betrifft nur eine geringe Anzahl der Häftlinge, aber du, Gerti, bist dabei.« Schon seit einigen Wochen vermuten wir, daß Gerti eventuell nach Hause gehen darf, denn sie mußte zu einem Gespräch in die Kommandantur.

Nun ist es soweit.

Unsere »Familie« besteht seit dem ersten Oktober 1947 nur noch aus drei Mitgliedern. Anfangs glaube ich, ohne Gerti nicht zurechtzukommen. Ich sondere mich ab, suche die Einsamkeit. Oft sitze ich stundenlang am Teich, an dem gleichen Platz, den ich mit Gerti einnahm, als sie mir von dem Verhör erzählte. Christa und Ruth sehen mit Besorgnis unsere Gemeinschaft zerbrechen. Sie bemühen sich darum, mich abzulenken – ohne Erfolg. »Da hilft nur noch ein offenes Wort«, schätzt Ruth die Situation ein. Sie ruft den Familienrat zusammen. Das Recht hat jeder von uns, so haben wir es von Anfang an vereinbart. Christa, die immer Angst hat, jemanden zu verletzen, hält sich zunächst zurück.

Ruth eröffnet die Aussprache: »Ursula, wir müssen mit dir reden. Glaube bitte, daß wir dich verstehen. Wir wissen, was dir Gerti bedeutet, aber du hilfst weder dir noch ihr.« Nun schaltet sich auch Christa ein: »Bedenke, daß sie jetzt zu Hause ist, es geht ihr gut, du brauchst dich um sie nicht zu sorgen.« – »Du hast sie ja nicht verloren«, ergänzt Ruth. Plötzlich wird mir klar, wie töricht ich mich verhalten habe. Ich muß an Eliesabeth denken, die ihre Schwester im Lager verlor. Sicher wollte Ruth mit ihren Worten diesen Vergleich nicht anstellen, aber ich fühle mich getroffen. Wie tapfer überwand Eliesabeth den schweren Verlust, und ich?

Wie konnte ich so egoistisch sein und nur an mich denken? Ganz deutlich spüre ich die Teilnahme der beiden. Unfähig, etwas zu sagen, umarme ich Christa und Ruth, ich habe zwei neue Freundinnen gewonnen.

Der Lageralltag nimmt seinen Lauf, mit allen Höhen und Tiefen. Nicht nur, daß wir in gewohnter Weise die selbst festgelegten Normen beibehalten, wir drei werden unzertrennlich, ohne an Eigenständigkeit einzubüßen.

Ruth geht zum Theater! Ein großer Augenblick für sie und uns. Ihr Talent wird von Marianne Simson während unserer Spielschar-Aufführungen entdeckt. Ob sie Lust habe, eine kleine Rolle in der Operette »Der Graf von Luxemburg« zu übernehmen, fragt man sie. Ruth hat Lust. Nun ist sie voll ausgelastet: Spielschar – Lagertheater – künstlerisches Gestalten.

Seit es Ton im Lager Mühlberg gibt, modelliert Ruth in ihrer freien Zeit. Wahre Kunstwerke entstehen unter ihren geschickten Händen. Christa und ich müssen aufpassen, daß sich die kleine, schmächtige Ruth nicht verausgabt.

Christa kommt ebenfalls ungewollt zu einer Tätigkeit. Sie hat nichts mehr anzuziehen. Ihr dünnes Röckchen wird von Flicken zusammengehalten, die Bluse ist reichlich fadenscheinig geworden. Aus Lagerbeständen erhält sie einen wollenen braunen Mantel – kein Glanzstück, aber der Stoff ist verwendbar. Christa – das unhäusliche Mädchen – lernt nähen! Frau B., die uns gegenüber wohnt und in der Schneiderstube arbeitet, leitet sie an: Mantel auftrennen, Nähte säubern, zuschneiden, heften, nähen. Frau B. hat viel Geduld, und Christa besiegt sich selbst. Kurz vor Weihnachten ist ihr Prachtstück fertig. Fast vornehm wirkt die kleine Christa in dem dunkelbraunen Wollkleid mit spitzem Ausschnitt und glockigem Rock. Wie gut die Farbe zu ihren ausdrucksvollen braunen Augen und ihrem Haar paßt. Wir bestaunen sie gebührend.

Für mich gibt es viel Freiraum, den ich gründlich nutze, um meine literarischen Interessen wahrzunehmen.

Meine Beziehung zu Margot Göbeler verdichtet sich. Wir tauschen uns aus, schmieden miteinander und füreinander Verse, verwerfen sie wieder, beginnen von neuem. Gemeinsam besuchen wir regelmäßig den Lyrikzirkel. Dadurch gewinne ich engeren Kontakt zu den Frauen, die Gedichte verfassen, lerne sie kennen und schätzen.

Eine besondere Bindung erwächst zu Ursula Walther aus Görlitz, die in unserer Baracke wohnt. Bei ihr und ihrer Freundin Lilo finde ich Anregungen zum eigenen Schaffen.

Neben einem Weihnachtsspiel, das ich für unsere Spielschar »schreibe«, beginne ich, mir Märchen auszudenken.

Ähnlich wie in Jamlitz gehe ich auf »Tournee«, erzähle meine Märchen dort, wo man sie hören will. Erstaunlicherweise finde ich ein dankbares Publikum bei den älteren Frauen und habe bald so viele Einladungen, daß ich einen Plan machen muß.

Zwei meiner schönsten Märchen habe ich so im Gedächtnis, daß ich sie jederzeit niederschreiben könnte. Sie sind meinen Freundinnen gewidmet. Christas Eigenschaften habe ich dem Mädchen »Traute« in »Die verlorene Krone« zugeschrieben, und die »Blumenfee« im Märchen »Das klingende Herz« spiegelt Ruthchens Frische und Natürlichkeit wider. Beide Märchengestalten tragen aber vom Äußeren her Gertis Züge.

Unsere unterschiedlichen Aktivitäten veranlassen uns zu regem Gedankenaustausch. Eine neue Tradition bildet sich heraus: die abendliche Berichterstattung. Bald beneiden uns Nachbarn und Freunde um den inneren Zusammenhalt, und wir selbst schätzen uns glücklich, trotz der andauernden Isolierung – oder gerade deshalb!

Als wir uns im April 1948 auf Grund der Quarantänemaßnahmen trennen müssen, wissen wir drei genau, daß diese Trennung nur eine zeitweilige sein kann.

Unsere Freundschaft wird die Lagerzeit überdauern!

Die Spielschar

Ein Mädchen namens Helga hat eine Idee und den Willen, sie umzusetzen. Willensstärke scheint überhaupt die dominierende Eigenschaft der mittelgroßen, schlanken Berlinerin zu sein. Sie will etwas tun für sich und andere, will ein Tor öffnen, das aus der geistigen Enge und der bedrückenden Barackenatmosphäre herausführt.

Helga weiß auch wie: Gesang soll die Herzen öffnen, neuen Lebensmut wecken.

Hier in der Weite und Öde des Mühlberger Lagers sinkt der Hoffnungsgrad auf Null. Besonders die älteren Frauen geben sich der Resignation hin. Aber in Mühlberg läßt sich Helgas Vorhaben verwirklichen. Es darf gesungen werden! Vieles, was in den ersten Lagern undenkbar war, ist möglich. Die Offiziere der sowje-

114

tischen Lagerkommandantur sind äußerst kulturbeflissen. Wir erfahren, daß im Männerlager eine geräumige Kulturbaracke mit riesiger Bühne für Theateraufführungen und Konzerte zur Verfügung steht. Einmal im Monat werden dort für Häftlinge und für die sowjetische Wachmannschaft Vorstellungen gegeben. Schauspieler, Sänger, Musiker sowie das Bühnenpersonal stammen ausschließlich aus den Reihen der Inhaftierten.

So legt Helga im neuen Frauenlager den Grundstein zu einem Chor. Allein ist sie dabei nicht, sie hat Mitstreiter, die ihre Idee weitertragen.

Zwei Mädchen, ebenfalls aus Berlin stammend, sind ihre engsten Verbündeten. Mit ihnen wohnt sie zusammen – eine Mühlberger »Familie«. Die drei ergänzen sich fabelhaft, obwohl sie rein äußerlich wie von ihrer Veranlagung her ganz verschieden sind.

Ulla G., groß, kräftig gebaut, mit markanter Stimme, ist unverkennbar das Familienoberhaupt. Sie regelt sehr energisch alles Organisatorische, enthebt Helga jeder Sorge für den Tagesablauf und das leibliche Wohl.

Die dritte im Bunde ist die muntere, zierliche Gerda B., der gute Geist der »Familie«. Sie verrichtet fast unbemerkt alle »Hausarbeiten«, die der Lageralltag erfordert. Sie schlichtet, wenn Meinungsverschiedenheiten auftreten, hält stets praktische Ratschläge bereit.

Mit Ulla und Gerda spricht Helga zunächst ihr Vorhaben durch. Alle drei waren »draußen« in kulturellen Bereichen tätig und konnten auf unterschiedlichen Gebieten Erfahrungen sammeln. So ist gleich eines klar: Helga übernimmt die künstlerische Leitung, Ulla organisiert, plant, stellt Programme zusammen, legt Termine fest, während Gerda für die Erledigung der anfallenden Kleinarbeit zuständig ist.

Von weitem sieht man Ullas gelben Mantel leuchten, wenn sie von Baracke zu Baracke eilt, um »Leute« zusammenzutrommeln.

Unsere »Familie« erfährt zuerst durch Christa von der Neuigkeit. »Wollen wir mitmachen?«, fragt sie uns. Sie selbst ist begeistert, da sie gern singt. Ruth wird sofort angesteckt, sieht eine Chance, auf diese Weise ihr Schauspieltalent zu nutzen.

Gerti und ich überlegen länger. Nach der Jamlitzer Zeit müssen wir uns hier an das neue, streng geregelte Familienleben gewöhnen. »Werden wir noch genügend Zeit füreinander finden?«, fragen wir uns. Beide wissen wir von früher, als wir gemeinsam in einer Singegruppe waren, wie viele Stunden Kulturarbeit in Anspruch nimmt. Dann entscheiden wir uns für den Chor, schließlich gehören wir zusammen.

30 Mädchen aus dem neuen Lager kann Ulla gewinnen. Die »alten« Mühlberger wollen bei uns nicht mitmachen. Sie haben selbst eine Singesschar, einen kleinen Chor und auch eine Laienspielgruppe. Ihnen steht eine eigene Kulturbaracke in ihrem Lagerteil zur Verfügung.

Wir treffen uns zu unseren ersten Proben im Freien, auf einem großen Platz hinter den Baracken des neuen Lagers.

Nicht gleich kann Einigkeit über das Repertoire erzielt werden. Die Vorstellungen der Mädchen gehen auseinander. »Volkslieder müssen wir singen«, meinen die einen, »damit erreichen wir alle.« Die anderen plädieren für Scherzlieder, wieder andere schlagen Heimatlieder vor.

Helga hält erst einmal ihre Ansichten zurück. In ihrem Kopf ist längst alles fertig. Sie macht uns, als das Hin und Her zu nichts führt, mit ihrem Plan bekannt. »Wenn wir in erster Linie für uns selbst Gewinn haben wollen, müssen wir Ansprüche an unsere Arbeit stellen«, erläutert sie, »mehrstimmige Chorsätze möchte ich mit euch einstudieren, vollständige Programme gestalten.«

Sie überzeugt uns. – Eine anstrengende Probenarbeit beginnt, aber die Mühe zahlt sich aus. Zu Pfingsten erfreuen wir mit unserem ersten Auftritt die Frauen im neuen Lager. »Komm lieber Mai und mache...« haben wir unser Programm mit Frühlingsliedern und -gedichten überschrieben.

Unser Chor wächst an. Wir haben den Anfang gemeistert. Auch im alten Lager bringt man uns Interesse entgegen. Vor allem erregen wir »Muschi's« Aufmerksamkeit. Das ist die begabte Sängerin Marianne F., die in der »Kultura« mitwirkt. Sie ist bereit, uns zu unterstützen, sorgt auch dafür, daß wir bei schlechtem Wetter unsere Proben in die Kulturbaracke des alten Lagers verlegen können.

Aus dem anfänglichen Singevergnügen wird ernste Arbeit.

»Bald prangt, den Morgen zu verkünden,
die Sonn' am Himmelsplan,
bald muß die Nacht, die dunkle, schwinden,
der Tag der Freiheit nah'n.«

Wieviel Hoffnung streuen wir in die Gemüter der Wartenden, und wie sehr bereichern wir uns selbst, wachsen mit den Anforderungen.

Helga faßt einen kühnen Entschluß. – Sie will mit uns den Schlußchor aus der »Neunten Sinfonie« von Beethoven singen. Wir sind skeptisch. »Ist das für uns nicht zu hoch gegriffen?« Bedenken gelten bei Helga nicht. »Muschi hilft uns, seid gewiß.« Helga geht nicht fehl in ihrer Annahme. Marianne F. verschafft uns die Noten und findet trotz ihrer anstrengenden Proben und der zahlreichen Auftritte im Lagertheater Zeit, um uns in die Technik des Gesanges einzuführen und somit Grundlagen für den Erfolg zu schaffen.

»Freude schöner Götterfunken...«

Wie eine Verheißung klingt es durch die Baracken des alten und des neuen Lagers. – Selbst ganz im Bann der Töne Beethovens, erreichen wir mit unserem Auftritt Junge und Alte.

Es stört auch kaum jemanden, daß wir Schillers »Ode an die Freude« langsam und getragen interpretieren. Sogar Muschi hat Helga bestärkt, daß wir so singen – weil es unserer Situation angemessen ist. Nur Margot berichtet, daß eine ältere Musiklehrerin, die in ihrer Baracke wohnt, fassungslos nach unserem ersten Auftritt äußerte: »Nein, was diese jungen Mädchen aus Beethovens Musik machen, ich bin entsetzt.« Wir lassen uns nicht beirren.

Inzwischen entspricht die Art des Vortragens von Gedichten und anderen Texten – zum Teil selbst verfaßten – nicht mehr der neuen Qualität des Gesanges. Wir müssen geschult werden, das empfinden wir alle.

Helga wendet sich an Marianne Simson. Sie ist Schauspielerin von Beruf und ebenso wie Muschi im Lagertheater engagiert. Wir sahen sie bereits in vielen Rollen, die sie mit Leben erfüllte. Ob nun in Schillers »Kabale und Liebe« als Luise oder in der ihr auf den Leib geschriebenen Hauptrolle in dem Lustspiel »Mit meinen Augen« – Marianne wirkt immer überzeugend.

Sofort erklärt sie sich bereit, uns in Sprecherziehung zu unterrichten. Für mich ist das von besonderem Gewicht.

Ich traf Marianne Simson gleich am ersten Abend in Ketschendorf, doch zu diesem Zeitpunkt stürmte so viel auf mich ein, daß
ich die Ereignisse nur registrierte und speicherte. Marianne war
mit ihrer Mutter zusammen verhaftet worden und wohnte in Ketschendorf mit ihr in dem Haus, in das meine Freundin Gerti einige
Tage nach meiner Ankunft verlegt wurde. Dort fanden wir uns –
etwa sechs bis acht Mädchen – des öfteren an Nachmittagen zu
Gesprächsrunden. Gisela G., ein recht couragiertes Mädchen,
war Initiatorin solcher Treffen, zu denen sie auch Marianne ein-
lud, die ich dort näher kennlernte.

Für mich war diese Bekanntschaft von einschneidender Bedeutung, weil ich seit meiner Schulzeit – wohl inspiriert durch die
Dramen, die unser Hauptlehrer mit uns gern in Szene setzte – den
heimlichen Wunsch hatte, Schauspielerin zu werden. Als eifrige
Kinobesucherin (es gab ja während des Krieges für uns kaum andere Möglichkeiten, Kunst und Kultur zu genießen) sammelte ich
»Filmkuriere« und Bilder von Schauspielern. Marianne Simson
hatte ich in dem Film »Das Bad auf der Tenne« gesehen, »kannte«
sie also bereits. Doch hier erlebte ich sie in Wirklichkeit. Stundenlang konnten wir zuhören, wenn sie in ihrer lebhaften, natürli-
chen Art von ihrer Tätigkeit erzählte: Wie man eine Rolle studiert, wie man lernt, auf der Bühne »zu gehen« – sie machte uns
das vor: mit einem Stapel von Büchern auf dem Kopf (Bücher hatten wir natürlich nicht, andere Gegenstände mußten herhalten)
aufrecht, möglichst graziös über die Bühne zu »schweben«. Eine
beachtliche Leistung. Marianne führte uns ein in die Welt auf und
hinter der Bühne und bewirkte, daß wir für kurze Zeit unsere aus-
sichtslose Lage vergaßen.

Und nun ist sie unsere – meine – Lehrerin. Die einfache, aber
bewährte Methode des Vor- und Nachsprechens bringt uns gut
voran. Marianne wählt zu diesem Zweck vorwiegend Balladen.
»Die Füße im Feuer« von Ferdinand Conrad Meyer spricht sie uns
vor. Zuerst die ganze Ballade, dann in Zeilen oder Abschnitten.
Jede von uns wiederholt die schwierige Stelle: »Gib ihn heraus!«
Die Reihe ist an mir – ich versuche, nicht nur Mariannes Tonfall
nachzuahmen, sondern mich in die Rolle zu versetzen. »Gib ihn

118

heraus!« Stille tritt ein, dann höre ich Marianne sagen: »Das war gut, das war sehr gut.« Was so ein Lob zu bewirken vermag!

Mein Selbstbewußtsein wächst, hatte ich doch immer ein wenig Hemmungen beim Sprechen von Gedichten wegen meines »S-Fehlers«. Jetzt erkläre ich mich bereit, in unserem Goethe-Repertoire den Vortrag »Natur und Kunst« zu übernehmen.

Mit ansprechenden Programmen zur Erbauung der weiblichen Lagerinsassen beizutragen, ist die eine Seite unseres künstlerischen Wirkens. Es bildet sich mit der Zeit noch eine andere, ebenso wichtige heraus, die bald zu einer schönen Tradition wird.

Jeder Geburtstag eines Spielschar-Mitgliedes wird mit Gesang begrüßt, wobei sich das Geburtstagskind ein Lied wünschen darf. Dieses »Geburtstagssingen« findet in allen Baracken so großen Anklang, daß immer mehr Frauen mit dem Wunsch an uns herantreten, zu ihrem oder ihrer Freundinnen Ehrentag das gleiche zu tun. Soweit das zeitmäßig möglich ist, kommen wir solchen Bitten nach.

Angeregt durch Ruth, die zu gern Theater spielen möchte, reift ein Gedanke in mir. Heimlich beginne ich, ein Weihnachtsspiel zu schreiben. Manchmal gehe ich unter einem Vorwand nicht zum Baden, sondern mache mich auf die Suche nach Zeitungsrändern. Da wir seit September 1947 mit einigen Presseerzeugnissen versehen werden, bietet sich die Möglichkeit, das Erdachte festzuhalten. Einen Bleistift habe ich mir bereits »organisiert«. »Weihnachtsnacht an des Kindleins Wiege« nenne ich mein Stück. Viele Lieder sind darin eingebettet, und vor allem ist es so angelegt, daß alle Mitglieder des Chores auch aktiv werden können.

Im Familienkreis stelle ich das fertige Werk vor, ernte Beifall, aber auch Kritik, schreibe einige Stellen neu.

Dann folgt der große Augenblick: Helga liest das Weihnachtsspiel, findet Gefallen an dem Vorhaben.

Aber das Umsetzen ist schwerer, als wir dachten, Kostüme und Requisiten werden gebraucht. Wieder nehmen wir die Hilfe von Marianne Simson in Anspruch. Aus dem Fundus des Lagertheaters besorgt sie uns einiges, sogar eine richtige Wiege. Andere Gegenstände oder Kostüme basteln und nähen wir uns selbst. Frau B., die einen Schneiderkurs leitet, kann mit Stoffresten, Garn und Nähnadeln aushelfen. Mit ihrer Gruppe übernimmt sie auch das Nähen komplizierter Kleidungsstücke. Viele sind an unserem Tun interessiert und beteiligt. Längst werden wir von den alten »Mühlbergern« anerkannt, tauschen uns aus, helfen einander.

In der Kulturbaracke führen wir die »Weihnachtsnacht« auf, mehrmals, weil der Raum nicht alle Zuschauer auf einmal faßt. Unsere Ruth ist außer sich vor Freude. Mit Hingabe spielt sie einen Kobold, die Rolle entspricht ihrem Temperament.

Aber auch alle anderen Mitwirkenden sind mit Eifer dabei. Sogar Inge H., die sich anfangs nicht mit ihrer Rolle anfreunden wollte, stellt eine überzeugende »Sonne« dar.

> »Jedem Kinde, das geboren wird,
> senke ich einen Sonnenstrahl ins Herz...
> Wohl kommen Zeiten, in denen er verschüttet wird,
> verdrängt von Finsternis und Schmerz.
> Doch in tiefster Nacht bricht er sich Bahn,
> die Dunkelheit erhellend«.

Unser Chor entwickelt sich zur Spielschar, wir werden vielseitiger, finden immer wieder neue Varianten unserer Darbietungen.

Höhepunkte bilden Programme, die wir gemeinsam mit Muschi und Marianne Simson gestalten. Zum Neujahrstag 1948 spricht Marianne Simson »Die Glocke«. Wir umrahmen ihren Vortrag mit Liedern. An der Stelle »...daß sie in das Reich des Klanges steige, in die Himmelsluft...« setzen wir mit dem Schlußchor »Freude, schöner Götterfunken« ein.

Immer steht Helga vor uns, ihre hellen Augen blitzen, von ihr geht eine Kraft aus, die uns alle mitreißt.

Dann kommt der Zusammenbruch. Lange schon haben wir befürchtet, daß Helga sich zu sehr verausgabt. Ihr ohnehin geschwächter Körper rebelliert gegen die dauernde Beanspruchung.

Reglos, apathisch liegt sie auf ihrem Lager, verweigert jedes Essen, will mit niemandem sprechen.

Ulla und Gerda bemühen sich vergebens, die Freundin aus der Krise zu befreien.

Wir sind betroffen, vertrauen Muschi unsere Sorge an. »Nur das, was sie selbst für andere tun wollte, kann ihr helfen«, sagt sie, dann, nach längerem Überlegen, »holt die Spielschar zusammen.« Ulla ist schon unterwegs.

Muschi plant mit uns ein Mozart-Programm. Helga liebt seine Musik, das wissen wir alle.

Für Helga, für sie ganz allein singen wir. Ganz still wird es in der großen Baracke – die Töne schwingen sich hinauf zu Helga, erreichen sie. Sie richtet sich auf, lauscht... Muschi geht zu ihr: »Du wirst gebraucht, Helga. Deine Spielschar wartet. Werde schnell gesund.«

Der Bann ist gebrochen.

Dank der Fürsorge ihrer engsten Gefährtinnen erholt sich Helga schneller, als wir zu hoffen wagten. Sie nimmt neuen Anlauf.

Wir spielen die Gudrunsage, nur für uns. Helga verkörpert die Hauptperson. Das erste Mal, daß sie selbst eine Rolle übernimmt. Neben ihr Ulla G. als Gerlinde. Wir bilden den Kreis, der das Geschehen einschließt. Unser eigenes Schicksal verwebt sich mit dem der gefangenen Hegelingentochter.

> »Herbst zog ins Land, der Winter kam
> und der Frühling zog vorüber –
> und als der Sommer Abschied nahm
> und wieder Herbst und Winter kam,
> da war das Leid groß wie ein Meer
> und dunkle Wolken hingen schwer, in Herzen,
> die nach Heimat schrien.«

Zum letzten Mal finden wir uns zu diesem Spiel zusammen – im Freien, wie zu Anfang unseres künstlerischen Schaffens. Aber keine Trauer liegt in unserem Abschied, wir wissen, es naht die Stunde der Befreiung, die ersten Aufrufe sind erfolgt, morgen beginnt die Quarantäne.

Lebt wohl, ihr Gefährten, das Ausharren war nicht umsonst, gemeinsam gaben wir den langen Stunden des Wartens einen Sinn.

> »Das Ruder rauscht, das Schwert erklang –
> Gerlinde ward erschlagen...
> Es rauscht das Nordmeer uralten Sang
> und rauscht durch die deutschen Sagen.«

121

Dank dir, Helga, für deine Idee und für deinen Willen, sie umzusetzen.

Lageralltag

»Raustreten zum Zählappell!«

Der tägliche Weckruf kündigt uns 17 Monate lang an, daß ein neuer Lagertag beginnt.

In Ketschendorf verläuft in den ersten Monaten meines Aufenthaltes – vom November 1945 bis zum Frühjahr 1946 – ein Tag wie der andere.

Um 7.00 Uhr stehen wir bei jedem Wetter in Reih und Glied vor unseren Hauseingängen und warten auf die Abnahme des Appells. Der sowjetische Lagerkommandant Kasimir sowie sein Stellvertreter Lommow legen großen Wert auf straffe Organisation. Wir sind in Züge eingeteilt. Jeder Zug ist einer Zugführerin, die aus unseren eigenen Reihen stammt, unterstellt. Die Züge sind wiederum untergliedert, und in jedem Zimmer gibt es eine Verantwortliche, die Zimmerälteste. Informationen und Rapporte erfolgen von »unten« nach »oben« bis hin zur Lagerleiterin des Frauenlagers, Frau H., nebst ihrem Stab.

In dieser Reihenfolge werden auch die Meldungen an den Lagerkommandanten weitergegeben. Dabei wird die Anzahl der Kranken gesondert erfaßt, denn Kontrollen an Ort und Stelle sind keine Seltenheit. Namen interessieren dabei nicht, aber die Zahl muß stimmen.

Abgesehen davon, daß dieser Vorgang viel Zeit in Anspruch nimmt, warten wir manchmal stundenlang, bis der Kommandant mit seinem Gefolge, zu dem auch ein Dolmetscher gehört, erscheint.

Bevor nicht alle Eingänge abgeschritten sind, müssen wir in der Achtung-Stellung verharren.

Nachdem wir, je nach Witterung starr vor Kälte, völlig durchnäßt oder durchgeschwitzt, in unsere Zimmer zurückkehren, widmen wir uns der morgendlichen Toilette: Waschen in der einzigen uns zur Verfügung stehenden Blechschüssel. Obwohl sich in jedem Eingang ein Badezimmer befindet, spielt sich der Waschprozeß im Wohnraum ab. Auch das Wasser müssen wir draußen von der Pumpe holen und nach dem Gebrauch wieder dort ausschütten. Manchmal verschieben wir die Katzenwäsche bis nach dem Frühstück. Bevor sich 18 Frauen notdürftig gewaschen haben, erreicht uns meist der ersehnte Ruf: »Brot und Kaffee fassen!« Wer nicht zur Stelle ist, bekommt nichts, nur die Versorgung der Kranken obliegt der Zimmerältesten. Ab 9.00 Uhr – also mit Beginn der Essenausteilung – machen die Mädchen, die als »Uhrzeit« eingesetzt sind, alle zwei Stunden ihre Runde. Beim ersten Mal nennen sie Wochentag und Datum, so daß wir wenigstens auf diese Weise eine zeitliche Orientierung haben.

Die Angabe der Uhrzeit ist nie genau, weil die Mädchen ihre Informationen am Tor von einem Melder des Männerlagers empfangen, der diese aus der Kommandantur holen muß.

Im Gegensatz zu uns konnte Robinson einen eigenen Kalender führen, selbst wenn ihm dazu nur ein Baumstamm diente.

Das Frühstück dehnen wir so lange wie möglich aus. Zuerst teilen wir das Brot gewissenhaft für den Tag ein. Frauen, die ihre Männer oder Bekannte im Lager wissen, legen ein Stückchen zurück, das sie ihnen über den Zaun werfen oder auf eine andere Weise zukommen lassen wollen. Wer niemanden »mitzuversorgen« hat, unterstützt – bis auf wenige Ausnahmen – wiederum die betroffenen Frauen mit etwas Brot.

Erst nach dieser Zeremonie beginnt die Mahlzeit. Ganz langsam kauen wir die Bissen der verbliebenen Frühstücksportion, um dem Körper möglichst viele Nährstoffe zuzuführen. Den dünnen Trank aus Kaffee-Ersatz von bräunlicher Färbung trinken wir schluckweise dazu, um schließlich ungesättigt und mit gereizten Magennerven die erste Mahlzeit des Tages zu beenden.

Der Vormittag ist ausgefüllt mit Reinigungsarbeiten. Wer sich vor dem Frühstück nicht waschen konnte, tut es jetzt. Hauptsächlich aber beschränkt sich die Säuberungsaktion auf die Jagd nach Kleiderläusen. Wir ziehen uns aus und untersuchen gründlich jedes Kleidungsstück, insbesondere die Unterwäsche nach diesen unangenehmen und so schwer aufzuspürenden »Mitbewohnern«. Von Zeit zu Zeit erfolgen Kontrollen durch eine »Hygiene-Inspektion«. Sie setzt sich aus zwei Angehörigen (Frauen) der sowjetischen Wachmannschaften und einer Vertreterin der deutschen Lagerleitung zusammen.

Einer dieser Kontrollgänge wird zu einem schwarzen Tag für mich. Ich habe mein Suchpensum soeben – wie ich glaube – erfolgreich beendet, als die besagte Überprüfung einsetzt. An diesem Vormittag werden nur Stichproben gemacht, die dafür um so gründlicher sind. Die Wahl fällt auf Marianne und mich. Wir müssen alle Sachen wieder ausziehen. Stück für Stück wird »unter die Lupe« genommen. In meinem hellblauen wollenen Hemd, das mir meine Mutter noch nach Spremberg ins Gefängnis gebracht hatte, muß ich beim Absuchen in den feinen Rippen des Gestricks eine winzige Kleiderlaus übersehen haben. Wenn sie noch kein Blut gesaugt haben, sind sie ganz durchsichtig und hell, so daß sie sich kaum von der Farbe des Hemdes abheben. Zu allem Pech ist es eine Russin, die meine Kleidungsstücke überprüft. »Schto eto takoje!« (Was ist das!), herrscht sie mich an und wirft das Hemd auf den Fußboden. Dann folgt ein Schimpfwort (das ich nicht wiedergeben möchte). Ich muß mich anziehen und nach vorn zum Lagertor gehen. Was das bedeutet, weiß ich: Strafentlausung. Vier Frauen außer mir sind heute betroffen.

Die wöchentliche Großentlausung mit gleichzeitigem Duschen ist schon unangenehm genug. Man wird zu diesem Zweck in Gruppen durch das Männerlager zum Badehaus, in dem sich die Entlausungsanlage befindet, gebracht. Im gesamten Komplex verrichten Häftlinge alle Arbeiten. Sie bringen auch die abgelegten Kleidungsstücke zum Desinfizieren in die Heißluftkammern, in der die Läuse und Nissen abgetötet werden. Inzwischen steht man dicht an dicht unter den Brausen. Die Köpfe werden zuvor mit einer übelriechenden Chemikalie eingerieben. Mit nassen Haaren – niemand besitzt ja Handtücher – und noch warmen, aber beißenden Geruch ausströmenden Sachen tritt die Gruppe den Heimweg an.

Schlimmer ergeht es den »Ertappten«. Sie müssen sich wegen Unsauberkeit einer Spezialbehandlung unterziehen. Dabei werden die Menge der Desinfektionsmittel sowie die Zeit der Behandlung verdoppelt oder verdreifacht.

Ich bin an diesem Tage nach der Abfertigung nicht fähig, etwas zu essen. Völlig geschwächt liege ich auf meinem Bett und heule vor Wut und Scham über die erlittene Erniedrigung.

In der Regel hallt kurz vor 12.00 Uhr durch alle Eingänge der Ruf: »Essenholer raus!« Das Essen wird in Kübeln geliefert und vor den Eingängen verteilt. Nach der Einnahme des Mittagsmahles sind wir nicht satt und nicht froh.

Am längsten ist der Nachmittag. Bei schönem Wetter halten wir uns im Freien auf, nutzen das Gelände hinter den Häusern – früher waren es die Gärten der Bewohner – zum Reponsieren oder zu einem Treff mit Freundinnen. Dabei ist Vorsicht geboten. Mehr als drei Internierte dürfen nicht beisammen stehen. Wenn es regnet, finden wir uns in den Zimmern zu Gesprächen zusammen. Anfangs flüchte ich in Gertis Zimmer, und wir – etwa sechs bis acht Mädchen – bauen uns eine eigene Welt auf, indem wir alle möglichen Wissensgebiete durchstreifen, unseren Geist »fit« halten oder einfach nur von unserem Zuhause sprechen.

Zu einer sinnvollen Betätigung oder gar zu einer Arbeit haben wir in den ersten Monaten unseres Lagerdaseins keine Möglichkeiten. Nur zur Verrichtung unbedingt notwendiger Tätigkeiten werden Häftlinge eingesetzt.

Einige wenige verlassen jeden Morgen den Frauenzwinger, um im Lazarett Hilfe zu leisten. Christel aus meinem Zimmer hielt das drei Tage lang aus, dann ließ sie sich von der Liste streichen, weil sie dem Grauen, das sich ihr darbot, nicht gewachsen war. Noch Wochen danach schrie sie im Schlaf, von Bildern des Entsetzens gequält.

Einen regelmäßigen Dienst versehen die Melder, zu denen auch die »Uhrzeit«-Mädchen gehören. Doch ihre Aufgabe ist so stupide, daß Erika, eine Freundin von Christel, sagt: »Ich glaube, ich verblöde. Alle zwei Stunden bei Tag und Nacht dasselbe. Wie soll man dabei normal bleiben.«

Doch für uns sind diese Ansagen lebenswichtig. Damit trösten wir Erika.

Nicht allein am Tage, sondern auch nachts sind wir auf die Zeitangabe angewiesen, denn die Nacht ist in den strengen Rhythmus des Lageralltags einbezogen. Nach dem Verschließen der Haustüren um 21.00 Uhr muß Nachtwache gehalten werden. Alle Frauen im Eingang, mit Ausnahme der Kranken, übernehmen reihum diesen Dienst. Nach zwei Stunden findet der Wechsel statt, und eben für ihn benötigen wir die »Uhrzeit«. Sie geht von

Eingang zu Eingang und gibt kund: »23.00 Uhr – Wachablösung!« Der Wachhabende weckt den Nachfolger und kann sich zur Ruhe legen.

Sehr lang können diese zwei Stunden werden. Im Flur haben wir weder Licht noch Sitzgelegenheit – wir nutzen die Treppenstufen dazu. Manchmal frage ich mich: »Wen oder was bewache ich?« Die Häuser sind verschlossen. Einen Vorfall (plötzliches Erkranken) kann ich erst morgens melden, denn die »Uhrzeit« ist zu schnell »durch«.

Dafür kommen jedoch besonders in den ersten Monaten Kontrollen – sowjetische Sergeanten, denen eine ordnungsgemäße Meldung zu erstatten ist: »Ich melde: Haus 17, Eingang 2 keine Unruhe, keine Vorkommnisse – alle Häftlinge in den Zimmern!« Pech hat man, wenn gerade zum Zeitpunkt der Kontrolle eine Frau die Toilette im Bad benutzt und das Licht dort brennt. Nachts ist es zwar gestattet, die Haustoilette in Anspruch zu nehmen, aber man muß dann Erklärungen abgeben, warum das Licht eingeschaltet ist, wer die Toilette aufsucht, ob derjenige »verdächtig« erscheint. Zu meinem Glück geschah das während meiner Wachen nur einmal.

Jede Frau eines Eingangs hat etwa alle zwei Wochen Wache zu stehen. Mir passiert es mehrmals, daß ich ausgelassen werde. Mutter K., die vor mir an der Reihe ist, weckt mich einfach nicht. Am Morgen kommt sie dann mit dem süßesten Lächeln an mein Bett, um das zu begründen: »Kindchen, du hast so schön geschlafen, es tat mir leid, dich zu wecken. Gib mir ein Stückchen Brot, bloß ein kleines, dann ist alles gut.«

Obwohl ich energisch protestiere, geschieht das gleiche beim nächsten Mal wieder. Mutter K. bringt es sogar fertig, alle eigentlich nach ihr Diensthabenden schlafen zu lassen, um dann morgens von jedem »ein kleines Stückchen Brot« zu kassieren. Warnungen von Käthes Seite, daß ihr Handeln unzulässig sei, fruchten nicht. Eine Weile nur hält sich Mutter K. an die Weisungen, dann ersinnt sie neue »Liebesdienste«.

Die ersten Monate sind ausgefüllt mit zermürbendem Nichtstun. Wir dürfen nicht singen, nicht lesen, nicht schreiben. Es stehen uns weder Bücher noch Papier, noch andere Materialien zur Verfügung.

Der umfangreichen Verbotsliste zum Trotz versuchen wir, dem Stumpfsinn zu entfliehen, verrichten mit primitiven Hilfsmitteln einfache Tätigkeiten wie das Reinigen des Zimmers und Treppenhauses.

Aus der Not heraus versorgen wir uns, nachdem die Tapete unserer Zimmerwände völlig »aufgebraucht« ist, mit »Toilettenläppchen«. Dazu verwenden wir schadhafte Teile unserer Unterwäsche. Diese Läppchen waschen wir nach Gebrauch an der Pumpe aus, weil wir sie wieder benutzen müssen. (Toilettenpapier oder ähnliches haben wir in allen drei Jahren nicht zu Gesicht bekommen.)

Der Fortschritt läßt sich auch im Lager nicht aufhalten, weil der Mensch erfinderisch ist. Nicht allein im Frauenlager setzt sich der Drang nach sinnvoller Alltagsbeschäftigung durch. Die Männer, zum großen Teil handwerklich begabt, stellen förmlich aus dem »Nichts« praktische Gegenstände her: Stricknadeln aus Holz oder starkem Draht und sogar Nähnadeln. Für ein Stück Brot ist der »Erwerb« solcher wertvollen Utensilien auf konspirativen Wegen möglich. Mit ihnen sind unserem Alltag neue Perspektiven gegeben.

Wir beginnen mit dem »Aufarbeiten« unserer Kleidung, die durch ununterbrochenes Tragen und ständige Desinfektion gewaltig gelitten hat. Mit Stopfen und Flicken allein ist jedoch nicht viel auszurichten. Deshalb trennen wir Wollsachen auf, stricken sie neu, »wenden« Röcke und Blusen und gewinnen aus Flicken, Wollfäden und Garnresten Material zum Anfertigen von allerlei Zierrat. Diese Tätigkeiten sind immer mit der Gefahr des Entdecktwerdens verbunden, wir richten selbständig »Wachdienste« ein.

Schließlich bleibt uns nur noch unser Gedächtnis. Das Denken kann uns keiner verbieten. Wie oft zitieren wir die Zeilen des Liedes: »Die Gedanken sind frei, wer kann sie erraten...«

In Jamlitz zeigt uns der Lageralltag ein freundlicheres Antlitz. Zwar verändert sich der Rahmen nicht wesentlich: Appell, Esseneinnahme, Baden und Desinfizieren, Ansagen der Uhrzeit bleiben auch hier bestimmend für den Ablauf vom Morgen bis zum Abend.

Doch schon die obligatorische Datumsangabe bringt uns einen

Selbstgefertigte Bluse

heiteren Tagesauftakt. Die »Uhrzeit« kommt durch die Barakken, und wir dürfen jedesmal gespannt darauf sein, was sie uns verkündet. Ihre Sprüche lauten etwa so:

> »Vernehmt die Botschaft, sie ist wahr:
> wir schreiben Montag, den ... Februar!« oder
> »Ja, glaubt es nur, es ist kein Scherz,
> heute ist Freitag, der ... März!«

Wir erleben in Jamlitz zum ersten Mal eine Theateraufführung und erhalten die Erlaubnis, in thematischen Gesprächskreisen zusammenzukommen.

Die 10 Wochen meines Aufenthaltes in Jamlitz sind eine Art Übergangsperiode zu dem Lageralltag in Mühlberg. Das beklemmende Gefühl, das sich unser beim Einzug in dieses Lager bemächtigte, weicht, als wir positive Veränderungen wahrnehmen.

Der Lageralltag ist nicht mehr so eintönig. Kein Tag verläuft wie der andere, abgesehen von den Eckpfeilern, die ein Lagerleben kennzeichnen.

Der Zählappell nimmt genau wie in anderen Lagern eine dominierende Stellung ein, aber er verliert seine unangenehme Wirkung auf uns. Er wird in der Regel von der deutschen Lagerleitung abgenommen, und der Zeitpunkt liegt günstiger – kurz vor dem Abendessen. Dadurch erhält der Vormittag aufgelockerteren Charakter. Wir sind nicht mehr abhängig von einem aufgezwungenen Zeitregime. Natürlich werden wir auch hier pünktlich um 7.00 Uhr von der »Uhrzeit« geweckt, erfahren Tag und Datum, aber danach bleibt es uns überlassen, wie wir die Stunde bis zum Empfang der ersten Tagesmahlzeit nutzen.

Das Waschen wird zum Vergnügen! Zwischen den Doppelbaracken befindet sich ein ausgedehnter Waschraum mit zwei Reihen großer Steinbecken, die wohl früher als Pferdetränke dienten. Da sie fast zu ebener Erde angelegt sind, können wir auch die Füße hineinstellen. Erstmals erhalten wir in bestimmten Abständen ein Stück Tonseife und sogar ein grobes Tuch, das wir als Handtuch benutzen. Es nimmt wohl kaum Wunder, daß wir uns genüßlich der Körperpflege hingeben.

Als wesentliche Vergünstigung empfinden wir das selbständige Reinigen unserer Kleidung. Mit Tonseife und reichlich Wasser ist es endlich möglich, die Unterwäsche auszuwaschen, so daß sie wirklich frisch ist.

Das lästige Entlausen entfällt, da wir bereits seit Jamlitz frei von diesen Quälgeistern sind. Ab und zu fallen in den Sommermonaten Flöhe über uns her, aber die gab es in Ketschendorf als Zugabe in reichlicher Zahl. Zum Baden und Desinfizieren gehen wir in Mühlberg weiterhin regelmäßig, wobei die gesamte Prozedur weit angenehmer verläuft.

Neu im Rhythmus des Lagerlebens sind die Vorstellungen beim Arzt und Zahnarzt. Zugweise, genau nach Plan treten wir einmal im Monat den Gang durch das Männerlager zwecks ärztlicher Untersuchung an. Wird vom Arzt beziehungsweise Zahnarzt eine Behandlung angeordnet, werden wir in Gruppen zusammengefaßt, können zu vorgesehenen Terminen die ärztliche Betreuung in Anspruch nehmen.

Wenngleich Medikamente kaum zur Verfügung stehen und die Behandlungsmethoden sich auf das Primitivste beschränken, ist allein der Gedanke, unter ärztlicher Fürsorge zu stehen, ein unvergleichbarer Gewinn.

Aneinandergereiht ergeben diese Festlegungen eine Vielzahl von Aktivitäten, die unserem Lageralltag immer wieder ein neues Gesicht verleihen. Hinzu kommt die Fülle möglicher manueller oder kultureller Betätigung. Die Palette reicht von Eigeninitiativen bis zu genehmigten Zirkeln, in denen alle Interessenbereiche vertreten sind. Einige wenige Beispiele vermitteln einen Einblick:

- Gesundheitspflege,
- Hauswirtschaft (Erfahrungen),
- Kochkurse (theoretisch),
- Gutes Benehmen (Tischsitten),
- Handarbeiten (theoretisch und praktisch),
- Künstlerisches Gestalten (Modellieren mit Ton),
- Sprachkurse,
- Sprecherziehung,
- Lyrik und Prosa (untergliedert in mehrere Spezialgebiete).

Wer Lust verspürt, kann sich Vorträge zu Themen aus Wissenschaft und Kunst anhören. Es gibt genügend Frauen, die auf Grund ihrer beruflichen Laufbahn interessant und anschaulich einen »Unterhaltungsnachmittag« gestalten können. Daneben existieren kulturelle Zentren wie Singegruppe, Chor, Spielschar, Laienspiel. Den absoluten Höhepunkt bilden die »Kultura«-Besuche. Das Lagertheater in Mühlberg verfügt über namhafte Künstler, unter ihnen sind die Schauspielerin Marianne Simson, die Tänzerin Sigrid Winkelmann, die Sängerin Marianne Fischer, der Komponist und Dirigent Fritz Rotter, der Tanzkapellmeister Hans Hackemesser. Das Repertoire des Theaters umfaßt Schauspiele, Operetten, Konzerte in bunter Folge.

Ähnlich wie den Ärzten ist es auch den Musikern erlaubt: Sie dürfen unter Bewachung ihre Instrumente von zu Hause holen (sicher auch Noten).

Die Bühnenausstattung steht der eines renommierten Stadttheaters nicht nach. Kulissen, Kostüme sowie Requisiten werden von Häftlingen nach Auftrag originalgetreu angefertigt. Die sowjetische Kommandantur spart nicht an Mitteln und läßt das notwendige Material herbeischaffen.

Heben uns bereits diese eindrucksvollen Erlebnisse weit über Alltägliches hinaus, unterscheiden wir in Mühlberg auch noch die Wochentage von den Sonn- und Feiertagen. Diese finden Berücksichtigung z. B. bei der Planung von »Familien«-Vorhaben oder von mannigfaltigen Beiträgen aller bestehenden Zirkel und kulturellen Gruppen.

Der umfangreiche Lagerbetrieb in Mühlberg erfordert den Einsatz von weiblichen Häftlingen in verschiedenen Einrichtungen (Küche, Wirtschaftsgebäude, Wäscherei, Lazarett) und bringt durch das Hin- und Herpendeln willkommene Abwechslung in den Lageralltag. Die Frauen bringen Neuigkeiten mit und übermitteln manche Nachrichten. Am Tor des Frauenlagers ist ein Wachdienst eingerichtet, so daß jeder, der das Lager verläßt oder betritt, erfaßt werden kann.

Auch die Nachtwachen sind hier wie in jedem anderen Lager unabdingbarer Bestandteil des Tagesablaufs, aber sie weichen entschieden vom Ketschendorfer Schema ab. Wechselten wir dort alle zwei Stunden, umfaßt die Mühlberger Nachtwache die Zeit vom Eintritt der Nachtruhe um 22.00 Uhr bis zum Wecken um 7.00 Uhr. Das bringt viele Vorteile. Der einzelne kommt selten an die Reihe, weil über 200 Frauen in der Baracke liegen. Nach jeder Wach-Nacht darf der Wachhabende am Tage schlafen oder ruhen, wann es ihm beliebt. Das Angenehmste aber ist – so empfinde ich es –, mitten in der Baracke auf der Bank an der noch warmen Steinwand des Ofens, der sich über die gesamte Länge der Baracke erstreckt, zu sitzen, beim schwachen Schein einer Hängelampe seinen Gedanken freien Raum zu geben. Nicht selten sind Verse wie der nachfolgende das Ergebnis meiner Betrachtungen:

> »Entflohen ist mein Geist in fernen Räumen,
> sanft eingewiegt im Land der Phantasie,
> und eine dunkle, weiche Melodie
> läßt mich versinken in ein sel'ges Träumen.«

Ich fühle aber auch die Verantwortung, die ich für meine schlafenden Gefährtinnen habe. Bei plötzlich auftretender Krankheit oder bei Anfällen kann ich sofort Schwester Gerda herbeiholen, die in unserer Baracke liegt. Tritt ein schwerwiegender Notfall ein, erreiche ich ohne Schwierigkeiten Ilse in ihrem Verschlag, die als Barackenälteste den Schlüssel zur Außentür besitzt und Hilfe anfordern kann.

Manchmal setzt sich für Minuten eine der Frauen zu mir, die unsere Innentoilette im Vorraum der Baracke aufsuchen will. Nachts dürfen wir sie benutzen, denn die Baracken werden um 22.00 Uhr abgeschlossen.

Wir Jüngeren übernehmen gern freiwillig die Wache einer älteren Frau, allerdings nur mit Genehmigung der Barackenältesten. Während einer solchen zusätzlichen Wache wird mir ein besonderes Vergnügen zuteil. Seit September 1947 bekommen wir Zeitungen, aber nur wenige Exemplare, so daß nicht jeder lesen kann, was »draußen« passiert. Die Zeitungen werden gesammelt, und wer möchte, darf sie während seiner Nachtwache ausleihen.

Jetzt gehören sie alle mir – ich habe direkte Verbindung zur Außenwelt. Wenn mir auch vieles unverständlich ist, was dort geschrieben steht, es sind Botschaften aus der Freiheit...

Unverändert bleibt im Mühlberger Alltag trotz aller Erleichterungen das Bedrückende unserer Situation: schuldlos gefangen zu sein, keinen Kontakt zur Heimat zu haben und nicht zu wissen, wie lange wir festgehalten werden.

Das wird nie ein Mensch, der es nicht miterlebt hat, nachempfinden können.

Die Kopfzahl stimmt!

Was ich bei meinem ersten Verhör in Welzow vage vermutete, finde ich während des Lageraufenthaltes – hauptsächlich in Ketschendorf – bestätigt:

Den Dienststellen des NKWD/MWD, die von der Verwaltung für Innere Angelegenheiten der SMAD (Sitz Karlshorst) eingerichtet wurden, ging es nicht ausschließlich darum, wirklich Schuldige auf der Grundlage des Alliierten Kontrollratsgesetzes

132

Nr. 10 in Haft zu nehmen und zu bestrafen. Vielmehr sahen sie ihre »Aufgabe« darin, durch Masseninternierung die zu diesem Zweck in Betrieb genommenen Lager (insgesamt 15) zu füllen.

Unterschiedliche Methoden fanden dabei Anwendung. Einmal die Festnahme von »Verdächtigen«, wobei die »Auswahl« vorwiegend den deutschen Behörden überlassen blieb, wie ich das selbst an mir erfahren habe, zum anderen das willkürliche Aufgreifen von Menschen – ein Vorgehen, an dem sich zeigt, mit welcher Skrupellosigkeit die Sicherheitsorgane der SMAD dafür sorgten, daß die Kopfzahl in den Lagern stimmte.

Davon erhalte ich erstmalig nach meinem Umzug von der »Küche« des Hauses 17 in das Zimmer 4 Kenntnis.

Frau M. und Mutter K. sind Opfer eines solchen Menschenfangs. Beide hatten sich freiwillig zur Erntehilfe gemeldet. Von ihrem Wohnort (Lehnitz bei Oranienburg) aus wurden sie mit anderen Frauen morgens auf die umliegenden Felder gefahren. Mit dem Fahrer des LKW, einem sowjetischen Soldaten, hatten sie sich schon angefreundet. Sie waren froh, eine nützliche Tätigkeit ausüben zu können, und der Lohn in Form von Lebensmitteln kam ihnen in dieser Zeit gelegen. Das gleiche Fahrzeug holte sie am Spätnachmittag auch immer wieder ab.

An einem Tag, Ende September 1945, war das anders. Ein ihnen unbekannter LKW traf früher als sonst ein. Der Fahrer war ihnen ebenfalls fremd. Auf dem Anhänger saßen einige sowjetische Soldaten, die gleich nach dem Halten absprangen und die Frauen auf den Lastwagen trieben.

Das kam den meisten zwar nicht geheuer vor, aber sie schöpften noch keinen Verdacht. Stutzig wurden sie erst, als das Fahrzeug an der nächsten Wegkreuzung abbog, das Tempo beschleunigte und in entgegengesetzter Richtung weiterfuhr.

Das Ziel war Ketschendorf.

Acht harmlose Feldarbeiterinnen verschwinden spurlos, werden als »Internierte« festgehalten. Kein Weg führt zu ihnen, denn sie haben keine Adressen!

Kurze Zeit später erlebe ich eine ähnliche »Einlieferung« selbst mit.

Mitte November 1945. Die Küche unseres Einganges ist hergerichtet, um neue Frauen aufzunehmen. Der Raum wurde nach unserem Auszug desinfiziert – sprich: mit Chlorkalk ausgespritzt – und mit Pritschen, teils doppelstöckig, teils dreistöckig, ausgerüstet. Im stillen hofften wir, daß nun die überbelegten Zimmer entlastet würden, daß jeder nun zumindest eine eigene Pritsche »bewohnen« könnte.

Doch ein neuer Transport ist gemeldet. Wir merken das an der Unruhe, die von »vorn« ausgeht. Frau H. läßt die Zugführer zu sich rufen, also ist etwas im Gange.

Die »Neuen« treffen früher als erwartet ein. Sonst kommen die Zugänge aus den Gefängnissen gewöhnlich am späten Abend an. Heute betritt die Gruppe weiblicher Häftlinge bereits am frühen Nachmittag den Frauenzwinger.

Wir werden in die Eingänge getrieben – wahrscheinlich, weil dieses Mal alles anders ist. So viele Frauen sind sonst nicht bei einem Transport dabei. (Später erfahren wir, daß es ein reiner Frauentransport war.) Unter den etwa 12 bis 15 Ankömmlingen fallen fünf jüngere durch ihre – für unsere Verhältnisse grotesk anmutende – Kleidung auf. Sie tragen unter ihren Mänteln oder Jacken lange beziehungsweise halblange Röcke und sind ordentlich frisiert. Das Bild wirkt erst recht durch das Äußere der übrigen Frauen komisch, denn diese scheinen soeben von einem Arbeitseinsatz zu kommen, das ist an ihren Schürzen, Strickjacken und Kopftüchern zu erkennen. Alle aber haben eines gemeinsam: Sie scheinen fassungslos zu sein – soviel haben wir beim ersten flüchtigen Eindruck erfaßt.

Ungewöhnlich ist auch, daß alle »Neuen« in einen Raum, eben in die »Küche« eingewiesen werden und vorerst eine Kontaktaufnahme mit ihnen verboten ist.

Erst einige Tage später erfolgt eine Umverteilung. Von den fünf »elegant« Gekleideten bleiben zwei im großen Zimmer (Zimmer 2) unseres Einganges.

Eine von ihnen, Melanie mit Vornamen, schildert uns, was ihr und ihren vier Leidensgefährtinnen geschehen ist. Sie waren alle zu einer Hochzeitsfeier geladen. Die Eltern des Bräutigams, Inhaber einer Gastwirtschaft außerhalb der Stadt Luckenwalde, richteten das Fest aus. Kurz nach Mitternacht verabschiedeten sich die jüngeren Gäste und traten zu Fuß den Heimweg an.

Die ersten bogen gleich am Stadteingang ab, die restlichen,

diese fünf Frauen und drei junge Männer, gingen in Richtung Marktplatz weiter.

An der Kirche wurden sie von einer sowjetischen Streife angehalten und aufgefordert, auf einen bereitstehenden Lastwagen zu steigen. Eine der Frauen leistete Widerstand. Sie verlangte, den Kommandanten zu sprechen. Der Bräutigam hatte die Feier ordnungsgemäß gemeldet und eine schriftliche Genehmigung erhalten. Der Sergeant, an den Melanies Freundin sich wandte, gab zur Antwort: »Nun, wir fahren zu Kommandant.«

Ziel der nächtlichen Fahrt war eine Scheune auf freiem Feld. Sechs Frauen in Arbeitskleidung waren dort bereits eingesperrt, die fünf aus Luckenwalde kamen hinzu. Was mit den drei jungen Männern geschah, blieb ihnen unbekannt. Immer noch glaubten sie wie ihre Mitgefangenen, es müsse sich um einen Irrtum handeln.

Am frühen Morgen traf ein Offizier ein und kurz danach wieder ein Lastwagen. Aufgeregt wollten die Frauen wissen, was das bedeutet, aber sie bekamen keine Antwort, dafür die Weisung aufzusteigen. Unterwegs wurde noch einmal gehalten – wieder an einem Gebäude außerhalb einer Ortschaft. Dort warteten zwei sowjetische Soldaten mit weiteren drei Frauen. In deren Fall, so berichtet Melanie, drangen Angehörige der sowjetischen Besatzungsmacht nachts in die Wohnungen ein und forderten die alleine wohnenden Frauen zum Mitkommen auf. Danach brachte man sie in den Keller des erwähnten Gebäudes. Die Fracht schien mit den nunmehr 14 Frauen komplett. Ohne Halt nahm der Lastwagen Kurs auf Fürstenwalde.

Dieser Menschenraub im wahrsten Sinne des Wortes steht im krassen Widerspruch zu der Proklamation Nr. 3 des Alliierten Kontrollrats vom 20. Oktober 1945, in der es heißt: »Niemandem darf das Leben, die persönliche Freiheit oder das Eigentum entzogen werden, es sei denn auf Grund von Recht und Gesetz.«[1]

Im Punkt 4 ist unter »Gewährleistung der Rechte des Angeklagten« zu lesen:

»In jedem Strafverfahren müssen dem Angeklagten die folgenden Rechte zustehen, wie sie die demokratische Rechtsauffassung

1 Karl Wilhelm Fricke: Politik und Justiz in der DDR, S. 21.

anerkennt: unverzügliches und öffentliches Gerichtsverfahren, Bekanntgabe von Grundlage und Art der Anklage, Gegenüberstellung mit Belastungszeugen, gerichtliche Vorladung von Entlastungszeugen und Hinzuziehung eines Verteidigers. Strafen, die gegen das gerechte Maß oder die Menschlichkeit verstoßen, und solche, die das Gesetz nicht vorsieht, dürfen nicht verhängt werden.«[1]

Gegen die Eingelieferten läuft kein Strafverfahren, also gilt auch kein Gesetz für sie!

Betroffen vom eigenmächtigen Zugriff sowjetischer Sicherheitsorgane sind auch zwei Frauen, die in Ketschendorf Ende November ankommen. Obwohl sie selbst ihre »Lage« als »von Gott gewollt« empfinden, sind sie in Wirklichkeit Opfer stalinistischer Willkür. Sie sind überzeugte Anhänger der »Zeugen Jehovas«. Jede Woche trafen sie sich zu ihrer »Sitzung« mit drei »Schwestern« in ihrer Potsdamer Wohnung, die sie beide teilten. Wie sie uns berichten, sahen sie eine Aufgabe darin, Kraft zu sammeln, um aufklärend in ihrer Umgebung zu wirken. Die ältere der beiden sagt: »Wir wollten die Menschen davon überzeugen, daß nichts ohne Gottes Willen geschieht. Sie sollten ihre Angst vor den Besatzern überwinden und getrost auf die Errichtung des Reiches Gottes warten.«

Im »Auftrag Gottes« wurde dann auch ihrer Meinung nach an einem Novemberabend ihre Zusammenkunft als »Verschwörung gegen die sowjetische Besatzungsmacht« bezeichnet. Zwei bewaffnete Offiziere verschafften sich Zutritt zur Wohnung und verhafteten alle Anwesenden. Bei den Verhören legten die Frauen mit ruhigem Gewissen den Inhalt ihrer Gespräche dar. Vom Gefängnis aus brachte man die zwei Inhaberinnen der »Verschwörerwohnung« in das Lager Ketschendorf, die drei anderen Frauen behielt man dort.

Für uns völlig unverständlich wollen die beiden Frauen auch hier ihre »Mission« erfüllen. Sie gehen von Zimmer zu Zimmer, um im Namen Jehovas wirksam zu werden, und predigen uns: »Tragt, was euch auferlegt ist, in Geduld.«

Da kommen sie bei Frau M., der Kommunistin, richtig an. »So

1 Ebenda.

ein Quatsch«, ereifert sie sich, »uns wurde überhaupt nichts auferlegt, uns hat man vom Feld aus einfach ›aufgeladen‹ und hierher verfrachtet – und das sollen wir ›in Geduld‹ tragen?«

Käthe hat Mühe, die aufgebrachte Frau M. daran zu hindern, tätlich zu werden. Etwas erschrocken ziehen sich die beiden »Zeugen« zurück. An der Tür wendet sich die jüngere von ihnen noch einmal um: »Wir beten für Sie.«

Soviel ich weiß, ist es den beiden nicht gelungen, unter den weiblichen Häftlingen Anhänger für ihre Sekte zu finden. Aber sie geben nicht auf, bis eine von ihnen im Hungerwinter 1946 stirbt. Die andere, still und in sich gekehrt, unternimmt keinen Vorstoß mehr, uns zu bekehren.

Eines Tages versetzt uns ein ungewöhnlicher Anblick in Erstaunen. Im Ketschendorfer Männerlager sehen wir auf der Lagerstraße einen Häftling, der die bekannte gestreifte Kleidung der faschistischen Konzentrationslager trägt.

Meine »Jungs« klären mich in oft erprobter Geheimsprache über dieses Phänomen auf. Auch andere Frauen holen Auskünfte ein, und so erfahren wir: Der Mann war in der Hitlerzeit Häftling im Konzentrationslager Sachsenhausen. Zwecks Evakuierung in Richtung Ostsee ziehend, wurde seine Marschgruppe von einer sowjetischen Einheit befreit. Einige Tage mußte er sich wegen der noch andauernden Kampfhandlungen verstecken. Der Weg nach Hause führte ihn südwärts, er wollte zunächst Berlin erreichen. Kurz vor dem Ziel griff ihn eine sowjetische Streife auf – die Endstation für ihn war ein neues Konzentrationslager.

Auf ähnliche Weise »landeten« Kriegsgefangene nach ihrer Entlassung nicht in ihrem Heimatort, sondern in einem Internierungslager. Einer von ihnen, der froh darüber war, aus dem Krieg wohlbehalten heimgekehrt zu sein, hielt 1946 in Jamlitz das ihm Geschehene in Versen fest:

»... Die Donau hat als Soldat mich gesehn,
durch Polens Gefilde bin ich marschiert,
in Frankreich und Rußland ist mir nichts geschehn,
nie ist mir ein Unglück passiert.
Nun sitze ich hier in Deutschland gefangen,
fühl, wie allmählich das Leben verweht...«

Auch in meinem unmittelbaren Bekanntenkreis gibt es einen Fall, der kaum glaubhaft erscheint, aber er ist wahr: Zu der Vielzahl der Welzower Jungen, die in Werwolfverdacht gerieten, gehörte unter anderem Hans-Joachim K., der jedoch auf Anraten seiner Eltern in den »Westen« flüchtete, als die ersten Jungen im September 1945 abgeholt wurden. Da man seiner nicht habhaft werden konnte, nahm man statt dessen seinen gehbehinderten Vater mit. Dieser traf dann mit den übrigen Jungen in Ketschendorf ein.

Hans-Joachim, von seiner Mutter benachrichtigt, kehrte sofort zurück und stellte sich in Welzow der Dienststelle des NKWD. Wie erwartet, behielt man ihn gleich dort und brachte ihn auf dem bekannten Wege nach Ketschendorf – ohne seinen Vater freizulassen, wie es ihm versprochen war. (1948 kam Herr K., dessen Leiden sich durch die Haftbedingungen so verschlechtert hatten, daß er kaum allein gehen konnte, ohne seinen Sohn nach Hause zurück – Hans-Joachim hatte der Hungertod ereilt.)

Das sind keine Einzelbeispiele, sondern Belege für die mannigfaltige Art und Weise der Verschleppung von Menschen, um die Internierungslager zu füllen.

Mich berührt besonders das Schicksal des alten Bauern, von dem Margot erzählt. Das erste Lager – Frankfurt (Oder) –, in dem sie sich befand, sollte im September 1945 aufgelöst werden. Aus diesem Grunde wurden alle Häftlinge bis auf die Schwachen und Kranken zu Fuß in Marsch gesetzt. Das Ziel war Jamlitz. Die übrigen, darunter Margot als einzige Frau, transportierte man einige Tage später im LKW zum gleichen Bestimmungsort.

Auf freiem Feld an einem Waldrand hielt der Wagen, die Posten legten eine Pause ein. Vor der Weiterfahrt wurde wie üblich gezählt. Margot gibt, was dann geschah, sehr anschaulich wieder:

»Wir saßen alle zusammengedrängt auf dem offenen Hänger des LKW. Gregori, der als Dolmetscher dabei war, hatte zusätzlich eine Decke organisiert und einen Platz in der geschützten Ecke für mich ausgewählt. Die kaum überstandene schwere Tuberkulose hatte meinen Körper sehr geschwächt. Zwei Posten verriegelten, nachdem alle wieder aufgestiegen waren, die Ladeklappen und begannen, mit den Fingern auf die Häftlinge weisend, laut zu zählen, einmal, zweimal... Ein lautes Fluchen folgte, die Kopfzahl stimmte nicht! Auch wir hatten bemerkt, daß einer fehlte. Diesem einen war es gelungen, heimlich zu entfliehen.

Was dann geschah, ließ mich vor Angst erstarren. Die Posten zogen die Gewehre, richteten sie auf uns, redeten auf Gregori ein. Er mußte uns übersetzen, daß wir alle vom Wagen runter müssen. Danach mußten wir uns in einer Reihe aufstellen.

Jetzt standen wir uns gegenüber: auf der einen Seite der Landstraße wir, die Häftlinge, auf der anderen alle Wachposten mit dem Gewehr im Anschlag. Ich glaubte, meine letzte Stunde sei angebrochen, da fühlte ich Gregoris warme, gute Hand, die meine eiskalte Linke umschloß.

Der begleitende Offizier wollte soeben zu sprechen beginnen, da wies einer der Posten erregt in die Fahrtrichtung. Von dort her rollte ein Pferdegespann auf uns zu. Der Bauer kam wohl vom Feld heim, denn der Wagen war beladen.

Sofort ließ der Offizier von uns ab, ging mit zwei Wachposten auf das Gefährt zu, befahl dem Bauern anzuhalten.

Dann geschah das Unglaubliche: Die Wachposten ergriffen den alten Mann, schleiften ihn zum Lastwagen, bedeuteten uns, ebenfalls aufzusteigen, und begannen, von neuem zu zählen.

Die Kopfzahl stimmte – ab ging die Fahrt. Pferd und Wagen blieben verlassen am Feldrand stehen.«

Margot sagt, daß dieses Bild sie ihr Leben lang verfolgen wird. In Mühlberg tritt es ihr einmal in aller Schärfe vor Augen.

Nach einer schweren Krankheit wird sie in die Reinigungsbrigade aufgenommen. Das ist für alle Genesenden eine besondere Vergünstigung, weil sie Zusatzverpflegung erhalten. Bei einem sowjetischen Offizier verrichtet sie leichte Hausarbeiten. Dazu muß sie jedesmal das Männerlager durchqueren, denn die Offiziere wohnen im Vorlager. Die Formalitäten beim Durchlaß nehmen einige Zeit in Anspruch.

Während des Wartens steht sie eines Tages dicht vor dem Außentor einem abgemagerten, zusammengefallenen Mann gegenüber, der sie überrascht anspricht:

»Mädelchen, daß ich dich noch mal sehe, erinnerst du dich? Du warst doch dabei, als mich die Russen mitgenommen haben.« Margot erschrickt. Was ist aus dem einst stattlichen Bauern geworden. Niemals hätte sie ihn in dieser Verfassung wiedererkannt. Er aber ist freudig bewegt und spricht weiter: »Welch ein Segen, daß ich dich treffe. Du wirst mir helfen, ja?« Margot verspricht es, ohne zu wissen, wie das geschehen soll.

Seine Bitte läßt sie erschauern. Er erzählt ihr, daß er dem Beerdigungskommando zugeteilt wurde. »Damit ist mein Urteil gesprochen«, sagt er, »niemand wird von uns je nach Hause gehen. Wir haben zu viel gesehen. Solche Zeugen entläßt der Russe nicht. Ich bitte dich, meine Angehörigen aufzusuchen, wenn du entlassen wirst. Sie wissen ja nicht, wo ich geblieben bin. Bringe du ihnen meine letzten Grüße!?«

Namen und Adresse seiner Familie im Gedächtnis, sieht Margot ihm nach – ein Unschuldiger, den man benutzte, um eine Lücke zu schließen, und der selbst bei den Seinen für immer eine Lücke hinterläßt.

Spielmann Tod

Das ist das finsterste Kapitel, aber eines, das ich nicht auslassen darf, wenn ich die Lagerstationen rückschauend überblicke.

Dicht an unserer Seite schritt drei Jahre lang ein unsichtbarer Begleiter. Er fand Einlaß in jedes Lager, Tür und Tor standen ihm offen.

Ursula Walther beschrieb ihn in einem ihrer Gedichte als Spielmann, der seine Opfer mit dem Klang seiner Fiedel betört:

> »... Er hebt seine Fiedel beschwörend ans Kinn
> und streicht mit dem Bogen hart über sie hin,
> er geigt, und er ruft mit gar trotzigem Mut.
> Weh' dem, der es hört, dem gefriert das Blut.«

Deutlich erinnere ich mich an die erste nahe Begegnung mit diesem Spielmann.

Ketschendorf, Sommer 1946. Die Ruhr grassiert! Im Männerlager steigert sich die Zahl der Toten täglich. Fast jede zweite Frau erleidet den Verlust eines Nahestehenden oder Bekannten.

Auch Fälle von Typhus häufen sich, hervorgerufen durch katastrophale hygienische Verhältnisse, begünstigt durch Unterernährung und fehlende körperliche Widerstandskraft.

Fünf Frauen sind bereits erkrankt und wurden von den anderen getrennt. Eine, die 17jährige Hanna, stirbt, während ihre ältere Schwester Eliesabeth die Krankheit übersteht. Die anderen liegen noch im Lazarett, ihre Aussicht auf Genesung ist fraglich, denn die Voraussetzungen für eine erfolgreiche Behandlung sind nicht gegeben. Ohnmächtig und stumm stehen wir dem Fiedeln des Sensenmannes gegenüber.

Eines Tages dringt der Hauch des Todes in unser Zimmer, berührt uns alle, läßt uns erstarren. Frau Kr. erreicht im Badehaus die Nachricht vom Tod ihres Mannes. Ein Bekannter aus ihrem Ort teilt ihr mit, daß er am Vortag verstarb – nicht an Typhus oder an einer anderen Krankheit, sondern an den Folgen einer Operation. Mit plötzlich auftretenden Schmerzen brachte man ihn ins Lazarett. Der Arzt – ebenfalls ein Bekannter des Ehepaares Kr. – stellte eine Blinddarmentzündung fest. Er mußte operieren, obwohl keine Bedingungen für eine erfolgreiche Operation gegeben waren, denn die wenigen vorhandenen Instrumente konnten nicht genügend sterilisiert werden. Ein Durchbruch des Blinddarms wurde verhindert, der Patient überstand die Operation. Am nächsten Tag starb er an einer bakteriellen Infektion.

Frau Kr. liegt tagelang reglos auf ihrem Bett, spricht nicht, ißt nicht, weint nicht.

Ich bin von dem Geschehen tief ergriffen. Es ist nicht die erste Todesnachricht, die auch mich berührt. Als Rosemarie die Nachricht vom Tod ihres Vaters übermittelt bekam, nahmen Gerti und ich Anteil. Rosemarie wußte seit langem, daß es schlecht um ihren Vater stand, sie bangte um ihn, immer hoffend, daß er sich wieder erholen würde.

Zuerst wollte sie nicht glauben, was man ihr sagte, dann brach sie in hemmungsloses Weinen aus. Sie ließ sich wie ein Kind in die Arme nehmen und fand nach und nach Trost in unserem Zuspruch. Mutter und Schwester warteten zu Hause, das stärkte ihren Lebensmut.

Anders war es bei Eliesabeth, die allein, ohne ihre Schwester Hanna, aus dem Lazarett zurückkehrte. Um sie hatten wir große

Sorge, weil sie von Natur aus schwächlich und wenig willensstark war. Aber mit unserer Hilfe überstand Eliesabeth die Krise und sah eine Aufgabe darin, daß wenigstens sie ihren Eltern erhalten bleiben mußte.

Was aber ist bei Frau Kr. zu tun? Alle Worte des Trostes verlieren ihren Sinn.

Die Eheleute Kr., beide zur gleichen Zeit verhaftet, hielten sich gegenseitig aufrecht, einer sprach dem anderen Mut zu. Die kurzen Begegnungen beim Baden zählten für beide zu den glücklichsten Minuten, aus denen sie Kraft zum Überleben schöpften. Nach jedem Treffen erzählte uns Frau Kr. bewegt aus ihrem Eheleben. 20 Jahre waren sie miteinander verheiratet. Zu ihrem Leidwesen blieben ihnen Kinder versagt. Vielleicht erwuchs gerade dadurch die innige Hinwendung zueinander.

Die ganze Tragik des Falles wird mir bewußt, wenn ich daran denke, daß dieser Mann nicht zu sterben brauchte. Hat der Spielmann zu wenig Opfer unter den Schwachen, von Seuchen Geplagten gefunden? Muß er auch noch willkürlich unter den nicht Todgeweihten wüten?

Die älteren Frauen bemühen sich um Frau Kr., versuchen, sie zum Essen zu bewegen. »Für wen?«, fragt sie, »für wen soll ich weiterleben? Draußen wartet keiner auf mich.« Streckt der Spielmann schon seine knöcherne Hand nach Frau Kr. aus? Wird sie sein nächstes Opfer?

Viel später erst erfahre ich, daß sie verschont blieb und daß ich den Anlaß dazu gab, denn der ungebetene Gast, der in unser Zimmer eindrang, hat nicht die 40jährige Frau auserkoren, er wendet sich mir zu, ich spüre seinen eisigen Atem. Zunächst klage ich über Gliederschmerzen und ständigen Druck im Kopf, messe aber den Symptomen keine Bedeutung bei. Bis auf die üblichen Kinderkrankheiten habe ich in meinen 21 Lebensjahren niemals krank gelegen.

Es wird eine Grippe sein, vermute ich. Aber ich fühle mich so matt und zerschlagen, daß ich beim Zählappell kaum stehen kann. Den Weg zum »Stadtrand« (Toilette) bewältige ich nicht mehr allein. Doch ich will Gerti nicht beunruhigen. Im Zimmer habe ich mich mit einigen Mädchen angefreundet, die mir jetzt helfen. Marianne, Christel und Ilse, zu denen sich ein besonders herzliches Verhältnis angebahnt hat, begleiten mich abwechselnd dorthin, manchmal zu zweit.

Käthe, unsere Zimmerälteste, betrachtet meinen Zustand mit Besorgnis, sie spricht mit Gerti, überlegt, ob es nicht besser sei, mich ins Lazarett zu bringen. »Es könnten Anzeichen von Typhus sein«, gibt sie zu bedenken.

Frau Kr., die das Gespräch mit anhört, erwacht aus ihrer Lethargie, mischt sich ein: »Nein, nicht ins Lazarett! Ihr wißt genau, daß dort auch nichts gemacht wird. Gestern starb wieder eine Frau.« »Was soll aber geschehen?«, Käthe scheint ratlos, »die anderen werden nicht dulden, daß wir sie hierbehalten.« Frau Kr. überlegt, sie ist plötzlich wie umgewandelt: »Niemand darf wissen, was wir vermuten. Ich pflege Ursula, ich habe keine Angst vor der Ansteckung. Das Mädchen bleibt hier.«

Käthe, die mir sehr zugetan ist, erklärt sich schließlich einverstanden. Aber sie verlangt, daß Gerti vorläufig fernbleibt, um keinen Verdacht zu erwecken.

Ich selbst weiß nichts von all dem. Fieberwellen schütteln meinen Körper – in meinem Kopf dröhnt es: »Du bist dran, du bist dran!«

Dann fühle ich mich hochgehoben, weggetragen, legt man mich schon in den Sarg?

Wie aus weiter Ferne dringt Gelächter zu mir, schrille Stimmen übertönen sich: »Es gibt keine Särge! – Keine Särge!« – »Keine Särge!« Ein ganzer Chor wiederholt den Ausruf.

Neben mir postiert sich eine Gestalt. Verschwommen sehe ich Käthes Gesicht. Oder ist es Frau Kr., die mir die Hand auf die Stirn legt? Nein, so kalt kann keine Menschenhand sein – das ist der Ketschendorfer Spielmann...

Bilder ziehen an mir vorüber: Der Zug der Todgeweihten schleppt sich die Lagerstraße entlang. Männer, zum Skelett abgemagert, was haben sie vor? Ein Posten hält sie auf, ruft gebieterisch: »Zurück! Alle zurück!«

Herrn Krüger entdecke ich unter den Hunderten, ich erkenne ihn nur am Gang, er hat kein Gesicht mehr...

Die Szene wechselt. Da liegt bewegungslos ein Mann, in eine graue Decke gehüllt, auf einem rostigen Bettgestell, fahles Licht läßt den Raum gespenstisch erscheinen. Plötzlich drängen sich ausgemergelte Gestalten um das Lager, reden durcheinander: »Nimm die Decke!« – »Er braucht keine Decke mehr!« – »Nein, gib sie mir, ich friere!« – »Es ist so kalt!« Die Decke wird hinweggezogen, ein Mann tritt in die Tür, packt den leblosen Körper, schleift ihn fort. »Wohin?«, fragt einer. »Das wirst du bald selber sehen!«, lautet die Antwort. Schallendes Gelächter ertönt, dazwischen schrille Geigentöne – der Spielmann ist da...

> »Er prüft seinen Bogen, den Kopf stolz zurück,
> ›Nun hör', alte Fiedel, nun bringe mir Glück.‹
> In düstren Baracken, mit Männern knüllvoll,
> dort spielt er die Geige, besessen und toll...«

Lohnend ist sein Auftritt in dieser Nacht.

Und wieder sehe ich einen Troß, der sich zum Lagertor bewegt – voran der Spielmann mit sieghafter Miene und wehendem Mantel. Ein Karren holpert über das Pflaster, vollgepackt – nackte Arme und Beine ragen heraus. Zwei Männer, vornübergebeugt, ziehen die schreckliche Fracht. Die Hinterherschlurfenden tragen Schippen über den Schultern, von der Last schier erdrückt. Willenlos streben alle dem Ausgang entgegen – niemand hält den nächtlichen Zug auf.

Ich spüre, daß jemand ganz dicht bei mir ist. Eine bekannte Stimme sagt: »Sie muß das einnehmen – halte mal den Kopf hoch.«

Danach wird es still – totenstill.

»So leicht ist das Sterben«, denke ich...

Langsam, ganz langsam kehrt das Bewußtsein zurück. Wo bin ich? Das ist nicht mein Bett!

Irgendwer hält meine Hand, ich höre meinen Namen. Darf ich es wagen, die Augen zu öffnen?

Ein Aufschluchzen läßt mich hochschrecken – ich blicke in Gertis Gesicht. Jetzt nehme ich auch wahr, daß ich oben im Bett von Frau Kr. liege. Sie steht neben Gerti und sagt: »Das Schlimmste scheint überstanden«, und zu mir gewandt, fügt sie hinzu: »Wir haben deine Freundin geholt, damit sie bei dir ist, wenn du erwachst.«

Eine Woche lang soll ich so zugebracht haben. Daß ich am Leben bin, verdanke ich Frau Kr. Derselbe Arzt, der ihren Mann nicht retten konnte, verschaffte ihr Chinin. Der Spielmann ist geschlagen!

Trotzdem bin ich noch lange nicht über den Berg. Meinen Körper bedecken kleine rosarote Flecken, die nicht wie Flohstiche aussehen. Das Fieber steigt wieder an.

Die Frauen im Zimmer werden unruhig. Bisher war es Käthe und Frau Kr. gelungen, meine Krankheit als Grippe zu tarnen. Wenn die meisten auch Käthe nicht glaubten, gegen Frau Kr's. Meinung kamen sie nicht an. Glücklicherweise waren auch die Zimmerbewohner tagsüber draußen, um das warme Sommerwetter zu genießen. Und wenn meine Pflegerinnen das Bedürfnis nach frischer Luft hatten, erklärte sich Hannelore, die Neue in unserem Zimmer, bereit, an meinem Bett zu wachen. Doch jetzt verlangen besonders die älteren Frauen: »Sie muß ins Lazarett, das ist für alle besser.«

Frau Kr. verspricht, mit »ihrem« Arzt zu reden – und dem gelingt es wirklich, Antibiotika aufzutreiben und es über eine Schwester einzuschmuggeln.

Aber Käthe ist sich dessen bewußt, daß etwas geschehen muß. »Wir können Ursel nicht länger vom Zählappell fernhalten. Frau H. wird sonst mißtrauisch, und wenn eine Kontrolle kommt, bringt man sie weg.«

Käthe hat Verbündete in Marianne, Ilse und Christel, die sie schon zuvor eingeweiht hat. Sie legen mich wieder in mein Bett und bewegen Lotti zu einem befristeten Umzug. Abwechselnd schleppen sie mich dann jeden Morgen mit zum Zählappell, Hannelore hilft dabei, und die Medizin tut ihre Wirkung.

Ein guter Stern steht auch über dieser Aktion, denn die Zählappelle dauern im Augenblick nur kurze Zeit. In der Kommandantur sind Umwälzungen im Gange – Ablösungen stehen bevor, da hat man andere Sorgen. Aus diesem Grunde entfallen ebenfalls die Zimmerkontrollen.

Es dauert lange, bis ich wieder einigermaßen zu Kräften komme. Der Nahrungsentzug über mehrere Tage wirkt sich aus. Käthe achtet darauf, daß ich noch kein Brot esse und von der Graupensuppe nur das Flüssige zu mir nehme. Zur Abendmahlzeit versorgen mich meine Zimmerkameradinnen mit Graupenbrühe, die sie von ihrer Mittagsration abgeschöpft haben. Dafür bekommen sie mein Brot und die dicken Reste meiner Suppe.

Eine neue Gefahr bedroht mich. Hannelore, die mich ständig zur Toilette begleitet, weil ich den Weg allein noch nicht schaffe, entgeht es nicht, daß ich Blut im Stuhl habe. Wohl mehr aus Sorge als aus böser Absicht sagt sie das im Zimmer. Sogleich wird der Argwohn der Frauen wieder wach: »Also war es doch Typhus, wir werden uns anstecken.«

Dieses Mal hat Käthe einen schweren Stand. Schließlich gelingt es ihr, die Verängstigten zu beschwichtigen. Ich helfe dabei, indem ich durch ungeheure Willensanstrengung vortäusche, wieder völlig gesund zu sein.

Was der Mensch vermag, wenn er in Not ist!

Nicht verheimlichen läßt sich der Haarausfall. Ganze Büschel habe ich im Kamm. Wieder weiß Käthe Rat: »Wir schneiden dir die Haare ganz kurz, dann fällt es nicht so auf, und sie wachsen auch besser nach.«

Das ist fast zwei Jahre her, und mit dem Nachwachsen sieht es immer noch spärlich aus. Langes Haar – wie vor meiner Verhaftung – werde ich wohl nie mehr tragen können. Aber damit muß ich mich abfinden. Viel mehr erschreckt mich, daß ich nur knapp ein zweites Mal dem Spielmann Tod entkommen bin.

Hier in Mühlberg stellt er es geschickter an, seine Opfer zu umgarnen. Nicht mit wildem Spiel tritt er auf den Plan, er bedient sich der leiseren Töne. Schleichende Krankheiten, ganz harmlos beginnend, verhelfen dem fiedelnden Sensenmann zu reicher Ernte.

Eine von ihnen ist die Dystrophie.

Hervorgerufen wird sie durch Unterernährung, vor allem durch Eiweiß- und Vitaminmangel. Kennzeichen des Verlaufes sind Wasseranreicherungen im Körper, Störungen der Herz- und Kreislauftätigkeit, allmählicher körperlicher Abbau durch Muskelschwund bis zur völligen Abmagerung und letztlich geistig-psychischer Verfall des Betroffenen. Wenn der Patient nicht durch bessere Ernährung gerettet wird, tritt der Tod ein.

So habe ich das nicht gesehen, als ich bei der zweiten gründlichen Untersuchung durch die Ärztekommission in Mühlberg mit »Dystrophie ersten Grades« eingestuft werde.

146

Da es mir gesundheitlich seit Mitte Februar 1947 gar nicht gut ging, mußte ich mich in ärztliche Behandlung begeben. Das ist in Mühlberg üblich, denn die internierten Ärzte durften unter Bewachung Teile ihrer eigenen Praxis ins Lager holen und sich hier einrichten. Sie arbeiten unter der Kontrolle sowjetischer Lagerärzte, die aber selbst keine Häftlinge behandeln.

Bei den regelmäßig stattfindenden Gesundheitskontrollen habe ich wegen meines schlechten Blutbildes und einer sich ausweitenden Hautkrankheit bereits vorher Eigenblutübertragungen verordnet bekommen – insgesamt sechs.

Der Arzt erklärte mir, daß diese Art der Therapie den Körper sehr belasten würde. Das spürte ich bald. Nach jeder Injektion fühlte ich mich elend, hatte keinen Appetit, konnte mich zu keiner Tätigkeit aufraffen. Noch vor der letzten Eigenblutübertragung wurde ich wegen dieser lebensbedrohenden Mangelkrankheit Dystrophie in die Revierbaracke eingewiesen.

Von einer Krankenschwester höre ich erstmalig, was mich erwartet hätte – ein totaler Abbau aller Körperorgane sowie völlige geistige Verkümmerung bis zum Absinken auf die primitivste Stufe des Menschseins.

Nur dem Umstand der bevorstehenden Entlassung verdanke ich, nicht doch auf dem »Sehnsuchtshügel« in Mühlberg zu landen. Wir wissen, daß in dem gleichnamigen Waldbereich außerhalb des Lagers die Mühlberger Toten verscharrt werden.

Dort fand auch Ursel von Bredow einen Platz im Massengrab. Sie ging in totaler geistiger Umnachtung elend zugrunde. Alle Bilder meiner Fieberträume in Ketschendorf sind bittere Realität.

Der unheimliche Zug der Toten bewegt sich jede Nacht durch das Lagertor – in Ketschendorf – in Jamlitz – in Mühlberg – in allen Internierungslagern des NKWD.

Alles, was mit dem Sterben von Häftlingen im Zusammenhang steht, wird von russischer Seite streng geheimgehalten. Es gibt aber unzählige Zeugen, die mitansehen müssen, wie ihre Kameraden von der eisigen Hand des Spielmanns gewürgt und ausgelöscht werden.

Christel, die in Ketschendorf nach drei Tagen ihre Arbeit im Lazarett aufgeben mußte, weil sie mit ihren 18 Jahren dem Anblick des Dahinsiechens der Gequälten nicht gewachsen war, ist

»Sehnsuchtshügel« in Mühlberg. Zeichnung eines Häftlings

nicht die einzige, die sich von ihren grauenvollen Erlebnissen bei uns freispricht.

Schwester Gerda, der als Krankenschwester »draußen« das Sterben mehrfach begegnete, ist in Mühlberg immer aufs neue vom Auftritt des Spielmanns erschüttert, der mit hohlem Grinsen seine Opfer besonders unter den ihr anvertrauten Jugendlichen im Lazarett sucht. Mit Bangen tritt sie morgens den Weg zur Arbeit an, wissend, daß wieder einige Betten in ihrem Bereich leer sein werden.

Sie weiß genau, was geschieht, wenn einer ihrer Jungen den letzten Atemzug getan hat. Die Leichenträger rücken an, entkleiden den Körper und schleifen ihn mehr, als sie ihn tragen, zur »Sammelstelle«, denn die Häftlinge, denen dieses traurige Amt auferlegt ist, besitzen oft selbst nicht genügend Kräfte zum Tragen. Im Vorraum erkennt Schwester Gerda schon an dem Packen der zur Desinfektion bestimmten Kleidung, wer dieses Mal das Bett für den nächsten Todgeweihten räumte.

Auch über die Arbeit des B-Kommandos (Beerdigungskommandos) soll Stillschweigen gewahrt werden. Aber alle Versuche der Geheimhaltung scheitern. Trotz strenger Isolierung der »Totengräber« dringt die Kunde von den nächtlichen Bestattungen in die äußersten Barackenwinkel und erreicht auch das Frauenlager.

In Ketschendorf erfuhr Frau Kr. von dem Arzt, der ihren Mann operierte, daß die Leichen auf zweirädrige Karren geladen, unter Aufsicht mehrerer sowjetischer Posten von Angehörigen des B-Kommandos in das sogenannte Wäldchen nahe der Autobahn Frankfurt (Oder) – Magdeburg transportiert und dort in ausgehobene Gruben »geschüttet« werden.

Die Toten in Jamlitz liegen in Massengräbern in einer Waldschonung an der Bahnlinie nach Guben. Zur Tarnung müssen Häftlinge eines Arbeitskommandos tagsüber die frischen flachen Hügel mit Bäumchen bepflanzen. Es ist in Jamlitz ein offenes Geheimnis, daß dort bald ein neuer Wald heranwachsen wird.

In Mühlberg hört Schwester Gerda von einem Angehörigen des B-Kommandos, wie groß die Sorge der Lagerleitung ist, daß die Anzahl der Verstorbenen bekannt werden könnte. Aus diesem Grunde stehen ihm und anderen demnächst »Versetzungen« bevor. Das bedeutet im Klartext: »Überführung« in ein anderes Lager oder Deportation.

Mit Entsetzen vernehmen wir die durch Flüsterpropaganda verbreiteten Angaben über die anwachsende Menge der nächtlich Verscharrten. Im Hungerwinter 1946/47 spricht man in Ketschendorf von 40 bis 50 Toten in der Nacht. In Mühlberg sollen es im Dezember 1946 täglich bis zu 90 gewesen sein, denen der unermüdlich fiedelnde Geselle das Lebenslicht ausblies.

Doch warum – so fragen wir uns – geht der Spielmann vorwiegend in den Männerbaracken nach Belieben ein und aus? Alle Häftlinge leben doch unter gleichen Bedingungen: überfüllte Unterkünfte, ungenügende Verpflegung, unzureichende hygienische Bedingungen. Trotzdem liegen die Sterbeziffern bei den Männern weit höher. Besitzen die Frauen größere Widerstandskraft?

Ursel Walther sieht es so:

> »Zum Lager der Frauen er späterhin eilt,
> es kann niemand sagen, wie lang er verweilt.
> Hier hat er es schwerer, sie halten ihm stand,
> sie haben den Fremden rechtzeitig erkannt...«

Wo auch immer die Ursachen zu suchen sind:

Jedes Opfer des Spielmanns ist eines zuviel, jede Schippe Sand über einem Toten klagt an!

Bewahrenswertes

Hier, in der Mühlberger Revierbaracke, wird mir beim Warten auf den Tag meiner Entlassung in aller Deutlichkeit bewußt, was hinter mir liegt: Drei Jahre ohne Adresse! Unauffindbar im Heimatland.

Jedem Schwerverbrecher – wo auch immer er seine Strafe verbüßt – ist es gestattet, mit seinen Angehörigen Kontakt zu halten, Besuche zu empfangen, mit einem Rechtsbeistand an seiner Seite sich und seine Sache zu verteidigen.

Selbst Häftlinge in Konzentrationslagern der Nazis durften ihren Familien Lebenszeichen geben, und sei es nur in Form eines durch die Zensur gegangenen Kartengrußes.

Unser Schicksal wird ohne Beispiel in den Geschichtsbüchern stehen – wenn es jemals überhaupt ans Tageslicht gelangt. Darum will ich heute in dieser Stunde der Bilanz über drei verlorene Jahre meines Lebens unauslöschlich in meinem Gedächtnis aufzeichnen, welcher Verbrechen gegen die Menschlichkeit Tausende zum Opfer fielen.

Nie vergessen werde ich, daß in diesen drei Jahren Unzählige an Typhus, Ruhr und an Folgen der Unterernährung starben, daß die Angehörigen keine Kenntnis von Zeit, Ort und Ursache ihres Todes erhielten.

Wird man einst die Stätten des Grauens finden, wo menschliche Leiber, nackt und bloß, vom Karren gekippt, mit Chlorkalk überschüttet und wie Tiere verscharrt wurden? Nur die Bäumchen, von Häftlingen auf den Hügeln gepflanzt, um die Spuren zu verwischen, werden unaufhörlich wachsen, ihre Zweige zum Himmel recken und eine eigene Sprache sprechen.

Niemals vergessen darf ich die, die, physisch und psychisch gebrochen, nur als Schatten ihrer selbst den Weg in die Heimat antreten werden, für die es kaum Hoffnung auf endgültige Heilung gibt.

150

Im Gedächtnis werde ich behalten, daß viele Menschen zu retten gewesen wären, hätten sie rechtzeitig eine menschliche Behandlung erfahren. Dabei denke ich vor allem an die im Lager geborenen Kinder, denen die Lagerbedingungen keine Lebenschance einräumten, und auch an die jetzt Zwei- bis Dreijährigen, die zwar überlebten, aber in ihren wichtigsten Entwicklungsetappen Schaden an Leib und Seele nahmen. Immer werde ich das Bild des kleinen Hansi vor Augen haben, dem nicht einmal jetzt – da viele andere im Zuge einer großen Aktion entlassen werden – die Aussicht auf ein normales Leben eingeräumt ist.

Unauslöschlich einprägen will ich mir auch das Los der Ursel von Bredow.

Wie sie selbst – in Augenblicken klaren Bewußtseins – erzählte, machte sie sich zum Vorwurf, in qualvollen Vernehmungen, begleitet von körperlichen Mißhandlungen, schließlich das Versteck ihres Vaters und ihrer Brüder – Offiziere der Deutschen Wehrmacht – preisgegeben zu haben.

Damit nicht genug. Völlig gebrochen und seelisch zerrüttet, wurde sie noch wochenlang in GPU-Kellern festgehalten und letztendlich in das Lager Ketschendorf eingeliefert. Ursel hat nie erfahren, ob man ihrer Angehörigen habhaft wurde oder ob diese sich in Sicherheit bringen konnten. Ursels Leben hingegen war zerstört. Nur eine Überführung in eine Heilanstalt hätte ihr Rettung bringen können. Im Lager mußte sie zugrunde gehen. Immer nur kurze Zeit konnte sie in unserer Gemeinschaft leben, denn ihr Zustand erforderte zeitweilig zu ihrer eigenen Sicherheit eine Isolierung.

In Ketschendorf stand dazu nur der Bunker zur Verfügung. Der Aufenthalt dort hatte eine weitere Verschlechterung ihrer Gesamtverfassung zur Folge.

In Mühlberg konnte für sie in Perioden absoluter Unzurechnungsfähigkeit ein Einzelzimmer im »alten« Frauenlager eingerichtet werden, in dem sie dahinsiechte und schließlich verstarb. Ursels tragisches Schicksal veranschaulicht besonders deutlich die Brutalität der stalinistischen Diktatur.

Und so erhebe ich in dieser Rückschau Anklage gegen die Schuldigen, gegen Unmenschlichkeit und Terror.

Nicht Haß auf die sowjetischen Menschen erfüllt mich. Viele

unserer Bewacher trugen ein menschliches Antlitz, versuchten, die Haftbedingungen einzelner zu erleichtern, und fielen dadurch selbst in Ungnade. Die Strafen konnten bis zur Liquidierung reichen.

Mich wird auch das Gefühl des Hasses nicht begleiten, wenn ich meinen Heimatort betrete. Aber tiefe Bitterkeit breitet sich in meinem Innern aus, Bitterkeit darüber, daß Menschen aus meiner unmittelbaren Umgebung, die mich und mein Elternhaus kannten, für diese drei Jahre verlorener Jugend verantwortlich sind.

Wenn ich nach Hause komme, bin ich 23 Jahre alt und zähle zu den Erwachsenen. Für mich gab es keine Möglichkeit, »jung« zu sein, unbefangen alles zu genießen, was mit dem Wort Jugend verbunden ist.

Als ich 14 Jahre alt war, begann der Krieg und warf seine Schatten auch über unsere Familie. Die wenigen Monate nach Kriegsende bis zu meiner Verhaftung brachten neues Leid, denn die Angehörigen meiner Mutter wurden aus ihrer Heimat im Warthegau vertrieben und erlebten Schreckliches auf der Flucht.

Was blieb mir? Am Tage die Arbeit im Kindergarten und abends die Betreuung fünf elternloser Kinder – ihr Vater war im Krieg vermißt, die Mutter von Sowjetsoldaten in Haidemühl erschossen worden. Nachts löste mich dann eine Beauftragte des Bürgermeisters ab, sonntags übernahmen wir umschichtig die Pflege der Kinder und die Versorgung des Haushalts.

Was bleibt mir heute? An welchen Folgen werde ich zu tragen haben? Ein bisher unbekanntes Gefühl beginnt mich zu beherrschen – die Angst. Ein Begriff, dessen Inhalt mir bis zum Tag meiner Verhaftung nicht im vollen Ausmaß bewußt war.

Ich muß daran denken, daß ich als Kind einmal nachts allein in unserem abgelegenen Haus blieb, als ein mächtiges Gewitter losbrach. In großer Sorge um mich kehrten meine Eltern auf schnellstem Wege heim. Mir war das unverständlich, und ich fragte: »Warum habt ihr denn nicht gewartet, bis das Unwetter vorbei ist? Ihr Armen seid ja ganz durchnäßt.« »Wir wollten dich doch nicht allein lassen, hattest du keine Angst?«, wollte meine Mutter wissen. »Wovor soll ich mich fürchten? Ihr habt mir doch gesagt, Gewitter sei ein natürlicher Vorgang«, gab ich zur Antwort. Ob ich allein zu Hause war, ob bei Streifzügen durch den nahe gelegenen Wald oder in Situationen, die sonst Kinder ängstigen – mir war dieses Gefühl fremd.

Selbst in den letzten Tagen des Krieges, die wir, von Bombenangriffen und Tieffliegern bedroht, in unsicheren Unterkünften zubringen mußten, siegte der Glaube, verschont zu bleiben, über aufkeimendes Bangen.

Jetzt weiß ich, daß mich jedes laut klirrende Geräusch an das Zuschlagen der Gefängnistüren erinnern wird, daß mich die schrecklichen Bilder der Todeszüge aus dem Schlaf reißen werden.

Doch ich muß mich auch fragen: Was nehme ich außer den schlimmen Erinnerungen mit nach Hause? Keine Zeit wird umsonst gelebt, und verloren sind die Jahre für mich nicht, wenn ich bedenke, daß ich neue Erkenntnisse gewann, daß sich meine Persönlichkeit formte.

Mein weiterer Weg wird geprägt sein vom beispielhaften Handeln und Verhalten der Häftlinge, die unter unmenschlichen Bedingungen Würde und Menschlichkeit bewahrten.

Des Aufhebens wert sind beglückende Ereignisse, die uns inneren Reichtum schenkten. Es wäre unwahr zu behaupten, daß wir in diesen Jahren keine schönen Stunden verlebt hätten. Zu solchen voller Sehnsucht erwarteten Höhepunkten zählten für mich die regelmäßigen »Kultura«-Besuche in Mühlberg.

Ich erinnere mich...

Luise steht auf der Bühne – Schillers Luise –, das schlichte Bürgermädchen, dessen aufrichtige Liebe an den Grenzen der Gesellschaft scheitern muß.

Wie oft habe ich das Drama gelesen, die Rolle der Luise studiert – aber nun ist sie lebendig geworden. Marianne Simson verkörpert sie mit ihrem ganzen Ich. Das mitzuerleben, ist für mich so wertvoll, weil ich erkenne, daß die Figuren des Dichters erst dann Gestalt annehmen, wenn der Schauspieler sich selbst einbringt.

Nach der Vorstellung bin ich derart aufgewühlt, daß ich das Erlebte nicht allein verarbeiten kann – ich muß mit Elfriede darüber sprechen.

Ein anderes, ähnliches Theaterereignis hallt in mir nach...

Die »Friederike« – Marianne Fischer, unsere Muschi, haucht ihr mit der gleichen Hingabe Leben ein wie Marianne Simson den von ihr dargestellten Frauengestalten.

Eigentlich mochte ich Goethe nie so recht, Schiller stand mir näher. Nun finde ich durch »Friederike« – dank Muschis Können – den Weg zu Goethe und zu seinen Werken. Zu Hause werde ich den Faust, den ich bisher abgelehnt habe, lesen, werde mir weitere Werke Goethes erschließen. Das nehme ich mir fest vor. Elfriede bestärkt mich darin. »Goethe zu verstehen ist einfach, wenn du dich seiner Dichtung öffnest«, gibt sie mir mit auf den Weg.

Neben diesen und ähnlichen beeindruckenden Erlebnissen stehen viele scheinbar unwesentliche Begebenheiten. Eine davon will ich für immer aufbewahren...

Da ergreift eine Frau, die bisher im geschäftigen Getriebe des Mühlberger Lagerlebens nicht in Erscheinung trat, eine ungewöhnliche Initiative – sie organisiert ein Treffen aller Spremberger.

Es ist Frau Sch., mit der ich in Welzow für zwei Tage den Raum in der Feuerwache teilte. Sie ermittelt auf eigene Faust, welche Frauen und Mädchen aus dem Heimatkreis im Lager leben. Das ist keine einfache Sache. Listen, in die sie einsehen kann, gibt es nicht. (Jedenfalls stehen sie uns nicht zur Verfügung.) So muß sie von Baracke zu Baracke gehen, selbst forschen und Helfer für dieses Vorhaben gewinnen.

An einem Sonntag trifft sie dann mit einigen Mädchen, zu denen auch Rosemarie gehört, umfangreiche Vorbereitungen für das Treffen. Holztische und Bänke müssen aus anderen Baracken geholt werden. Die Eingeladenen bringen ihren Becher für Kaffee und eine Scheibe Brot selbst mit, aber wir können die Scheiben auf den warmen Steinplatten des Barackenofens an Ort und Stelle aufrösten.

Stolz und freudig schaut Frau Sch. auf die Runde der Versammelten. Nie hätte ich vermutet, daß so viele Spremberger – es müssen an die 50 sein – sich hier zusammenfinden würden. Wie wichtig dieses Treffen für uns ist, empfinden wir in den Minuten des Beisammenseins.

Bedingt durch Lagerwechsel, Verlegungen innerhalb der Unterkünfte, Bindungen an neugewonnene Freundinnen, habe ich die Beziehungen zu den Leidensgefährtinnen aus den Heimatorten vernachlässigt. Ich sitze neben Elfriede W. und bin ihr seit Ketschendorf erstmals wieder nahe. Obwohl sie in Mühlberg in der gleichen Baracke wohnt, begegnen wir uns meist nur flüchtig. Jeder hat seinen eigenen »Familienkreis«, seine eigenen Probleme. Unwillkürlich finden sich unsere Hände, wir spüren inmitten der Fremde das Verbindende.

So mag es allen gehen, die am Tisch sitzen. Eine von uns stimmt das Lied unserer Heimat an: »Teurer Gau im deutschen Lande, Lausitzland, dir gilt mein Gut...«

Es sind nicht Tränen aus einem Gefühl der Rührseligkeit heraus, die uns über die Wangen rinnen, sie fließen in Gedanken an die Lieben zu Hause, in der Hoffnung, sie und unsere Heimat einst wiederzusehen.

> »Wo mir holde Zeiten blühten,
> ich die Zukunft dir vertrau',
> mög' der Himmel dich behüten,
> Lausitzland, mein Heimatgau.«

Nicht missen will ich vor allem die Erfahrungen aus der Begegnung mit anderen Menschen. Manche lernte ich näher kennen, einige nur flüchtig. Das ergab sich schon aus der Tatsache, mit Hunderten auf engstem Raum leben zu müssen.

Ich bin sicher, daß auch nach meiner Rückkehr hier geknüpfte Bande Bestand haben werden. An erster Stelle stehen meine »Familien«-Mitglieder Christa und Ruth. Mit Christel aus Fürstenwalde, Rita aus Luckenwalde, Ingrid aus Rangsdorf, Marianne aus Bornstedt – Mädchen meines Alters – tausche ich Adressen aus. Wir haben beschlossen, uns nicht aus den Augen zu verlieren.

Von meinen Gefährtinnen des Lyrik-Zirkels stehen mir Ursel Walther und Margot Göbeler am nächsten. Das, was uns hier verbunden hat, wird von Dauer sein.

In meinem Abschiedsgedicht für Margot drücke ich das so aus:

»...Und doch fühl ich beim Abschied keinen Schmerz,
ich weiß, mir schlägt ein gleichgesinntes Herz,
durchbricht wie ich der äuß'ren Trennung Schranken –
im ew'gen Strome münden die Gedanken...«

Bestimmte Begegnungen hinterließen tiefe Spuren. Beispielsweise veränderte sich unter Elfriedes Einflußnahme auf mein Denken und Fühlen meine gesamte Persönlichkeit. Durch sie wuchs mein Selbstvertrauen, sie lehrte mich, Herz und Verstand am rechten Ort und zur rechten Zeit im gesunden Wechselverhältnis zu gebrauchen. Ich werde nicht als das mit Komplexen behaftete, leicht beeinflußbare Mädchen heimkehren, denn ich lernte, mir ein eigenes Urteil zu bilden. Viele Lehrer kannte meine Schule des Lagerlebens.

Käthe nahm mich bei der Hand, half mir, meinen Platz in der Gemeinschaft zu behaupten. Die Devise der Frau Lehmann-Waldschütz, »große Freude an kleinen Dingen« zu empfinden, öffnete mir den Blick für Schönheiten, die nur auf das Entdecktwerden warten.

Helga, Muschi und Marianne Simson wurden mir zu Leitbildern, erschlossen mir die Hinwendung zum künstlerischen Wirken, schulten meine Ausdauer und stärkten den Willen, gestellte Ziele zu erreichen.

Aber auch solche Menschen wie Frau Krüger, die durch selbstlosen Einsatz mein Leben rettete, oder Frau M., die mit ihrem unverwüstlichen Optimismus zum Durchhalten anspornte, und nicht zuletzt Eliesabeth, die ich wegen ihrer tapferen Haltung bewundere, geben mir den Mut, an das Goethewort zu glauben:

»Edel sei der Mensch,
hilfreich und gut;
denn das allein unterscheidet ihn von allen Wesen,
die wir kennen.«

Der Tag X

»Sein Morgen wird wie jeder andre kommen
mit Nebelwolken oder Sonnenschein,
mit blauem Himmel oder Sturm und Regen,
für uns wird es der Tag der Tage sein.«

Worte von Gertrud Lehmann-Waldschütz, in Stunden des Hoffens und Bangens erdacht, die widerspiegeln, was jeden von uns in diesen Jahren bewegte – nur ein Gedanke: frei zu sein.

Er war der Rettungsanker, an den wir uns klammerten, der uns über Wasser hielt. Das begann mit der Einlieferung in das Lager Ketschendorf.

»Es geht ins Entlassungslager«, lauteten die Parolen im Cottbusser Gefängnis. Dort, so sagte man, sollten alle Verhafteten gesammelt, ordentlich verhört und entweder verurteilt oder freigelassen werden. Da ich mich keines Verbrechens schuldig fühlte, kam nur die Entlassung in Frage. Davon war ich während des Transportes fest überzeugt – erwartungsvoll fieberte ich dem Ziel entgegen. Beim Wiedersehen mit Gerti, mit den anderen Haidemühler Mädchen schwang Freude mit – jetzt nahte die Entscheidung, jetzt mußte etwas geschehen!

Erste Zweifel schlichen sich ein, als ich miterlebte, wie die Menschen hier, auf engstem Raum zusammengepfercht, dahinvegetierten. Warum denn, so dachte ich, müssen erst so viele umkommen, warum warten sie so unverantwortlich lange mit dem »Aussortieren« der Gefangenen. Gleichzeitig kam ich zu dem logischen Schluß: Wenn das große Sterben draußen bekannt wird, werden Proteste einsetzen, die Öffentlichkeit kann nicht unbeteiligt bleiben, die Behörden müssen einschreiten.

So begann das Warten auf den Tag X.

Eine Nachricht fliegt durch das Lager, verbreitet sich pfeilgeschwind: »Jetzt ist es soweit! Es gehen keine Lebensmitteltransporte mehr ein. Wenn die Vorräte aufgebraucht sind, ist hier Schluß. Weihnachten sind wir zu Hause.«

Das bringt Aufschwung. Der Tag X naht, mit Sicherheit. Rosemarie gerät außer sich vor Freude. »Vater kommt raus, wir gehn gemeinsam nach Hause.« Ihrem Vater geht es nicht gut. Bei den täglichen Rundgängen auf der Lagerstraße schleicht er förmlich am Zaun des Frauenzwingers vorüber, den hageren Körper nach vorn gebeugt.

»Er muß durchhalten«, redet sich Rosemarie selber ein, »er muß.« Um das zu erreichen, hilft sie nach, mehr als zuvor. Sie teilt jeden Morgen ihre Brotration in zwei Teile – ein Stück für Vater. Wer nicht selbst Angehörige aus dem Männerlager mit »versorgt«, beteiligt sich an der Hilfe. Das ist notwendig, denn die zarte Rosemarie wird immer schmaler.

Diese Aktionen sind gefahrvoll für beide Seiten. Jeder Kontakt über den Zaun wird mit Strafbunker geahndet. Diese bittere Erfahrung machte ich gleich in den ersten Tagen meines Ketschendorfer Lageraufenthaltes.

Jeder weiß, was Strafbunker bedeutet: Nahrungsentzug, tagelange Dunkelhaft in niedrigen, feuchten Kellern auf blankem Zementboden. Für die völlig entkräfteten Männer steht am Ende der sichere Tod. So treffen wir Vorsichtsmaßnahmen – nicht nur wegen der Posten, wir müssen uns auch vor den wachsamen Augen der Frau V. in acht nehmen, die Spitzeldienste leistet. Eine von uns hält deshalb Umschau, ob die Luft rein ist, gibt Zeichen, sobald Gefahr im Verzug ist.

»Not macht erfinderisch«, besagt ein Sprichwort. Ich für meinen Teil finde eine Lösung, um den Welzower Jungen so oft wie möglich von meiner Graupenration abzugeben. Da meine Teekanne nicht die gesamte Zuteilung erfaßt, besorge ich mir eine abgelegte, verbeulte kleine Blechschüssel, die ich darunter halte. Diesen Napf stelle ich, wenn der Posten mit dem Rücken zu uns steht, unter den Zaun. Dort haben die Jungen von ihrer Seite aus ein Loch ausgescharrt und getarnt.

Der geharkte Streifen auf unserer Seite vor dem Zaun erschwert das gewagte Unterfangen beträchtlich, dennoch bleibt es unentdeckt.

Die Aussicht auf baldige Entlassung scheint real zu sein. Wenige Wochen vor Weihnachten fallen die Brotrationen kleiner aus – sind es noch 200 g? Die Graupenbrühe wird wäßriger – also, bald muß Schluß sein!

Weihnachten kommt heran – wir hungern und frieren. Rosemaries Vater lebt nicht mehr. Für ihn ist der Tag X bereits angebrochen, nur anders als erhofft.

Das neue Jahr bringt neue Gerüchte. Sie klingen glaubhaft. Irgendwer hat sie von draußen eingeschleust, nun durchlaufen sie die Häuser, die Zimmer, hämmern in den Köpfen: Laut Beschluß der Alliierten ist jeder, gegen den nicht Anklage wegen eines Verbrechens erhoben werden kann, unverzüglich freizulassen.

Nun kann es nicht mehr lange dauern – oder doch? Vorbereitungen sind zu treffen – wir warten, geduldig, hoffend.

Der kalte Winter 1946 bricht über uns herein. Wir wärmen uns aneinander. Aushalten – zu Hause ist es warm.

In Ketschendorf wird es ebenfalls wärmer – der Winter hält Auszug –, wir bleiben. Doch jede Woche zittert ein Hoffnungsstrahl in unseren Herzen. Verheißungsvolle Nachrichten erreichen uns, wenn wir zur Entlausung oder zum »Baden« gehen.

Im geschlossenen Zug und unter Bewachung werden wir in das Gebäude gebracht, das sich im Männerlager befindet. Die Lagerstraße muß dann frei sein, keiner der Männer darf sich uns nähern. Aber während des Badens, das eher ein bloßes Benetzen der Haut ist, kommen wir doch mit Männern in Berührung, denn die Anlage wird von Häftlingen »bedient«. Da gibt es immer einige, die aus »sicherer Quelle« Meldungen im Flüsterton weitergeben:

»Der Termin rückt näher«. – »Mein Kumpel hat von einem sowjetischen Offizier erfahren, es geht los.« – »Die Iwans packen schon, Ketschendorf wird aufgelöst.« – »Zu Ostern sind wir nicht mehr hier.«

Frühling und Sommer ziehen vorüber, parolengeschwängert, Erwartungen auslösend, Enttäuschung hinterlassend.

Das aber ist der eigentliche Grund aller Parolen: Die Menschen zermürben!

Es ist überflüssig, Gewalt anzuwenden, eine andere Methode wirkt nachhaltiger, hinterläßt keine Spuren des Mordes!

Der »leise Tod« geht um in Ketschendorf. Er nahm Rosemaries Vater in seinen kalten Arm, er rafft die Jungen hinweg – halbe Kinder –, die nicht einmal Widerstand leisten. Er bemächtigt sich der Kranken, bläst ihnen seinen eisigen Atem ins Gesicht: Frau Krüger aus meinem Zimmer trauert um ihren Mann, Gerti beweint den Vater ihres Freundes, Christa verlor ihren Kameraden Max...

Eine schreckliche Erkenntnis übermannt mich: Ketschendorf ist ein Todeslager!

Es ist kein Zufall, daß so viele Menschen hier sterben – das ist geplanter, heimtückischer Mord.

Ende des Sommers zieht Optimismus ins Frauenlager ein. Wir

dürfen arbeiten. Außeneinsätze werden zusammengestellt – Feldarbeiten. Die Glücklichen! Eine Rübe, zwei, drei Kartoffeln schmuggeln sie manchmal mit ins Lager. Die anderen – auch ich – schneiden im Keller Kiefernnadeln. Das gibt einen kräftigen Vitamintee.

Da, eines Tages, das Außenkommando kehrt ins Lager zurück, stürzt unsere Mutter K. – wie wir die kleine, quirlige Frau nennen, die überall und nirgends ist – ins Zimmer, atemlos. Stoßweise bringt sie die Nachricht hervor: »Nächste Woche – nächste Woche geht es los. Vorne liegen schon die Listen. Nach Hause – wir gehen nach Hause.«

Sie kann nicht mehr, bricht zusammen, windet sich vor Schmerzen – wir tragen sie auf ihr Bett. Krämpfe schütteln den geschwächten Körper. Sie hat zu viele rohe Kartoffeln gegessen, der Magen rebelliert. Am nächsten Tag kann sie nicht mit zum Außendienst. Aber was sie berichtete, stimmt.

Die vor einem Jahr angekündigten Verhöre beginnen. Wir werden nach dem ABC aufgerufen – ich bin mit Gerti in einer Gruppe. Hand in Hand, benommen vor Glück, gehen wir zum Tor des Frauenzwingers.

Von dort werden wir die Lagerstraße entlang und durch ein weiteres Tor zum Gebäude der Kommandantur geführt. Der alte Papa Seitz, ein Häftling, der als Dolmetscher oft in Anspruch genommen wird, empfängt uns mit zwei russischen Wachposten. »Stoi«, sagt der eine. Wir müssen warten.

Die zweite Gruppe wird gebracht. Es sind die Kranken – Mutter K. ist dabei. Sie drängt sich an Papa Seitz heran, faßt seine Hand. »Kommen wir nach Hause?« Flehend bringt sie die Frage hervor. Der weißhaarige Mann schaut die zitternde Frau mit gütigen Blicken an. »Ja«, antwortet er leise, »ja Muttchen, du gehst nach Hause, bestimmt.« Er sagt nicht, in welchem Jahr. »Nix Rede«, faucht der Posten und dann »Dawai!«, er deutet auf die Treppe.

Papa Seitz geht mit uns nach oben. Einzeln werden wir in einen großen Raum – eine Art Büro – geführt. Berge von Papieren türmen sich auf einem breiten Tisch. Ehe ich dem Wink des Offiziers zum Nähertreten folge, flüstert Papa Seitz fast unhörbar: »Sage nichts, was nicht gefragt wird.«

160

Warum diese Warnung? Das wird mir erst einige Tage später klar. Das Verhör ist keines – nur ein Feststellen der Personalien. Oder ein Vergleichen? Nein, auch Fingerabdrücke werden genommen – wie bei Schwerverbrechern. Ich halte mich an die Worte von Papa Seitz, antworte klar, stelle keine Fragen.

Der Tag X bricht an. So zeigt er sich: Aufrufe am frühen Morgen – vor dem Zählappell. Ein Offizier, ein Sergeant und unsere deutsche Lagerleiterin gehen von Haus zu Haus, sie kommen auch zu unserem. Ich höre einen Namen, er dröhnt förmlich durch den Flur: »Skudre, Maria«. Die Lagerleiterin ergänzt: »Gepäck fertig machen, in einer halben Stunde raustreten.«

Im Nu bin ich aus dem Bett, werfe mir die Bluse über. Da höre ich Marias Stimme, ihr verzweifeltes: »Nein, nein, ich nicht nach Rußland, ich nach Hause, Sohn wartet.« Mich hält nichts mehr, ich laufe die Treppe runter in Marias Zimmer. Die Nachtwache will mich aufhalten. »Laß mich«, bitte ich, »ich muß zu Maria, wir waren zusammen im Gefängnis.«

Die Wachhabende hat ein Einsehen, dreht sich um, sagt: »Ich habe nichts gesehen. Laß dich nicht erwischen.« Maria sitzt hilflos auf dem Rand ihres Lagers, die anderen – völlig aufgescheucht – packen ihre wenige Habe zusammen. Der geblümte Morgenmantel, mit dem sie in Cottbus eingeliefert wurde, ist dabei.

»Maria«, sage ich bewegt, »Maria.« Sie klammert sich an mich, ich lege behutsam den Arm um sie. – Könnte ich sie festhalten, diese schwergeprüfte Frau. Sie wird das Lagertor durchschreiten – aber wohin führt ihr Weg? Sie wollte nicht nach Rußland, fühlte sich als Deutsche und nun?

Der Tag X für Maria Skudre ist ein schwarzer Tag.

Mit uns leben die Parolen weiter. Vor Weihnachten nehmen sie ungewohnte Ausmaße an, steigern sich täglich. Die Außenkommandos bringen die Kunde ins Lagerinnere, Marianne weiß es aus dem Lazarett: »Ganz Ketschendorf wird aufgelöst, ihr könnt es glauben. Dieses Mal sind es keine leeren Versprechungen.«

Ja, es geht los, wirklich und und wahrhaftig!

»Raustreten mit Gepäck!«, schallt es durchs ganze Lager!

Eine neue Etappe beginnt für uns – im Waldlager Jamlitz!!

Hier wie dort die »Seelenwärmer«, denn: »Jamlitz ist ein Übergangslager. Es besteht nicht mehr lange. Hier fallen die Entscheidungen.«

Wir erfahren, daß Häftlinge, die ein Urteil zu erwarten haben, bereits mehrmals verhört wurden, daß andere, besonders »Aufgefütterte«, die zum »Pelzmützenkommando« zusammengestellt werden, den Weg in Richtung Osten antraten. – Ob sie je ankommen?

Klar ist: Hier wird sondiert – also kommen die übrigen nach Hause, denn Jamlitz wird aufgelöst, es hat seinen Zweck erfüllt! Nur die Massengräber – sorgsam getarnt – werden später einmal davon Kunde geben, daß unschuldige Menschen, geschunden, gequält, hier auf den Tag X gewartet haben.

Acht Wochen lang jagt eine Parole die andere, bis wir wieder auf dem Appellplatz stehen, reisefertig. Aber nicht in Richtung Heimat fährt unser Zug.

Das neue Lager Mühlberg ist nicht vergleichbar mit den anderen. Meine Tagebucheintragungen geben wieder, was wir bei der Ankunft empfanden.

Ende März 1947.

Wir glaubten uns am Ende der Welt. Ringsum flaches Land und Himmel. – Das war alles. Der Weg zum Lager war weit. Es lag wie ausgestorben, wie eine verlassene Insel in dieser Unendlichkeit von Erde und Himmel. Unser Sammelplatz – eine trostlose Sandwüste. Ehe ich noch einen Gedanken fassen konnte, erreichte mich Gertis verzweifelter Ausruf: »Hier kommen wir nicht mehr heraus!«

Eines spürten wir alle, der Tag der Freiheit ist in weite Ferne entrückt.

Trotzdem lassen wir uns allzugern erneut von Parolen berieseln. Sie tragen in diesem Lager halboffiziellen Charakter. Durch die zahlreichen Möglichkeiten, außerhalb des Frauenlagers zu arbeiten, ergeben sich unerschöpfliche Gerüchtequellen, die bis zum Grund geleert werden.

So geht der Sommer ins Land. Mit dem Einzug des Herbstes rückt der Tag X wieder in greifbare Nähe. Zeitungen kommen ins Lager – die erste Verbindung zur Außenwelt wird hergestellt. Einleuchtende Schlußfolgerung: »Wir sollen mit dem, was draußen geschieht, bekannt werden, damit wir uns besser zurechtfinden.«

Die Meldungen werden förmlich »verschlungen«. Es gibt aber nur wenige Exemplare, also finden wir uns in Gruppen zusammen, es wird vorgelesen, was »Tägliche Rundschau« und »Neues Deutschland« (welch ein großes Wort) an Nachrichten zu bieten haben. Gespanntes Zuhören, Gespräche darüber bis zur Sperrstunde, danach noch im Flüsterton.

Dann geschieht das Unglaubliche – Einzelentlassungen werfen ihre Schatten voraus. An einem wunderschönen sonnigen Septembertag muß Gerti nach »vorn« zum Verhör. Erregt kommt sie zurück. Wir gehen beide zum Teich – dort sind wir ungestört. »Ursel, ich werde entlassen«, Gertis Stimme versagt. Bruchstückweise erzählt sie, was geschehen ist. Man hat ihre Personalien überprüft und ein »Gespräch« mit ihr geführt. Ob sie wisse, was SED ist. Ja, sie habe es aus der Zeitung entnommen – das sei die neue Partei. Eben diese, so wurde ihr erklärt, habe sich für die Freilassung der Internierten eingesetzt. Sie, Gerti, komme mit als eine der ersten heraus.

Gerti, die beim Betreten des Lagers jede Hoffnung aufgeben wollte, erlebte am 1. Oktober 1947 den Tag X.

Sie nahm eine abgeschnittene Haarsträhne von mir und meine guten Wünsche mit nach Hause.

Dann geht es Schlag auf Schlag – so schnell können die Parolen gar nicht kursieren. Bei ihrer »Ankunft« sind sie meist schon überholt.

Im Januar 1948 kommt eine Abordnung der SMAD aus Karlshorst ins Lager. Alle zum Appell! Hohe Offiziere schreiten die Reihen ab, musternd, bleiben mitunter stehen, sprechen mit Dolmetschern und unserer Lagerleiterin. Ein breitschultriger Offizier nickt zufrieden, wendet sich wieder an den Dolmetscher. Der sagt laut: »Bald alle werden nach Hause gehen.« Gibt es eine bessere Garantie als diese Worte aus berufenem Mund?

Die Kommission verläßt das Lager, Hoffnung bleibt zurück. Wenige Wochen später sind große Umwälzungen im Gange! Eines Morgens – vor dem Wecken – wird die Barackentür aufgerissen. Unsere Lagerleiterin Dorle steht am Eingang, weiß im Gesicht. Ein Sergeant hält sie am Arm. Mit fremder Stimme sagt Dorle: »Lebt wohl, ich wünsch euch alles Gute, ich muß gehen.«

Gehen – wohin? Wir haben es nie erfahren. Das Ganze erscheint uns wie ein Spuk. Die Ereignisse überschlagen sich:

- Ablösung der gesamten deutschen Lagerleitung. Eine neue soll eingesetzt werden – im Blitzverfahren: Alle Frauen müssen nach dem ABC zur Kommandantur. Ich brauche den Weg nicht mehr anzutreten. Die Wahl fällt auf eine ältere Frau, deren Nachname mit dem Buchstaben A beginnt. Sie lebte bisher ganz zurückgezogen und unauffällig im neuen Lager. Zum abendlichen Zählappell tritt sie ihr neues Amt bereits an.

- Einrichtung einer neuen Revierbaracke und Umverlagerung der Kranken. Im Männerlager werden in Windeseile Lazarett und TBC-Baracken neu hergerichtet.

- Eine große Aktion beginnt. Erste Aufrufe erfolgen. Die Aufgerufenen ziehen in die Baracken des neuen Lagers, alle anderen werden ins alte Frauenlager eingewiesen.

- Das neue Lager wird Quarantänezone. Stacheldraht trennt die Aufgerufenen von den Bewohnern des alten Lagers.

- In der Quarantäne werden Untersuchungen – gründliche Untersuchungen – von einer Ärztekommission vorgenommen: Die Dystrophiker werden ausgesonders, kommen in eine spezielle Baracke, schlimmere Fälle ins »Revier«.

Das trifft auch für mich zu.

Nun liege ich hier in der hellen, freundlich anmutenden Baracke neben Eliesabeth, die mich Kurtchen nennt. Anlaß dazu gaben ihr mein kurzgeschnittenes Haar, das nicht recht nachwachsen will, und mein »schickes« Nachtgewand – ein Männerhemd, das ich großzügigerweise hier bekam. Wie viele Schicksale birgt dieser Raum! Jede der 30 Frauen bewegen andere Gedanken, aber alle wissen: Für uns kommt der Tag X – bald.

Wirklich für alle? Wird das kranke Mädchen, das unmittelbar neben der Leiter, die zu unserem »Stock« heraufführt, liegt, den Tag der Tage erleben?

Die Fürsorge der Ärzte gilt dieser Kranken im besonderen Maße. Sie wird mit Medikamenten und Spritzen versehen, um der fortschreitenden Blutkrankheit Einhalt zu gebieten. Meist schläft sie – ein zages Lächeln umspielt die bleichen Lippen. Niemals werde ich das Bild vergessen.

Und dann ist er da – der ersehnte Tag!

Am Abend zuvor – am 23. Juli 1948 – erfolgen die Aufrufe. Ich bin dabei, kaum fähig, mich mit Ja zu melden.

Eliesabeth fällt mir ungestüm um den Hals. »Mein Gott, Kurtchen, wie schön für dich, komm, ich helfe dir packen.« Viel gibt es da nicht. Das gestrickte Wolltuch, das ich bei meinem Abschied von zu Hause gedankenlos gegriffen hatte, wird zum Bündel geschnürt. Es birgt die wenigen Dinge, die ich mein eigen nenne. Darunter die chinesische Teekanne aus dem Lager Ketschendorf, mein erstes Eßgeschirr.

Wen wundert es, daß ich in dieser Nacht keinen Schlaf finde? Es sind nicht allein die Wanzen, die mich wachhalten...

> »Sein Morgen wird wie jeder andre kommen,
> mit Nebelwolken oder Sonnenschein...«

Er kommt mit Sonnenschein – ein Tag wie aus dem Bilderbuch. Ich stehe mit meinem Bündel über dem Arm in der Baracke, schaue noch einmal in die Runde, gehe dann von Bett zu Bett, verweile etwas länger am Lager der Todkranken, kann die Tränen nicht mehr zurückhalten.

Wie gern hätte ich Christa Lebewohl gesagt, aber sie ist drüben in der Quarantäne-Baracke, ich kann nicht zu ihr.

Noch mehr schmerzt es mich, ohne Abschied von Ruth, von Margot, von Elfriede gehen zu müssen. Ihr Schicksal liegt im dunkeln! Schließlich sagt Eliesabeth: »Es ist Zeit, Ursula.« Das erste Mal, daß sie mich bei meinem richtigen Namen nennt. Schnell versucht sie, ihre Rührung zu unterdrücken, schiebt mich vor zur Tür, macht sie auf, reicht mir das Bündel, das sie mir beim Verabschieden abgenommen hat. »Mach's gut, Kurtchen!«, sagt sie betont heiter, aber ich bemerke den Kloß in ihrem Halse. Arme, tapfere Eliesabeth. Wie wirst du den Heimweg antreten? Was wirst du deinen Eltern sagen, wenn sie vergebens nach deiner Schwester Hanna Ausschau halten?

Keiner kann dir die Last abnehmen, aber der Weg nach Hause, wird er dir auch noch so schwer, führt dich in die Freiheit. Ich drücke Eliesabeth fest an mich, küsse sie zum Abschied.

Mein Tag X ist da: der 24. Juli 1948.

Schweigen und Verdrängen

24. Juli 1949

Das Ende war der Anfang!

In dem einen Jahr seit meiner Freilassung bestätigte sich diese bittere Feststellung täglich aufs neue.

Mit dem Durchschreiten des Lagertores hatte ich zwar den Stacheldraht hinter mir gelassen, nicht aber die Last des Schweigens.

Das neue Kapitel begann, als ich in die Kontrollbaracke zur »Abfertigung« geführt wurde. Mehrere Stationen mußten durchlaufen werden:

- Gründliche Durchsuchung.
  Mir wurde meine hübsche Teekanne, Begleiterin durch alle Lager, abgenommen. Eine kleine Holzdose und andere selbstgefertigte Dinge schob der Sergeant achtlos zur Seite, und ich hatte Gelegenheit, sie beim Weggehen unbemerkt in meine Manteltasche zu stecken.
- Kleiderkontrolle.
  Die Begutachtung meiner Kleidungsstücke fiel zufriedenstellend aus. Das eigenhändig genähte »Entlassungskleid« (wir hatten zu diesem Zweck vorher ein Stück Stoff – eine Art Wäschestoff – erhalten) war mir auch recht gut gelungen. Mein Wintermantel, den ich mit ins Lager gebracht hatte, fand keine Beanstandung. Ich hielt ihn über dem Arm und mußte ihn nur kurz hochhalten. Doch man verpaßte mir »neue« Schuhe, weil meine ziemlich heruntergelaufen waren und für die »Freiheit« nicht geeignet schienen. Es waren blau-weiße Igelit-Sandaletten, die mir zwar zu eng waren, aber der Sergeant sagte: »Paßt, choroscho.«

Entlassungsschein von Christa Walter

- Verpflegungszuteilung.
  An einem dafür eingerichteten Stand nahm ich ein Stück Brot, ein Tütchen Zucker und ein Stück Speck in Empfang, es gab sogar einen Bogen Packpapier zum Einwickeln.
- Ausstellung des Reisescheines.
  Das dauerte längere Zeit. Ich mußte mein Geburtsdatum und mein Reiseziel nennen. Diese Angaben wurden mit Hilfe einer Liste überprüft, und ich erhielt dann einen Berechtigungsschein zum Benutzen der Eisenbahn.
- Entlassungsgespräch.
  Das war die letzte und entscheidende Station. Mehrere sowjetische Offiziere standen am Ausgang der Entlassungsbaracke. Einer winkte mich heran. Er sprach in gut verständlichem Deutsch, ohne einen Dolmetscher zu bemühen. Wörtlich kann ich das Gespräch nicht wiedergeben, es ist zu lange her, doch den Inhalt habe ich mir unauslöschlich eingeprägt.

  Es ging darum, daß ich nach Hause gehen dürfe und ob ich froh darüber wäre. Das bejahte ich wahrheitsgemäß. Dann machte er mir klar, wie wichtig es für mich sei, zu keinem Menschen über die Vorgänge im Lager zu sprechen.

Ich weiß genau, daß er sagte und es wiederholte:
» Zu keinem Menschen. «

Er verdeutlichte mir, wenn ich mich nicht daran halte, käme ich sofort wieder in ein Lager »und dann nicht mehr nach Hause«.

Das also war das Ende der schweren Zeit. Zum zweiten Mal verurteilt – dieses Mal zum Schweigen –, unfrei schritt ich der Freiheit entgegen. Was das für Auswirkungen auf mein zukünftiges Leben nehmen würde, wußte ich damals nicht.

Zunächst beherrschte mich Freude über die gewonnene Freiheit. Langsam machten sich aber Unruhe und Ungewißheit breit, was ich zu Hause vorfinden würde. Der Weg in die Heimat verlief ganz anders, als wir es uns in unseren Träumen ausgemalt hatten.

An die Bahnfahrt erinnere ich mich nicht mehr, wohl aber an die sechs Stunden Aufenthalt in Falkenberg. Im Wartesaal saßen auf rohen Holzstühlen die Menschen dicht an dicht. Es gab keinen Ausschank und keinen Imbiß. Ich nahm mein Stück Brot hervor und wollte gerade hineinbeißen, da kam eine hagere und verhärmte Frau auf mich zu. »Bitte, bitte, etwas Brot für meine Kinder«, bat sie flehend. In der Ecke sah ich auf dem Boden drei eng aneinandergeschmiegte Kinder hocken, das Kleinste – etwa zwei Jahre alt – weinte leise. Ohne zu überlegen, wie lange ich noch unterwegs sein müßte, gab ich der Frau das ganze Stück und auch den Speck. Nur den Zucker behielt ich. Mir wurde mit Schrecken bewußt, daß auch die Menschen »draußen« Hunger litten, daß die Nachkriegsjahre auch an ihnen nicht spurlos vorübergingen.

Angelockt durch meine bereitwillige Hilfe, drängte sich eine ältere Frau zu mir vor. Sie bettelte um Geld, ich hatte schon vorher beobachtet, wie sie von Tisch zu Tisch ging und die Hand aufhielt. »Geld habe ich nicht«, sagte ich zu ihr, »ich komme aus dem Lager.«

Diese Äußerung sollte mir gleich leid tun. Sofort nahmen die Umsitzenden Anteil. »Aus welchem Lager?« – »Wie lange waren Sie dort?« – »Was haben Sie erlebt?«

So prasselten die Fragen auf mich nieder. Mir fielen die Worte des sowjetischen Offiziers ein – wie eine Drohung hörte ich sie in mir nachklingen. Den Kopf gesenkt, schwieg ich. Die Leute wandten sich enttäuscht ab. Was sie über mich dachten, konnte ich nur vermuten.

Ich spürte erstmals, daß ich als freier Mensch nicht frei war!

Endlich ging die Reise weiter bis nach Cottbus. Dort mußte ich wieder umsteigen. Es war schon spät und fast dunkel. Trotzdem nahm ich wahr, daß der einst so stattliche Cottbusser Bahnhof völlig zerstört war. Die große Halle gab es nicht mehr, ich hatte Mühe, mich zu orientieren. Über kahles Bahnhofsgelände stolpernd, suchte ich den Bahnsteig, von dem mein Zug nach Neu-Petershain abfahren sollte.

Eine Gruppe junger Leute holte mich ein, ich wandte mich um, ließ mein weniges Gepäck fallen, rannte ihnen entgegen. Das waren Welzower Jungen. Am gleichen Tage wie ich aus Fünfeichen entlassen, befanden sie sich ebenfalls auf der Fahrt nach Hause. Ein herzliches Umarmen – die erste Wiedersehensfreude. Selbstverständlich traten wir die Weiterfahrt gemeinsam an.

Hier fanden sich Gleichgesinnte, Leidensgefährten – die Schweigepflicht trat außer Kraft.

Gegen 23.00 Uhr langten wir in Neu-Petershain an. Wartende Menschen belagerten die Sperre. »Bauers Ursel«, hörte ich plötzlich einen Ausruf, »da ist Bauers Ursel!« Schon war eine Frau bei mir, riß mich an sich, schüttelte mich förmlich. »Wo ist Elfriede? Ist sie nicht mitgekommen?« Nachdem sich herumgesprochen hatte, daß Entlassungen im Gange sind, fuhren Elfriedes Mutter sowie eine Tante von ihr Abend für Abend die 20 km nach Neu-Petershain, um Elfriede abzuholen. (Alle bis dahin Entlassenen waren mit dem gleichen Zug angekommen.) Beruhigend konnte ich den Angehörigen berichten, daß Elfriede bereits in Quarantäne sei und demnächst eintreffen müsse.

So sehr ihr Angebot lockte, mich auf dem Fahrrad mitzunehmen, von den Jungen trennte ich mich nicht. Gemeinsam machten wir uns zu Fuß auf nach Welzow. Dort wollte ich bei meiner Tante übernachten, denn den Weg durch den Wald nach Haidemühl mochte ich nicht allein zurücklegen, ich war auch viel zu müde. Wir waren fast am Haus meiner Tante. Gerhard M., der in der Nähe wohnte, wollte mich noch bis zu ihr bringen.

Da geschah das für mich Unfaßbare – im hellen Schein der Beleuchtung am Bahnübergang sah ich meine Eltern auf mich zukommen. Elfriedes Angehörige hatten sie benachrichtigt. Der nächtliche Weg durch den Wald erschien mir wie ein Traum, ich spürte weder Hunger noch meine schmerzenden Füße, noch Müdigkeit. Alles wich dem einmaligen Gefühl: Du gehst nach Hause, es ist alles gut.

Erst am Hoftor verharrte ich, wollte das traute Bild der Heimat aufnehmen: den schmalen Weg, der zu unserem Haus führte, die Pflaumenbäume, die links den Weg säumten, den großen Garten zur rechten Seite, das warme Licht der Hoflaterne. All dies wirkte auf mich wie eine Miniatur, so unwirklich klein, so eng im Gegensatz zu dem, was ich hinter mir gelassen hatte – die riesigen Barakken, das endlos weite, öde Gelände des Lagers.

Die psychische und physische Reaktion blieb nicht aus. Der lange Fußmarsch, mein leerer Magen, die besorgte Anteilnahme meiner Eltern, die Geschenke, mit denen sie mich überschütteten, der Duft des Essens – das war zuviel. Mir wurde schwarz vor Augen, ich sank zusammen, unfähig, etwas zu sagen oder zu tun.

Als ich am Morgen in meinem Bett erwachte, es mußte schon ziemlich spät sein, denn die Sonne stand hoch am Himmel, überkam mich ein wohliges Gefühl der Geborgenheit. Ganz dem Augenblick hingegeben, brachte mich ein neues Ereignis außer Fassung. Ich hörte Türenschlagen und vernahm Gertis Stimme. Dann stand sie vor mir, einen Strauß weißer Margeriten in der Hand. Gleichzeitig der Aufschrei »Ursel!« – »Gerti«, der Strauß fiel zu Boden – Gerti hielt mich umfangen.

Über dem ersten Wiedersehenstaumel, der beglückenden Inbesitznahme der altervertrauten Umgebung trat die im Lager gestellte Frage, was ich »draußen« tun würde, zunächst in den Hintergrund.

Das einzige, was ich wirklich wollte, war – leben.

Für mich gab es in den ersten Tagen nichts Wichtigeres, als mich voller Behagen an einen gedeckten Tisch zu setzen, wenngleich mir die ungewohnte Kost oftmals nicht bekam. Schon der Anblick des Geschirrs, des Eßbestecks, eines Salzstreuers oder Eierbechers beglückte mich, und ich betastete jeden Gegenstand wie ein Wunderding. Ich erinnere mich auch daran, wie ich es

170

genoß, abends ein hübsches Nachthemd anzuziehen und, im eigenen Anblick versunken, vor dem hohen Wohnzimmerspiegel zu stehen.

Die »große Freude an kleinen Dingen« erfüllte mich ganz, so daß wenig Raum für gewichtigere Überlegungen blieb. Doch dieser Zustand hielt nicht lange an. Zu schnell gewöhnt sich der Mensch an das Angenehme.

Der bloßen Lust am Leben folgte eine Art Ernüchterung. Ich fühlte mich unnütz. Meine Mutter, die es gut meinte, hielt mich von der Hausarbeit fern, und die Beschäftigung mit Handarbeiten oder Lesen füllte mich nicht aus.

Mehr und mehr belastete mich die auferlegte Schweigepflicht. Zu oft stieß ich auf Erinnerungen an die Lagerzeit, über die ich mit niemandem sprechen durfte. Ich griff dann zu meinem Tagebuch.

Überwältigt von einer ungewöhnlichen Begegnung, machte ich am 6. Februar 1949 diese Eintragung:

Wieder einmal muß ich zum Papier flüchten, denn wem sollte ich sonst anvertrauen, was mich heute bewegt? Wer würde mich verstehen? – Niemand.

Ich habe Marianne Simson wiedergesehen – im Film. Es war, als ob mich gerade heute etwas ins Kino gezogen hätte. (Ich wußte vorher nicht, was gespielt werden sollte.) »Alltägliche Geschichten« hieß der Film, Marianne spielte die Hauptrolle. Deutlich, zum Greifen nahe sah ich sie vor mir. Obwohl es ein Lustspiel war, mir liefen die Tränen über das Gesicht. So temperamentvoll, sprühend vor Übermut erlebten wir sie in der Komödie »Mit meinen Augen« im Mühlberger Lagertheater.

Wie sie auf der Bühne agierte – tanzte, lachte, Charme verbreitete –, als ob es für sie kein Gefangensein gäbe. Woher nahm sie die Kraft – aus welchem Brunnen schöpfte sie? Die Kunst, der sie sich verschrieben hatte, ließ sie über sich hinauswachsen.

Mir ging durch den Rückblick ein Teil der Filmhandlung verloren, wichtig war, Marianne zu sehen. Und gleich bewegte mich ein anderer Gedanke – Marianne ist noch nicht heimgekehrt –, wo mag sie jetzt sein? Sicher spendet sie den Gefangenen weiter Kraft von ihrer Kraft, beschenkt Tausende mit ihrer künstlerischen Bega-

bung. Es ist geradezu grotesk! Das Mädchen dort auf der Lein-
wand verbreitet hier im Kinosaal Frohsinn, läßt die Zuschauer Sor-
gen vergessen und erleidet selbst ein ungewisses Schicksal, von dem
keiner etwas ahnt!

Könnten dich meine Grüße erreichen, Marianne, damit du
spürst, du bist nicht vergessen...

Ähnliche Empfindungen bewegten mich, wenn ich Post von meinen Gefährtinnen erhielt. Wir schrieben uns, so wie es versprochen war, regelmäßig. Die Briefe fielen umfangreich aus, wir teilten einander mit, was uns im neuen Leben widerfuhr. Über die
Lagerzeit stand nichts darin, doch die Schriftzüge, die beigelegten
Bilder ließen gemeinsam Durchlebtes neu erstehen. Der Abstand
zur Gegenwart vergrößerte sich zunehmend.

Die Gründe dafür legte ich nach 10 Monaten Freiheit im Tagebuch dar:

Haidemühl, am 26. Mai 1949.

Vor einem Jahr lag ich in der Revierbaracke voller Hoffnung auf
das Leben, das ich neu beginnen wollte. Wenn ich heute beschrei-
ben soll, was ich wenige Wochen nach meiner Heimkehr empfand,
muß ich eingestehen: tiefe Enttäuschung.

Vielleicht habe ich meine Erwartungen zu hoch geschraubt, habe
meiner Phantasie zu viel freien Raum gelassen. Rein äußerlich
schien alles wie früher. Und doch war alles anders.

Das Eingewöhnen im Elternhaus fiel mir schwer. Immer wieder
Fragen meiner Eltern nach Einzelheiten, über die ich nicht spre-
chen durfte und auch nicht wollte. Zu frisch brannten die Wunden
der Lagerjahre.

Mehr noch bewegte mich, was aus meinen Eltern geworden war.
Ich konnte sie nicht ansehen, ohne daß mir die Tränen in die Augen
traten. Meine Mutter nervlich zerrüttet, mein Vater nur noch ein
Schatten, stiller und in sich gekehrter als je zuvor.

Am meisten aber litt ich unter der Zudringlichkeit der Leute. Be-
kannte sowie völlig Fremde kamen zu uns ins Haus, teils aus Neu-
gierde, teils aus echter Anteilnahme, verstanden nicht, warum ich
allen Fragen auswich. Ich kam mir manchmal vor wie ein Ausstel-
lungsstück. Anfangs scheute ich mich, durch den Ort zu gehen,

überall wurde ich angehalten, bedauert, mit Fragen gequält. Gerti hätte mir Halt geben können, doch sie war verlobt, genoß ihr junges Glück. Sollte ich sie da mit meinen Problemen belasten?

Ihr Weg in die Freiheit hatte auch ganz andere Bahnen genommen. Von heut auf morgen – ohne Vorbereitungszeit – wurde sie mit dem neuen Leben konfrontiert, das war sicher hart, aber ihr Vater, der eine einflußreiche Stellung innehatte, verschaffte ihr eine günstige Ausgangsbasis. So konnte sie schneller Fuß fassen. Vor allem bekam sie bald Arbeit...

Das war es, was mir fehlte. Ich wollte nicht länger untätig sein. Außerdem mußte ich möglichst bald selbst Geld verdienen, denn ich merkte – obwohl sich meine Eltern sehr bemühten, es zu verheimlichen –, daß sie mein Unterhalt auf die Dauer belastete. Lebensmittel gab es zwar auf Marken, aber Dinge, die man »unter der Hand« kaufte, waren teuer. Meine Mutter »besorgte« aus mir verborgenen Quellen alles Erdenkliche, um mich auszustatten, denn meine frühere Kleidung paßte nicht mehr. Trotz der »Auffütterung« in der Quarantäne war ich nur noch ein »Strich«.

Den ersten Weg zum Arbeitsamt trat ich hoffnungsvoll an. Sicher bekam ich in meinem Beruf eine Anstellung. Kindergärtnerinnen waren rar.

Der Schlag traf mich direkt ins Gesicht!

Nach Auskünften meinerseits über bisherige Tätigkeit und den Aufenthalt in den »fehlenden Jahren« (im Arbeitsbuch) erklärte man mir: »Erzieherische Berufe kommen für Sie nicht mehr in Frage.« Keine Begründung, kein Kommentar. Ergebnislos blieben auch alle weiteren Anläufe, Arbeit zu finden.

Die ehemalige Gemeindeschwester, eine gute Bekannte meiner Mutter, riet mir, mich im Krankenhaus Spremberg zu bewerben, dort würden Schwesternhelferinnen gebraucht. Gesagt, getan – ich unternahm einen Versuch. Ja, sie würden mich gern nehmen, hieß es, aber ich müsse erst zum Arbeitsamt. Erneuter Vorstoß, was sollte gegen diese Arbeit sprechen?

Fehlanzeige! Die Auskunft war deutlich: »Als Pflegerin haben Sie ständig mit Menschen Umgang, dazu sind Sie nicht geeignet.« Ich brachte nicht die Kraft auf, dagegen anzukämpfen, daß man mir die Eignung absprach. Gemeint war ohnehin etwas anderes.

Völlig niedergeschlagen wollte ich resignieren. Aber meine Eltern wußten Hilfe. Sie schickten mich auf »Reisen«. Für einige Wochen besuchte ich meine Verwandten in Dahme, die mich überglücklich in Empfang nahmen und wirklich alles taten, um mich abzulenken. Daß diese Reise wieder mit Opfern meiner Eltern verbunden war, wußte ich, und, gestärkt durch die neuen Eindrücke, faßte ich den Entschluß, jede Gelegenheit wahrzunehmen, um Arbeit zu bekommen.

Müßig zu schildern, daß weitere Vorsprachen auf dem Arbeitsamt in Welzow – den Weg dorthin mußte ich jedesmal zu Fuß zurücklegen – nichts brachten. Meinen Eltern durfte ich meine Verzweiflung nicht zeigen, sie hatten genug Kummer. Was sollte ich tun? Wieder kam mir wie so oft im Leben der Zufall zu Hilfe.

Anfang November 1948 – der Tag meiner Verhaftung jährte sich zum dritten Mal, deshalb erinnere ich mich so genau daran – begegnete ich auf der Straße meinem Jugendfreund. Ein Wiedersehen mit ihm hatte ich bisher zu umgehen versucht, er war inzwischen verheiratet und hatte eine gute Position im Glaswerk Haidemühl inne. Zu »meiner« Zeit war er Fähnleinführer, obwohl sein Vater, ein überzeugter Kommunist, das nicht guthieß. Als er zum Arbeitsdienst und zur Wehrmacht einberufen wurde, blieb unsere Freundschaft durch briefliche Kontakte erhalten. Bei meiner Verhaftung war er noch nicht aus dem Krieg zurückgekehrt.

Nun standen wir uns gegenüber. Ein wenig befangen, begannen wir ein Gespräch. Von sich aus brachte er das Thema auf meine Arbeitssuche, er hatte wohl davon gehört – in Haidemühl blieb kaum etwas verborgen. »Ich könnte dir eine Tätigkeit vermitteln«, schlug er vor, »allerdings weiß ich jetzt noch nicht, welche.« Froh über diese Aussicht, stimmte ich zu.

Am 14. Dezember 1948 fing ich als Einbinderin im Glaswerk an. Das war für mich nicht einfach. Geschicklichkeit war gefragt, es wurde nach Leistung und im Dreischichtsystem gearbeitet. Die Frauen, mit denen ich am Band stand, sahen mir auf die Finger: Jeder Glasdeckel, der herunterfiel, brachte Minuspunkte für alle. Aber ich wollte und mußte es schaffen – es gelang mir vor allem mit Hilfe meiner Nachbarin am Fließband. Das war eine ältere Frau, die Tante meines ehemaligen Freundes. Sie machte mir immer wieder Mut und griff anfangs oft mit zu, wenn auf meiner Seite die Deckel sich anhäuften und herunterzufallen drohten.

174

Damals schöpfte ich zum ersten Mal Verdacht, beobachtet und ausgehorcht zu werden. Eine jüngere Frau, ein wenig älter als ich, die ich aus der Schulzeit kannte, suchte in den Pausen immer wieder meine Nähe. Auf ihre burschikose Art drang sie in mich. »Na, nu' erzähl' mal, Uschi. Das muß ja schlimm gewesen sein.« So oder ähnlich versuchte sie, mir beizukommen. Frau Sch. rettete mich meist aus dieser prekären Situation, indem sie mich ihrerseits in Anspruch nahm und mir einige Kniffe bei der Bandarbeit erklärte.

Vielleicht hätte ich diesen Pausenereignissen weniger Bedeutung beigemessen, wäre nicht eine weitere »Aktion« gefolgt. Eines Tages mußte ich ins Büro für Organisation und Arbeit. Der Chef, den ich kannte, bat mich freundlich, Platz zu nehmen. Er sprach mich nach alter Gewohnheit mit Du an. Befremdend wirkte auf mich, daß ein mir unbekannter Herr etwas abseits saß und zuhörte.

»Wir haben ein Anliegen an dich«, begann der Bürochef, »du kannst doch mehr als am Band arbeiten, du verstehst, soviel ich weiß, etwas von Kunst. In unserem Belegschaftssaal soll eine Stalin-Ecke gestaltet werden, würdest du das übernehmen?«

Schien es nur so, oder traf mich wirklich ein lauernder Blick des Fremden, der sich scheinbar uninteressiert zeigte? Geistesgegenwärtig sagte ich, ohne zu zögern: »Wann soll ich beginnen?« »Sofort«, kam die Antwort, »im Magazin ist Material, alles andere zeigt dir H.« »Aha«, dachte ich, »so ist das.« H. war die Arbeiterin, die mich in den Pausen ständig »belagerte«.

Zuerst ging ich ins Magazin. Der Verwalter, ein alter Lehrer von mir, der nach der Entnazifizierung hier eine Anstellung gefunden hatte, warnte mich. »Mädchen, sei vorsichtig, dahinter steckt Methode. Mich stellen sie auch ständig auf die Probe. Komm möglichst nicht mehr allein hierher.«

Seine Worte fanden Bestätigung.

»Na«, fragte H., als ich mit rotem Tuch, Reißnägeln, Werkzeug und Stalin-Bild in den Belegschaftssaal kam, »was hat denn der alte Lehrer Sch. dazu gesagt?« H. hatte schon Vorbereitungen getroffen. Sie versuchte, sich über unseren Auftrag lustig zu machen, aber ich war hellwach!

Von nun an verhielt ich mich ganz anders, als es meine Art war:

nicht mehr abweisend kühl, sondern freundlich, mich »offen« gebend – eine schreckliche Verstellung.

Keinesfalls durfte ich mich ertappen lassen. Meine Eltern hätten es nicht überlebt, wenn man mich ein zweites Mal wegholte.

Und ich selbst? Froh über die Arbeit, über das eigene verdiente Geld, begann ich mich gerade von den Folgen der Lagerjahre zu erholen. »Mitmachen«, entschied ich, es gab keine Alternative.

So ging ich auch auf das Angebot ein, »Freund der FDJ« zu werden, nachdem ich die Mitgliedschaft aus »Altersgründen« abgelehnt hatte. Hin und wieder brachte dies mir sogar den Vorteil, daß ich an einer kulturellen Veranstaltung in Spremberg (Theater, Konzert) teilnehmen konnte. In unserem Ort gab es derartige Möglichkeiten nicht. Für Kultur-Fahrten stand der FDJ ein LKW zur Verfügung.

Mit anderen Augen betrachtete ich fortan auch die »Freunde« meiner Eltern, die uns oft besuchten. Besonders hartnäckig nistete sich eine Frau H. aus Spremberg ein. Unter einem Vorwand war sie über Bekannte meiner Mutter, schon bevor ich nach Hause zurückkehrte, in die Wohnung meiner Eltern gekommen und bekundete starkes Interesse an meinem Schicksal.

Einmal versuchte sie, mich aus der Reserve zu locken: »In Spremberg wird so viel Grausames über die Lager verbreitet, wir können das doch nicht dulden. (Mit wir meinte sie die SED.) Bitte helfen Sie, solche Gerüchte zu entkräften, erzählen Sie, wie es wirklich war.«

Ohne zu lügen, konnte ich antworten: »Bei meiner Entlassung wurde mir eindeutig untersagt, über das, was im Lager geschah, zu sprechen. Daran halte ich mich.«

In der ersten Zeit meines »freien Lebens« hütete ich mich davor, Freundschaften zu schließen. Ja, ich mied sogar Tanzvergnügen oder jede andere Art von gemeinschaftlicher Freizeitgestaltung.

Mir blieben die Stunden mit Gerti und die Treffen mit den Welzower Jungen, wobei wir jedesmal bewußt einen anderen Ort des Zusammenseins wählten. Langsam verebbte das Interesse an mir und meiner Vergangenheit, das glaubte ich jedenfalls.

Überhaupt schien das Jahr 1949 endlich etwas Glück für mich bereitzuhalten – ich lernte meinen Mann, Günter Fischer, kennen und lieben. Wir beide standen Pate bei der Taufe des Sohnes meiner Cousine Edith.

Durch Edith hatte ich bereits Kenntnis davon, daß Günters Vater auch interniert war. Ich konnte annehmen, ihm in Jamlitz begegnet zu sein.

In mein Tagebuch schrieb ich damals:

Himmelfahrt 1949.

Ein neuer Abschnitt meines Lebens bricht an. Ich habe den Menschen gefunden, nach dem ich lange vergeblich suchte. Wir kannten uns vorher nicht und spürten doch sofort, daß wir zusammengehören...

Günters Vater ist im Lager geblieben, das soll uns noch mehr verbinden. Ich will Günter helfen, sein Leid um den geliebten Verstorbenen zu tragen, denn ich weiß, wie diese Wunde brennt.

Hier endet all mein Wünschen und Begehren, hier lege ich ab, was mich bisher beschwerte, hier bin ich selbst ein neuer Mensch geworden...

Juli 1960

Ich bin Lehrerin geworden und kann auf fünf Jahre Lehrtätigkeit in der Unterstufe zurückblicken! Das Zeugnis über die »Staatliche Abschlußprüfung« bekam ich am 7. Juli 1955 in Dresden-Wachwitz ausgehändigt.

Allen Hemmnissen zum Trotz war das Ziel erreicht, das ich mir in den letzten Wochen meines Lageraufenthaltes gesteckt hatte.

Aber wie schwer und mit Steinen gepflastert war der Weg!

Er begann damit, daß ich erste Erfolge an meinem Arbeitsplatz in der Glashütte Haidemühl verbuchen konnte.

Unter Aufbietung aller Willenskraft erwarb ich die zur Fließbandarbeit notwendigen Fertigkeiten. Jetzt wußte ich, was ich wirklich wollte: mich durchsetzen.

In gewissem Sinne verdankte ich meine gesamte weitere Entwicklung einem Mann.

Der alte Hüttenmeister B., wegen seines barschen Tones und der meist finster blickenden Augen unter buschigen Brauen mehr gefürchtet als beliebt, stand während meiner Tätigkeit am Band des öfteren im Hintergrund, anscheinend, um zu kontrollieren. Sein Plan war jedoch ein anderer: Er holte mich vom Band weg, ich wurde Werkstattschreiberin. Das war eine verantwortungsvolle Aufgabe, mußte ich doch täglich die Leistungen der Glasarbeiter kontrollieren, notieren und auswerten. Sehr bald erwarb ich mir die Achtung der Glasmacher, sie bemerkten, wie gewissenhaft ich diese Tätigkeit ausübte.

Nachdem ich längere Zeit in dem kleinen Büro des Hüttenmeisters meinen festen Arbeitsplatz hatte, lernte ich ihn wirklich kennen. Zuvor wußte ich von ihm nur, daß er als »alter« Kommunist ziemlich unbequem sein konnte, weil er immer sagte, was er dachte, und mir war auch bekannt, daß sein Sohn im Krieg gefallen war.

Beim täglichen Kontakt mit ihm spürte ich, daß sich hinter seiner rauhen Fassade ein weiches Herz verbarg. Er brachte mir echte Anteilnahme entgegen. Viel sprach er nicht, aber was er sagte, hatte Gewicht.

Einmal nur schnitt er das Thema meiner Verhaftung an: »Was dir geschehen ist, war Unrecht. Du sollst wissen, daß ich so etwas nie gebilligt hätte. Aber ich hatte damals keinen Einfluß auf die Verhaftungswelle in Haidemühl. Trotzdem fühle ich mich mitschuldig. Darum will ich dir helfen. Ich weiß, daß dir alle beruflichen Chancen verbaut werden sollen. Laß dir das nicht gefallen, wehre dich!« »Aber wie«, fragte ich zurück, »was soll ich tun?« »Du hast nur eine Möglichkeit. Du mußt durch Leistungen überzeugen. Schlage allen ein Schnippchen, zeige, was du kannst!«

Diese Worte von Meister B. führten die Wende herbei. Sie begleiteten mich 42 Jahre lang. Immer, wenn ich glaubte, es ginge nicht weiter, hörte ich ihn sagen: »Du schaffst es! Beweise es allen!«

Ein ganz neuer Zeitabschnitt nahm für mich am 2. September 1950 seinen Anfang. Von diesem, unserem Hochzeitstag an trug ich mit Günter gemeinsam die auferlegte Last des Schweigens.

Das furchtbare Schicksal meines Schwiegervaters hat 40 Jahre lang unsere Ehe überschattet, denn mein Mann ist darüber nie hinweggekommen. Jedes Wort über die Internierungslager riß die Wunde wieder auf. Deshalb gab es zwischen uns eine stillschweigende Vereinbarung: Wir sprechen nicht darüber und wenn, dann nur von der Begegnung in Jamlitz, die sowohl meiner Schwiegermutter wie auch meinem Mann ein wenig Trost spendete. Konnte ich ihnen doch bestätigen, daß der Vater zu den »Glücklichen« im Lager gehörte, die eine Arbeit verrichten durften, noch dazu eine, mit der er Gutes tun konnte.

Zunächst hatte es den Anschein, daß unser gemeinsames Leben harmonisch und normal verlaufen sollte. Es schien nicht mehr lohnend zu sein, unserem Tun und Lassen weiterhin Augenmerk zu schenken. Als Monteur arbeitete mein Mann hauptsächlich außerhalb. Ich kündigte meine Arbeitsstelle und begleitete ihn im ersten Jahr, damit wir nicht getrennt leben mußten.

Das wollten wir auch nicht, als die Geburt unseres Sohnes bevorstand. Deshalb bemühte sich Günter um ortsgebundene Arbeit, die er in der Zentralwerkstatt Welzow fand. Im Mai 1951 konnte er dort als E-Schweißer beginnen. Als wir auch noch in Welzow eine kleine bescheidene Wohnung bekamen, schien dem Familienglück nichts mehr im Wege zu stehen.

Der in der Glashütte gefaßte Vorsatz, mich behaupten zu wollen, wich einem neuen großen Gefühl, das mich ganz beherrschte. Am 11. Juni 1951 durfte ich meinem Kind das Leben schenken. Fortan gab es für mich nichts Wichtigeres auf der Welt, als dieses kleine Wesen zu behüten und zu pflegen.

Manchmal, beim Ausfahren, suchte ich mir einen abgelegenen Platz, nahm den Kleinen aus dem Kinderwagen und genoß das unbeschreibliche Glück, ihm ganz nahe zu sein.

Dabei geschah es, daß sich vor meinen Augen plötzlich ein anderes Bild auftat: Hansi auf dem Arm seiner Mutter.

Ungewollt holte mich die Vergangenheit ein, aber gerade darum nahm ich mir vor, Abstand zu gewinnen, möglichst unauffällig im Strom zu schwimmen, um meinem Kind die Zukunft zu sichern. Die letzte Eintragung in meinem Tagebuch vom 24. Juli 1951 legt davon Zeugnis ab.

Ich schrieb:

Heute vor drei Jahren begann für mich ein neues Leben – ich trat in eine Welt ein, die mir fremd schien. Unverstanden, die Vergangen-

heit nicht bewältigend, kam ich mir vor wie ein loses Blatt im
Wind...
... heute steht das Belastende der Lagerjahre nicht mehr im Vor-
dergrund. Vergessen werde ich nie, was geschah, aber ich will ver-
suchen, mich meiner neuen Aufgabe hinzugeben, Ruhe zu finden,
Geborgenheit...

Alles schien sich zum Guten zu wenden.

Von den wirtschaftlichen Schwierigkeiten in unseren ersten
Ehejahren abgesehen, lebten wir fast sorgenfrei. Mit Näharbei-
ten besserte ich den geringen Verdienst meines Mannes auf.

Wir knüpften freundschaftliche Beziehungen zu meiner Lagergefährtin Rosemarie und ihrer Familie. Sie war ebenfalls verheiratet, wohnte in unserer Nähe, und unsere Kinder (sie hatte eine
Tochter) waren etwa im gleichen Alter.

Mit Ursel W. aus Görlitz pflegte ich ebenfalls Umgang. Wir besuchten uns gegenseitig, tauschten Gedanken aus.

Besonders froh war ich darüber, mit meiner »Lagerfamilie«
wieder Verbindung zu haben. Gerti lebte in Berlin, so daß wir uns
von Zeit zu Zeit sehen konnten. Christa ging gleich nach ihrer
Rückkehr zu ihrem Bruder, der in der BRD lebte. Sie hatte hier
(in Cottbus) keine Angehörigen mehr vorgefunden. Ruth kehrte
im Jahre 1950 aus dem Lager Buchenwald in ihre Heimatstadt
Forst zurück.

Mit dem brieflichen und persönlichen Kontakt gaben wir uns
gegenseitig Rückhalt. Wenn wir beisammen waren – ob zu zweit
oder zu dritt –, sprachen wir allerdings kaum über die Lagerzeit.
Ab und zu tauchte eine Erinnerung aus dem Dunkel auf, wurde
jedoch in stillschweigender Übereinkunft verdrängt.

Es gab auch so viele Themen für uns – Familie, Kunst, Beruf –,
verliefen doch unsere Lebensbahnen in völlig voneinander abwei-
chenden Richtungen. Das tat unserer Verbundenheit keinen Ab-
bruch.

Für Günter waren meine Lagergefährtinnen von Anfang an
auch ihm Nahestehende.

Vielleicht hätten wir in Ruhe und Frieden unserer weiteren Zukunft entgegensehen können, wenn ich nicht versucht hätte, aus
der Häuslichkeit auszubrechen. In meinem Vorhaben, wieder

eine Tätigkeit aufzunehmen, bestärkte mich Ruth, mit der ich damals oft zusammentraf.

Über viele Umwege rief ich zunächst an der Goethe-Oberschule in Welzow eine Arbeitsgemeinschaft Laienspiel ins Leben. Dabei blieb es nicht. Wieder schien eine höhere Gewalt meiner beruflichen Laufbahn die Richtung zu weisen.

Der Direktor der Hilfsschule in Welzow, mit dessen Familie ich seit meiner früheren Tätigkeit im Kinderhort befreundet war, überredete mich, an seiner Schule im Fach »Hauswirtschaft« einige Stunden zu übernehmen. Er wollte mir damit eine Perspektive eröffnen, weil er selbst am Beispiel seines Sohnes Jochen, der ebenfalls drei Jahre Internierungslager hinter sich hatte, erfahren mußte, welche Schwierigkeiten den »mit Makel Behafteten« in den Weg gelegt wurden. Er tarnte meinen Einsatz an der »Pestalozzi-Schule«, indem er mich als »Aushilfe« einstellte. (Befristete Arbeitsverträge konnte ein Direktor eigenständig abschließen.)

So begann ich offiziell am 1. September 1953 als Aushilfslehrerin im Fach »Hauswirtschaft«, inoffiziell setzte mich Direktor P. in den Unterrichtsfächern Deutsch und Mathematik ein. Der recht optimistisch übernommenen Aufgabe fühlte ich mich bereits nach kurzer Zeit nicht gewachsen.

Den zu vermittelnden Lehrstoff mußte ich mir vorher ja selbst erst aneignen. Schlimmer war jedoch, daß ich mich vor der Klasse (Klassenstufen 6/7) nicht behaupten konnte. Damals war es noch so, daß meist verhaltensgestörte Schüler in die Hilfsschule »abgeschoben« wurden.

Ich wollte aufgeben, aber Direktor P. nahm mich »in seine Schule«.

»Du mußt dich durchsetzen«, sagte er. Den Satz hatte ich schon einmal gehört. »Aber wie?«, fragte ich wieder, denn auf diese Tätigkeit war ja der Rat von Hüttenmeister B., »durch Leistungen überzeugen«, nicht anwendbar. »Sicherheit zeigen«, riet mir mein Direktor, »ein guter Lehrer muß vor allem ein hervorragender Schauspieler sein.« Von Stund an gab es für mein Berufsleben zwei Richtlinien: durchsetzen und sicher auftreten.

Im darauffolgenden Jahr veranlaßte mein Vorgesetzter, daß ich ein externes Lehrerstudium aufnehmen konnte. Zu diesem Zweck mußte ich ab September 1954 an der Goethe-Oberschule

181

unterrichten, weil ich die praktischen Lehrproben nicht an der Hilfsschule ablegen durfte.

Das war der Moment, von dem an meine Person wieder in den Blickpunkt rückte. Lehrer wurden schon im allgemeinen »unter die Lupe« genommen, solche wie ich natürlich besonders.

Was nun auf uns zukam, übertraf alle Überwachungsmaßnahmen aus der Haidemühler Zeit. Diese erschienen im Vergleich zu den neuen harmlos, waren damals leicht durchschaubar.

Die neuen Aktivitäten ließen darauf schließen, daß auch Günter zum Kreis derjenigen zählte, die verdächtig waren und durchleuchtet werden mußten. Dafür gab es augenscheinlich zwei Ursachen. Mein Mann, während des Krieges als Funker bei der Kriegsmarine (vorher Handelsmarine) eingesetzt, war nach Kriegsende in amerikanische Gefangenschaft geraten und zwei Jahre beim »Deutschen Minenräumdienst« – stationiert in Bremerhaven – tätig. Nach seiner Entlassung und Heimkehr im September 1947 wurde er verhaftet und drei Tage lang im Gefängnis in Spremberg verhört. Man warf ihm vor, ein amerikanischer Spion zu sein, und wollte wissen, welche Aufträge er ausführen sollte. Einen zweiten Anlaß der »Staatsgefährdung« hatte er wohl damit gegeben, daß er sich Anfang 1950 im Westsektor Berlins auf Arbeitssuche begab, da sein Verdienst als E-Schweißer damals mehr als gering war und wir heiraten wollten. Diese Versuche blieben jedoch erfolglos. In seiner arglosen Art hatte Günter davon einigen Bekannten berichtet. Zu allem Übel heiratete er dann noch eine Person mit »dunkler Vergangenheit«!

Ein Beispiel, das uns ab 1954 in Atem hielt, soll einen Einblick in die Methoden der Staatssicherheit vermitteln.

Eines Tages meldete sich bei uns ein ehemaliger Freund meines Mannes. Er verstand es fabelhaft, an frühere Erlebnisse anzuknüpfen, Erinnerungen an die Schulzeit und Kindheit zu wecken. Bald ergab sich zwischen ihm und Günter ein reger Gedankenaustausch. Wir wußten zwar, daß Harald Mitarbeiter des Staatssicherheitsapparates war, dachten aber an nichts Böses.

Seine Besuche erfolgten in regelmäßigen Abständen. Meist unterhielten sich die Männer allein, da ich nicht mitreden konnte. Das ging eine Weile so. Ganz unmerklich brachte Harald dann die Gespräche auf die jetzige Tätigkeit beider, fragte meinen Mann nach seinem Arbeitsplatz, nach diesem und jenem und nach seiner Meinung zu bestimmten Verhaltensweisen gemeinsamer Bekannter.

Mein Mann, von Natur aus gutgläubig, schöpfte keinen Verdacht, daß er ausgehorcht werden sollte. Bis dann die Fragen gezielt kamen: »Gib mal darauf acht, wer Verwandte im Westen hat!« – »Was wird in den Pausen so bei euch diskutiert?« – »Horch mal rum, welche Stimmung bei euch in der Werkstatt ist!«

Da wir nie Geheimnisse voreinander hatten, weihte mich Günter ein. Wir dachten gemeinsam darüber nach, wie er sich heraushalten könne. Also erzählte er dem wißbegierigen Harald das, was offiziell in Versammlungen an Meinungen kundgetan wurde. Das war allgemein bekannt und nachprüfbar, ohne daß jemand Schaden nahm.

Sicher bemerkte Harald, wie zurückhaltend mein Mann in seinen Äußerungen war – als Informant also vollkommen untauglich. Doch er ließ sich etwas Neues einfallen – oder sollte ich besser sagen, seine Dienststelle? Er allein war ja nicht der Initiator. Wir stellten auch fest, daß er stets während seiner Dienstzeit kam. Inzwischen war er nach Cottbus versetzt worden, wohnte dann auch dort. Er gab vor, daß er des öfteren dienstlich in Welzow zu tun habe – »aber für einen Plausch mit alten Freunden reicht die Zeit immer«.

Der neue Vorstoß war besonders raffiniert eingefädelt. Harald bat uns beide zu einer ernsten Aussprache, die er so einleitete: »Was ich zu sagen habe, geht euch beide an, ihr könnt euch denken, daß wir (er meinte seine Dienststelle) viel über euch wissen. Aber ich möchte euch helfen. Mir gelang es, Verbindungen herzustellen, die für euch wertvoll sein können. Dabei stieß ich auf einen Mann, der euch beide kennt und sich mit euch treffen möchte.« An meinen Mann gewandt, sprach er weiter: »Es wird günstiger sein, wenn du zunächst allein fährst. Der Treffpunkt soll in Berlin, Bahnhof Friedrichstraße, am Kiosk, sein. Da fällt eine Begegnung am wenigsten auf.« Er nannte dazu noch das Datum und die Uhrzeit.

Unbeschreiblich der Zwiespalt, in den wir gerieten. Harald machte einen so vertrauenerweckenden Eindruck, seine »Vermittlung« erschien glaubhaft. Immerhin konnte es sich um Informationen über Günters Vater handeln – wer war diese Person, deren Name nicht genannt wurde?

Wer sollte uns in dieser Situation beraten? Wir waren auf uns allein gestellt. Schließlich gewann unser wacher Verstand die Oberhand. Mein Mann fuhr nicht nach Berlin.

Die Angriffe auf unsere »Standhaftigkeit« zerrten beträchtlich an unseren Nerven, zumal ich mich auf die Lehrerprüfung D 12 vorbereiten mußte.

Mich belasteten auch die methodische Führung des Unterrichts in einer zweiten Klasse sowie die Tätigkeit als Klassenleiter. Manchmal hatte ich Hemmungen, vor Schülern und Eltern aufzutreten. Da ich aber, um nach außen sicher zu wirken, meine Gefühle verdrängen mußte, waren Unausgeglichenheit und Verletzbarkeit die Folge.

Ängste breiteten sich in allen meinen Lebensbereichen aus. Ich hatte Angst, das Pensum des Selbststudiums nicht zu bewältigen, Angst, meine Schüler falsch zu behandeln, Angst, meinen Pflichten der Familie gegenüber nicht genügend nachzukommen.

Immer größere Ausmaße nahm die Angst vor den Überwachungsmaßnahmen der Staatssicherheit an, die nach den ersten Mißerfolgen zu einer anderen Variante griff.

Was geschah, habe ich damals aufgeschrieben und das Blatt in mein Tagebuch gelegt. Aus diesem Grunde blieb es erhalten. Alle anderen Notizen und Beweisstücke vernichteten wir. (Heute müssen wir sagen leider.)

Am Sonntag, dem 2. Dezember 1956, erschien in unserer Wohnung eine unbekannte junge Dame, die einen Brief für meinen Mann überbrachte. Sie war groß, schlank, hatte dunkles Haar, das sie ziemlich lang trug. Ihre Kleidung bestand aus einem hellen gestreiften Mantel, braunen Kurzstiefeln und gleichfarbigen Handschuhen. Sie hatte nur eine ebenfalls braune Handtasche bei sich. Im Haus schien sie sich gut auszukennen, denn sie benutzte die Hintertür von der Hofseite aus, klingelte also nicht (wie sonst alle Besucher) an der vorderen Eingangstür und stieg gleich die Treppe zu unserer Wohnung hinauf. (Unsere Wohnung besaß keinen abgeschlossenen Flur, drei Türen führten vom offenen Flur aus in Wohnküche, Wohn- und Schlafzimmer.) Sie klopfte auch sofort an die richtige Tür (Wohnküche) und stand unvermittelt vor uns.

»Ich komme von einem guten Bekannten«, sagte sie, ohne sich vorzustellen, »er bat mich, diesen Brief persönlich abzugeben.«

Ehe wir – vor Überraschung sprachlos – Fragen stellen konnten, verschwand sie auf dem gleichen Weg.

Der Verfasser des Briefes schlug meinem Mann vor, sich mit ihm am kommenden Sonntag gegen 10.00 Uhr in Cottbus am Ausgang des Spreewaldbahnhofes zu treffen, da er wichtige Nachrichten zu übermitteln hätte und ihm ein Angebot machen wolle.

Unterschrieben war die Mitteilung mit »ein guter Freund«. Der Absender auf dem Brief fehlte.

Nun besaßen wir schon »Übung« im Reagieren auf solche »Einladungen«, vernichteten den Brief, sahen aber noch keine Verbindung zu Harald. Das änderte sich schnell, denn wenige Tage später kreuzte er bei uns auf, verlangte, mit meinem Mann allein zu sprechen, und stellte ihm dann unter anderem die Frage: »Hast du mir nichts zu sagen?« Als mein Mann verneinte, drang er in ihn: »Günter, du kannst mir alles anvertrauen. Wenn Unvorhergesehenes geschieht oder mal jemand was von dir will, du weißt, ich kann dir helfen.«

So unbefangen wie möglich versprach Günter, das zu tun, aber im Augenblick gäbe es nichts. Sicher kam Harald im nachhinein zu der Erkenntnis, daß sein Versuch reichlich plump war und meinen Mann stutzig machen mußte. Jedenfalls hatten wir eine Weile Ruhe vor ihm, doch der Schein trügte.

Ich zitiere wieder meine Tagebuchaufzeichnungen:

Dieselbe Dame kam noch einmal am 10. Juli 1957. Sie trug eine rosa Bluse und einen bunten Rock. Dieses Mal hatte sie keinen Brief bei sich. Sie schien auch unsicher zu sein, weil sie mir die Nachricht im Beisein einer Kollegin, die mich gerade besuchte, übermitteln mußte. (Mein Mann war nicht zu Hause.) Die Fremde gab vor, hier in Welzow Verwandte zu haben, bei denen sie sich einige Tage aufhalte. Sie solle bei der Gelegenheit meinem Mann Grüße von seinem Berliner Freund bestellen. Mein Mann wisse

schon, wer das wäre. Am 20. Juli solle er in Cottbus auf dem Bahn-
hof sein, der Freund erwarte ihn bestimmt.

Rosel M., meine Kollegin, schaltete sofort: »Du, da stimmt was
nicht.« Ich erzählte vom ersten Besuch dieser Fremden im Dezem-
ber vergangenen Jahres. Die resolute Rosel sprang auf. »Das über-
prüfen wir, komm. Sie hat doch gesagt, sie würde hier ihre Ver-
wandten besuchen – also hinterher.«

Unterwegs teilte ich Rosel meine Vermutung mit, daß diese
Nachrichtenüberbringerin wahrscheinlich von Cottbus aus zu uns
geschickt sei. »Dann auf zum Bahnhof«, rief Rosel, »und wenn wir
sie dort sehen, fragst du nach der Uhrzeit, die hat sie nämlich nicht
genannt.« Tatsächlich – der Zug stand noch da, und unsere Besu-
cherin lehnte aus dem Fenster. Sie erschrak sichtlich, als wir beide
auftauchten. Ich tat, was Rosel vorgeschlagen hatte: »Sie haben
nicht gesagt, um welche Zeit mein Mann dort sein soll.« »Ach ja,
das vergaß ich wohl, so zwischen 10.30 und 11.00 Uhr.« Der Zug
fuhr ab. »Wenn die noch mal auftaucht, gehst du zur Polizei. Mich
kannst du als Zeugin angeben«, sagte meine Kollegin.

Die Unbekannte kam nicht mehr. Auch Harald stellte seine Besuche ein. Möglicherweise hatte die Staatssicherheit sich davon
überzeugt, daß wir uns nicht provozieren ließen. Wir atmeten auf.

Die drohenden Schatten schienen zu weichen. Ungezwungener erweiterten wir unseren Freundeskreis. Das ergab sich auch aus unserer
beruflichen Tätigkeit, in der wir beide immer besser Fuß faßten. Unser Junge kam zur Schule, lernte gut und bereitete uns viel Freude.

Bewußter nahmen wir am gesellschaftlichen Leben teil. Unser
Lebensstandard verbesserte sich beträchtlich.

Es zeichnete sich auch in unserer Einstellung zur Politik eine
Veränderung ab. Während des Lehrerstudiums und der ständigen
Weiterbildung mußte ich mich auch mit dem Marxismus-Leninismus beschäftigen, machte mich mehr und mehr mit ihm vertraut,
sprach mit meinem Mann über die im »Kommunistischen Manifest« verkündeten Ziele einer neuen Gesellschaftsordnung, in der
»...die freie Entwicklung eines jeden die Bedingung für die freie
Entwicklung aller ist«.[1]

1 Karl Marx/Friedrich Engels: Manifest der Kommunistischen Partei. In: MEW,
  Bd. 4, S. 482.

Ursula und Günter Fischer, Pfingsten 1960

Uns wurden Perspektiven eröffnet. An der Verwirklichung der
verheißungsvollen Ideen beteiligt zu sein schien uns lohnenswert.

1956 trat mein Mann in die SED ein, weil er während eines Kur-
aufenthaltes erkannt hatte, was Partei und Regierung für das
Wohl der Werktätigen unternehmen. Er meinte, durch seine Zugehörigkeit zum »fortschrittlichsten Teil der Arbeiterklasse« am
Aufbau der DDR noch aktiver teilnehmen zu können.

Wir beobachteten in der zweiten Hälfte der 50er Jahre, daß sich
fast täglich Fortschritte abzeichneten.

Die Mehrzahl der Bürger in Welzow beteiligte sich in freiwilligen Aufbauschichten an der Beseitigung der Trümmer, die der unselige Krieg hinterlassen hatte.

Mein Bestreben war es, durch solide Arbeit in der Schule einen Beitrag zur sozialistischen Umgestaltung zu leisten, die Schüler dazu anzuhalten, nicht nur zu lernen, sondern auch »gute Taten« zu vollbringen.

Sehr konkrete Formen wiesen solche Taten auf. Die Kinder sollten vor allem begreifen, warum sie etwas tun. Deshalb erschienen mir die Pioniergebote als Grundlage gut geeignet. Solche Aufgabenstellungen wie
- den Eltern und alten Leuten zu helfen,
- mit Kindern anderer Länder Freundschaft zu halten,
- die Tiere zu lieben und die Natur zu schützen
regten die 7- bis 10jährigen an, ihre Umwelt bewußter zu betrachten und sich selbst in sie hineinzustellen.

Die Leistungen und die Verhaltensweisen der Schüler meiner Klasse bestärkten mich in dem Glauben, den richtigen Weg zu beschreiten. Die Äußerungen der Eltern bestätigten es mir ebenfalls. Das spornte mich an, immer etwas mehr zu tun als unbedingt verlangt wurde. Sicher war auch Ehrgeiz im Spiel, denn die Worte des Hüttenmeisters B. klangen immer in mir nach: »Du mußt durch Leistungen überzeugen, zeige was du kannst.«

Und ich konnte triumphieren, hatte ich doch die einstmals getroffene Entscheidung des Arbeitsamtes: »Für Sie kommen erzieherische Berufe nicht mehr in Frage!« ad absurdum geführt.

August 1969

Neun Jahre lang lebte ich auf einer »Insel«. So bezeichnete ich später das Institut für Lehrerbildung – meine Wirkungsstätte in Altdöbern.

Die ländlich anmutende Gemeinde bot mit ihren holprig gepflasterten Straßen, den hübschen Vorgärten, der alten Kirche auf dem Dorfplatz einen malerischen Anblick. Eingebettet in Wälder und Wiesen, begrenzt von einem herrlichen Park und mehreren Teichen, vermittelte sie den Bewohnern den Eindruck, sich außerhalb der geschäftigen Welt zu befinden.

Das Institutsgebäude, ein ehrwürdiger roter Backsteinbau, lag in einer ruhigen Straße. Im lebhaften Kontrast zu ihm erstreckte sich auf der gegenüberliegenden Seite das im modernen Stil errichtete Internat mit freundlicher heller Fassade und einem zierlichen Turm über dem vorderen Eingang. Hinter dem Gebäude breitete sich einladend ein weitläufiger gartenartiger Park aus. Vom ersten Augenblick an fühlte ich mich in Altdöbern heimisch, obwohl ich in den ersten Wochen unter erschwerten Bedingungen leben mußte. Da wir nicht sofort eine Wohnung bekamen, bezog ich vorübergehend mit unserem neunjährigen Sohn ein möbliertes Zimmer, damit er das neue Schuljahr bereits in Altdöbern beginnen konnte.

Wenn ich von einer Insel spreche, meine ich weniger den Ort und das Milieu, sondern vor allem mein neues Arbeitsfeld. Am Institut für Lehrerbildung zeichneten sich klare Strukturen sozialistischen Lebens ab. Alles, was ich über das Leben in der neuen Gesellschaftsordnung aus Büchern erfahren oder in Lehrgängen gehört hatte, schien hier verwirklicht zu sein.

Die Arbeitsatmosphäre war gekennzeichnet vom Miteinander der Lehrenden und Lernenden. Lehrer und Studenten formten sich zu einer starken Gemeinschaft – allerdings nicht im Selbstlauf, nein, oft genug im harten Kampf und in ehrlich geführten Auseinandersetzungen.

Unter den 25 bis 30 Lehrerbildnern herrschte ein kameradschaftliches Verhältnis. Jeder war für den anderen da, nahm Anteil an seinen Sorgen und Problemen, waren sie nun beruflicher oder privater Natur. Das durfte ich gleich in der ersten Zeit erfahren. Meine neuen Kolleginnen und Kollegen erleichterten mir das Einleben, indem sie mir jegliche Hilfe zuteil werden ließen.

Mein Einsatz als Lehrerbildner beruhte auf einer Entscheidung, die ich kurzfristig zu treffen hatte. Auf Grund meiner Einstellung zum Beruf und meiner ehrlichen Bemühungen um gute Bildungs- und Erziehungsergebnisse an der Goethe-Oberschule in Welzow gelangte ich auf die Kaderliste. Zwischen dem 15. Mai und dem 1. Juli 1960 mußte ich von drei Möglichkeiten eine auswählen:

- die Nachfolge des Direktors der Hilfsschule in Spremberg anzutreten,

- eine hauptamtliche Tätigkeit im Kreisvorstand Spremberg der Gewerkschaft Unterricht und Erziehung aufzunehmen oder
- Lehrerbildner am Institut in Altdöbern für Lehrerbildung zu werden.

Nach langer, reiflicher Überlegung entschied ich mich für die Arbeit am Lehrerbildungsinstitut. Ich habe es nie bereut. Diese Aufgabe füllte mich aus, stellte mich aber erneut auf eine Bewährungsprobe. Den Unterrichtsstoff in den Fächern Deutsch und Deutsch-Methodik, den ich den Studenten vermitteln sollte, mußte ich mir am Tage oder in der Nacht zuvor erst einmal selbst aneignen – ich brachte ja keine Voraussetzungen mit.

Diese Unterrichtsvorbereitung ließ sich mit der Erarbeitung des Lehrplanstoffes für den Unterricht in der Hilfsschule oder in den unteren Klassen der Polytechnischen Oberschule nicht vergleichen. Es bedurfte einiger Kraftanstrengung, um mich mit der fachlichen Materie so vertraut zu machen, daß ich sie nicht nur selbst voll beherrschte, sondern sie auch, methodisch aufbereitet, weiterzugeben imstande war.

Oft konnte ich Fragen der Studenten nicht sofort und umfassend beantworten. Das gestand ich ihnen dann offen ein. Meist regte ich an, sich selbständig zu informieren – was ich gleichfalls zu tun versprach – und in der nächsten Stunde die Erkenntnisse miteinander zu vergleichen. Das befähigte die Studenten gleichzeitig zum Umgang mit Nachschlagewerken, was für einen Lehrer unerläßlich ist. Die Studenten wußten auch genau, daß ich niemals eine Frage vom Tisch wischte, weil sie mir unbequem erschien. So erwuchs ein enges Vertrauensverhältnis zwischen ihnen und mir. Sehr froh stimmte mich die kritische Einstellung der jungen Menschen. Sie nahmen nicht – wie brave Schüler – widerspruchslos hin, was ihnen vermittelt wurde.

Ich kann mich gut daran erinnern, daß ich in mancher Literaturstunde meinen »Stoff« nicht schaffte, weil unvorhergesehene Fragen auftauchten, die keinesfalls im Raum stehenbleiben durften.

Das gemeinsame Erarbeiten von Standpunkten – beispielsweise zu Verhaltensweisen literarischer Gestalten – machte den Unterricht interessant.

Bei der Behandlung des »Faust« äußerten die Studenten meiner

Klasse den Wunsch, Goethes Wirkungsstätten in Weimar kennenzulernen. Um mehr über den großen deutschen Dichter und seinen »Faust« zu erfahren, schlugen sie eine mehrtägige Exkursion vor. Erfreut über ihren Entschluß, traf ich mit ihnen die Reisevorbereitungen.

Ich hatte keine Ahnung, was die Fahrt mir bringen sollte: einen unvermittelten Zusammenprall mit meiner Lagerzeit. Selbstverständlich wollten die Studenten auch die nahe gelegene Gedenkstätte Buchenwald besichtigen.

Da stand ich also vor dem Lagertor mit der Aufschrift »J E D E M D A S S E I N E«.

Noch erfaßte ich nicht das Ausmaß dessen, womit ich konfrontiert werden sollte. Die Führung durch das Lager übernahm mein Kollege, der die Klasse in Marxismus-Leninismus unterrichtete und sie auch nach Weimar begleitete, sowie ein von der Gedenkstätte beauftragter Genosse.

Ich wußte, daß Ruth und andere meiner Gefährten von Mühlberg aus nach Buchenwald gelangt waren. Wie viele von ihnen kamen nicht heim...

Bei der Besichtigung der Ringgräber und den Darlegungen über die Zahl der Toten in den Massengräbern mußte ich an mich halten, um nicht zu fragen: »Und wo liegen ›unsere‹ Toten?« Doch mir stand noch weit Schlimmeres bevor: das Ansehen des Filmes über das Lager Buchenwald und die von den Nazis verübten Greueltaten. Ich verschloß die Augen vor den Bildern des Grauens – die Ohren konnte ich mir nicht zuhalten. Verdrängt Geglaubtes brach hervor.

Gut, daß es dunkel im Raum war, so daß mein Gesichtsausdruck allen verborgen blieb. Zum ersten Mal wurde mir bewußt, daß ich meine Studenten, die mir so viel Vertrauen entgegenbrachten, belügen mußte, daß ich ihnen die Wahrheit über mich verschwieg. Gerade zur rechten Zeit erinnerte ich mich der Worte meines Hilfsschuldirektors P.: »Ein guter Lehrer muß vor allem ein hervorragender Schauspieler sein.«

Ich begriff, daß ich mich schützen mußte, wenn ich bestehen wollte.

Was hätte ein Bekenntnis bewirkt, was hätte ich als einzelne Person hier ausrichten können? Die Drohung des sowjetischen

Offiziers bei meiner Entlassung hallte in mir nach: »Zu keinem Menschen ein Wort – sonst wieder in Lager – und dann nicht mehr nach Hause!«

Lager gab es inzwischen nicht mehr. Die letzten – zu denen Buchenwald gehörte – wurden 1950 aufgelöst. Aber es gab genügend Gefängnisse. Bekannt und berüchtigt war die Haftanstalt Bautzen. Das Schlagen der Gefängnistüren, das Rasseln der Ketten, die Enge der Zelle – alles noch einmal? Und meine Familie, was würde meinen Sohn erwarten?

Nein, ich wollte leben!

Also baute ich eine Wand um mich. Alles, was Vergangenes heraufzubeschwören drohte, ließ ich nicht an mich herankommen. Mit dieser Art Selbsthypnose überstand ich den Tag.

Zu Hause schob ich den Gedanken an Buchenwald in den Hintergrund und erzählte um so lebhafter von den Besuchen der Weimarer Goethe- und Schiller-Gedenkstätten, von dem erhebenden Augenblick an der Gruft Goethes und Schillers. Nachklangen »Faust's letzte Worte«, dort in andächtiger Stille von meiner Studentin Astrid aus eigenem Bedürfnis und in unser aller Namen zu Ehren der großen Dichter gesprochen. Das hatte ich mit meinem Unterricht bewirkt – das zählte.

Aber während eines Besuches bei meinen Eltern, denen ich von der Exkursion berichtete, wobei ich auch Buchenwald erwähnte, holte mich das Geschehen wieder ein. Meine Mutter fragte mich, als ich allein mit ihr in der Küche hantierte, mit tiefer Besorgnis: »Wie hast du das nur überstanden? Wurdest du nicht an deine Lagerzeit erinnert?« Durfte ich meine Mutter belügen? Auf keinen Fall! Aber sollte ich mich ihr offenbaren, ihren Kummer um mich noch vertiefen? Ich suchte nach einem Ausweg und sagte wahrheitsgemäß: »Du kannst beruhigt sein – es war anders.«

Damals sagte ich das aus meiner Empfindung heraus. Heute kann ich den Begriff »anders« definieren.

In seinem Buch »Die politischen Häftlinge der Sowjetzone« stellt Gerhard Finn eindeutig Gemeinsamkeiten und Unterschiede heraus: »Die sowjetischen Konzentrationslager auf deutschem Boden kann man nicht als Zwangsarbeitslager, Internierten- oder Vernichtungslager bezeichnen. Sie waren eine Mischung aus allen drei Elementen. Sie waren keine Zwangslager, weil der größte Teil der Häftlinge nicht arbeiten durfte. Sie waren keine Internierungslager, weil die Verhältnisse in den KZ nicht den Vorstellungen entsprachen, die man allgemein von einem reinen Internierungslager hat, und sie waren keine Vernichtungslager Hitlerscher Prägung, weil keine Massenvernichtungsmittel, wie Gasöfen, vorhanden waren. Und doch war durch die Übernahme einiger Komponenten dieser KZ-Formen eine neue Art von Konzentrationslagern entstanden: die ›Speziallager der NKWD‹. Der ›Erfolg‹ dieser Lager – rund 50 000 Tote und Zehntausende Kranke – beruht auf der teuflischen Basis einer Art Selbstvernichtung.«[1]

Das Buchenwald-Erlebnis wirkte so nachhaltig, daß ich nachts laut schreiend aus Angstträumen erwachte. Mein Verhalten änderte sich total.

Äußerst beunruhigt verfolgte mein Mann diese Wandlung, aber er drang nicht in mich. Feinfühlig bemühte er sich darum, mich abzulenken. Meinen oft sonderbaren Reaktionen brachte er Verständnis entgegen.

So hatte ich manchmal während einer Feier – und wir feierten oft und viel in Altdöbern – plötzlich das Verlangen, allein zu sein. Beim Besuch von Veranstaltungen fühlte ich mich beengt und flüchtete »ins Freie«. Verdunkelte Räume flößten mir Angst ein. Mehrmals versetzte ich meine Studenten in Erstaunen, als ich eine Filmvorführung im Klassenraum unvermittelt abbrach und die Vorhänge aufzog.

Um meine Selbstbeherrschung zurückzugewinnen, stürzte ich mich mit ganzer Kraft in meine Arbeit. In mir reifte der Entschluß, ein Fernstudium für Deutsch aufzunehmen, nicht nur, weil ich am Institut die einzige Lehrkraft ohne Hochschulabschluß war, sondern weil ich meine »grauen Zellen« in eine andere Richtung lenken wollte. Eine Kollegin stellte mir ihre gesamten Lehrbriefe aus ihrem Deutsch-Fernstudium zur Verfügung. Nachdem ich mich sicher genug fühlte, bewarb ich mich um einen Studienplatz. Die Institutsleitung lobte mich ob dieser Entscheidung und nahm den Antrag entgegen.

1 Gerhard Finn: Die politischen Häftlinge der Sowjetzone, Köln 1989, S. 34.

Ich wartete, führte mein Selbststudium weiter, spezialisierte mich »ganz nebenbei« auf die sprachwissenschaftlichen Fächer. Das versetzte mich in die Lage, vor Mentoren, d. h. vor Lehrern der unteren Klassen in den Kreisen des Bezirkes Cottbus Vorträge über Grammatik und Rechtschreibung zu halten – eine solide Ausgangsbasis für mein Fernstudium.

Die Studienpläne mußte ich bald begraben.

In einem Gespräch »unter vier Augen« bestätigte mein Direktor noch einmal, daß er persönlich meine Qualifizierung unterstützen würde. »Aber«, so erklärte er mir, »ich weiß und alle Kollegen wissen es, daß du die Eignung als Deutschlehrer längst besitzt. Es fehlt dir lediglich das Papier dazu. Doch das brauchst du bei uns nicht.« Er machte mir des weiteren klar, wie sehr er gerade jetzt auf meinen Einsatz am Institut zähle, da ich auch in Fernstudium-Lehrgängen für Erzieher, die demnächst eingerichtet würden, in Grammatik und Rechtschreibung unterrichten solle. »Wir brauchen dich jetzt hier«, redete er mir zu, »da kannst du dich nicht zusätzlich mit einem Fernstudium belasten. Laß uns im nächsten Jahr darüber sprechen.«

Dabei blieb es.

Nur zu gern schenkte ich den Beteuerungen Glauben, meine Qualifizierung sei nicht so wichtig. Wer ist schon unempfänglich für Lob? Außerdem war ich davon überzeugt, daß es mein Direktor ehrlich meinte.

Über Wohl und Wehe aller Lehrerbildner entschieden »höhere« Instanzen. Eine Kollegin verriet mir unter dem Siegel der Verschwiegenheit, bei der Staatssicherheit in Calau würde von jedem Mitarbeiter des Instituts eine Akte geführt und der Direktor müsse ständig über Arbeitsweise, Weiterbildung, politische Grundhaltung jedes einzelnen Rechenschaft ablegen. Mir war klar, daß ich gerade hier »in der Schußlinie« stand und keiner meiner Schritte »unbewacht« blieb.

Meine Annahme erhärtete sich, als mir eine der Kolleginnen – sie war Mitglied der SED – bei einem Plausch zu zweit Einblick in die Methoden der Parteiüberwachung gab. Jedem Nichtgenossen, zu denen ich auch gehörte, wurde aus den Reihen der Mitglieder ein heimlicher Pate zugeteilt. Dieser hatte einen engen Kontakt zu seinem »Schützling« herzustellen, um ihn ständig auf

Herz und Nieren zu überprüfen. Sie gestand mir sogar, daß sie selbst meine »Patin« sei. Ob ich das noch nicht bemerkt hätte? Als ich staunend verneinte, gab sie mir zu verstehen, was sie herausfinden sollte, und fragte auch ganz offen: »Welche Meinung hast du zur deutsch-sowjetischen Freundschaft?« Ebenso freimütig gab ich ihr die Antwort: »Wenn es um Frieden und Völkerverständigung geht, ist meine Meinung immer positiv.« Ich hatte also kaum etwas zu fürchten, da ich ja nun genau wußte, woran ich war.

Anscheinend reichten die »Parteiinformationen« über mich den zuständigen Stellen in Calau nicht aus, so daß sie zu anderen Maßnahmen übergingen.

Ähnlich wie in Welzow – nur besser getarnt – kamen verstärkt »Freunde« zu uns in die Wohnung. Sie gehörten gleich meinem Mann und mir dem Kabarett an, das sich in Altdöbern eines guten Rufes erfreute. Eine der Mitwirkenden kam recht oft. Einmal beobachtete ich, daß sie in unserem Bücherregal gezielt nach etwas suchte. Sie drang in die hintere Reihe der Bücher vor, besah alle genau, brachte dann ein Buch mit dem Titel »Im Zeichen des Kreuzes« zu mir, fragte mich, ob das nicht verbotene Lektüre sei. Ich konnte sie darüber aufklären, daß es darin um das Symbol des Kreuzes als Sinnbild in der Kunst geht. Besagte »Freundin« kam nun regelmäßig, um sich Bücher auszuleihen. »Ich will sie alle mal lesen, ihr habt so viele, die ich noch nicht kenne«, begründete sie ihre Besuche.

Wie gut, daß ich instinktiv mein Tagebuch seit langem versteckt hielt, an einem Ort, wo kein Mensch es finden konnte.

Das Mißtrauen erwachte wieder. Argwöhnisch beobachtete ich meine Umgebung, alle Personen, die mit uns in irgendeiner Beziehung standen. Dabei mußte ich feststellen, daß mein Verdacht nicht unbegründet war. Die Zahl der »Besucher« nahm zu und damit auch die der verdeckten Aktivitäten gegen uns. Mein Mann und ich sprachen nicht darüber, unsere Verständigung funktionierte ohne Worte. Vor allem sollte unser Sohn unbelastet bleiben, er erfuhr niemals etwas über unsere geheimen Ängste. Zeitweise wurde ich von Depressionen heimgesucht und mußte mich deshalb in ärztliche Behandlung begeben.

Es entspräche aber nicht der Wahrheit, wenn wir heute behaupten würden, wir hätten ohne Unterbrechung in Furcht gelebt. Viel zu schnell gewöhnt man sich an Zustände, nimmt sie als gegeben hin. Ich verfiel – wohl zu meiner Selbstberuhigung – in den Fehler, diese »häuslichen« Aktionen von meiner Arbeitssphäre zu trennen.

Meine Kollegen haben damit nichts zu tun, redete ich mir ein, was für einige auch zutraf. Aber ich wollte Gewißheit haben und machte die Probe aufs Exempel. Ungewollt wies mir ein Kollege den Weg dazu.

Während eines Gesprächs über eine Studentin entnahm ich seinen Äußerungen, daß die Briefpost der Studenten überwacht (sprich: im Verdachtsfall geöffnet) wird. Das fand ich unerhört, hielt jedoch meine Meinung zurück und nutzte diese Information für meine Zwecke. Mit einem Bekannten aus Halle, wir waren gemeinsam zu einer Kur, vereinbarte ich folgendes: Die an mich gerichteten Briefe sollte er künftig an die Adresse des Instituts richten. Ich gab ihm auch Hinweise zum Inhalt. Als der erste dieser Briefe eintreffen mußte, fragte ich im Sekretariat, ob Post für mich gekommen sei. Die verlegene Verneinung der Sekretärin bestätigte mir das Gegenteil.

Am nächsten Tag hielt mich der diensthabende Student an der Wache des Internats an: »Frau Fischer, hier ist versehentlich ein Brief für Sie mit rübergekommen.« Weitere Briefe aus Halle erhielt ich auf ähnliche Weise zwei oder drei Tage später »übermittelt«. Daß meine Post nicht nur zurückgehalten, sondern auch geöffnet wurde, entnahm ich unvorsichtigen Bemerkungen einiger leitender Kollegen, die irgendwie davon erfahren hatten. Eine Kollegin fragte, als ich Bilder von der Kur herumzeigte, verschmitzt: »Welches ist denn der Kurt?« Den Namen Kurt hatte ich ihr gegenüber vorher nie erwähnt.

Also doch – dachte ich. Nun gut, die Briefe hatten nichts Negatives über mich an den Tag gebracht. Ein Grund mehr, mir endlich zu trauen. Meinem Mann und mir machte ich Mut, redete uns zu: Einmal muß das doch aufhören. Man kann mir doch meine Vergangenheit nicht bis ans Ende meiner Tage anlasten.

Um mich ganz zu befreien, entschloß ich mich zu einem letzten Schritt – ich stellte im Sommer 1968 den Antrag, Kandidat der SED zu werden. Zwei Gründe waren dafür ausschlaggebend:

196

Erstens wollte ich aus voller Überzeugung auch nach außen hin meine Bereitschaft dokumentieren, den Staat zu unterstützen, in dessen Verfassung verankert war: »Im Mittelpunkt steht der Mensch.«

Am Institut sowie in der Gemeinde Altdöbern wurde dieser Grundsatz praktisch umgesetzt, auch durch die Mitwirkung zahlreicher Lehrerbildner in den örtlichen Ausschüssen. In einigen von ihnen sah ich Vorbilder, an deren uneigennütziger Handlungsweise ich mich orientieren konnte. Der zweite Grund lag auf zweckdienlicher Ebene, rangierte jedoch nicht an vorderster Stelle.

Mein Mann mußte 1968 seine Arbeit wechseln, denn das Braunkohlenwerk Greifenhain, in dem er als Betriebszeitungsredakteur tätig war, sollte stillgelegt werden. Er nahm die Möglichkeit wahr, künftig in der Kreisredaktion der »Lausitzer Rundschau« in Luckau mitzuarbeiten.

Für mich bedeutete das, Abschied vom Institut zu nehmen und mich in Luckau um Arbeit zu bewerben. In all den Jahren am Institut für Lehrerbildung konnte ich ohne Parteizugehörigkeit »bestehen«. Im Kreis der Kollegen hatte ich mir durch meine Einsatzbereitschaft eine sichere Position erkämpft, von den Studenten wurde ich akzeptiert. Da ich als Parteilose ohnehin unter ständiger Kontrolle stand, hatte man bisher (so beurteilte ich es damals) keinen Anlaß gesehen, mich zum Eintritt in die SED zu bewegen.

»Draußen«, darüber war ich mir im klaren, sah das anders aus. Trotz unseres »Inseldaseins« lebten wir nicht isoliert. Ich wußte, daß ohne Parteizugehörigkeit geringe Einsatzchancen für mich bestanden, zumal ich nur die Qualifikation als Lehrer der unteren Klassen »mitbrachte«.

Mein Antrag erfuhr eine ungewöhnlich lange Bearbeitungszeit. Ich schob es auf die angespannte Lage im Jahre 1968. Sehr viel später klärte mich ein Genosse, der damals mitzuentscheiden hatte, über den wahren Sachverhalt auf. Er selbst mußte mit einem anderen Funktionär nach Haidemühl fahren, um dort Erkundigungen über mich und meine Vergangenheit einzuholen. Da wurde mir klar, »die« wollten mich gar nicht in ihren Reihen haben. Jetzt hieß es also von neuem: mitmachen – nun erst recht. Dann dachte ich wieder: Das sind doch nur Machenschaften einzelner, das ist nicht »die Partei«, die so etwas veranlaßt.

Meine Kandidatenkarte wurde mir kurz vor meinem Weggang aus Altdöbern ausgehändigt.

Ich blickte auf neun Jahre zurück, in denen ich mich der lohnenden Aufgabe widmete, jungen Menschen den Weg zu dem Beruf zu ebnen, den ich selbst über alles liebte. Reiche Jahre für mich, aber auch Jahre voller Widersprüche.

11. Mai 1990

Die längste, aber nicht bedeutendste Etappe meiner beruflichen Laufbahn fand mit dem Umzug von Luckau nach Berlin ihren Abschluß.

21 Jahre liegen hinter mir. Genau die Hälfte der Zeit nach meiner Rückkehr aus dem Lager wohnte und arbeitete ich in Luckau und war doch nie ganz dort zu Hause. Im Gegensatz zu Altdöbern zog mich die kleinbürgerliche Kreisstadt nie sonderlich an. Vielleicht lag es daran, daß ich Altdöbern ungern verließ. Ganz bestimmt aber lagen die Ursachen des »Nichtheimischwerdens« in den Startschwierigkeiten begründet.

Wir bekamen erst nach 15 Monaten eine Wohnung und lebten wieder getrennt. Mein Mann und ich bezogen vorübergehend zwei Zimmer in Luckau, unser Sohn blieb in der Altdöberner Wohnung zurück. Das hieß: doppelte Haushaltsführung, nur an den Wochenenden Familienleben. Für mich ergaben sich darüber hinaus noch andere Anpassungsprobleme.

Ich wurde als Referent für Lehrerbildung in der Abteilung Volksbildung eingesetzt, das kam meinem Wirkungsfeld am Institut sehr nahe, doch kein Mitarbeiter wies mich in meinen neuen Tätigkeitsbereich ein. Der Kreisschulrat trat zur gleichen Zeit – am 1. September 1969 – sein Amt an und hatte eigene Sorgen. Mein Vorgänger hinterließ mir lediglich einen Aktenstapel. Nun sieh, wie du zu Rande kommst!

Das alles hätte ich bewältigt. Doch meinte ich anfangs, in eine völlig zurückgebliebene Welt versetzt zu sein. Schon die Arbeitseinstellung der Kollegen befremdete mich. Pausen, angefüllt mit Klatsch und Tratsch, nahmen einen breiten Raum ein. Die Erfüllung der Aufgaben ließ Engagement vermissen. Am deutlichsten spürte ich in den Parteiversammlungen den Rückschritt. Kein Gedanke an offene Meinungsäußerungen. Vorgegebene Positionen, lange Referate, vorbereitete »Diskussionsbeiträge« waren an der Tagesordnung. Als »Neue« und »nur Kandidatin« stand mir Kritik nicht zu, ich wollte auch auf keinen Fall überheblich erscheinen.

Außerdem hatte ich genug damit zu tun, mir mein Arbeitsgebiet zu erschließen, und ich konnte bald erste Erfolge verzeichnen. Schon im Oktober eröffnete ich einen Kurzlehrgang für Erzieher ohne entsprechende Qualifikation und begann, die Fernstudienkurse vorzubereiten. Ohne es zu wollen, fiel ich »aus dem Rahmen« und geriet in das Blickfeld der Mitarbeiter der Kreisleitung der SED.

Bald erkannte ich, daß dort die eigentliche Kaderpolitik gemacht wurde. In den Händen des Sekretärs für Agitation und Propaganda liefen alle Fäden zusammen. Kein Kreisschulrat (ich erlebte in den 21 Jahren einen sechsmaligen Wechsel), keine Kaderabteilung, kein Parteisekretär konnte ohne den »Segen« der Kreisleitung eine Entscheidung treffen.

Auch meine Einstellung war vorher gründlich geprüft worden, das erfuhr ich bald. Ich registrierte bereits in dem ersten Gespräch, zu dem ich bestellt war, daß der »weiße Fleck« in meinem Lebenslauf und im Fragebogen gut bekannt war. »Wir haben deine Unterlagen studiert. Auf Grund deiner hervorragenden Beurteilung vom Institut räumen wir dir die Möglichkeit ein, dich hier zu beweisen.«

So offen trat mir der Sekretär für Agitation und Propaganda entgegen. Er erläuterte mir dann, welche Schwachstellen es an den Schulen des Kreises gäbe und daß man von mir erwarte, zu deren Beseitigung beizutragen.

»Das ist ein Parteiauftrag«, verkündete er. Ich fand nichts, was mich an seine Ausführung gehindert hätte. Erst später erkannte ich die raffiniert angelegte Taktik.

Obwohl ich nicht zur Leitung der Abteilung Volksbildung gehörte, wurde ich an Schulen geschickt, um Veranstaltungen, Versammlungen, Gesprächen beizuwohnen, in bestimmten Unterrichtsstunden bei bestimmten Lehrern zu hospitieren und dann schriftlich genauestens Bericht zu erstatten. Dafür waren Schwerpunkte vorgegeben, und ich stellte fest, daß diese – wenn auch getarnt – auf ein »Aushorchen« hinausliefen.

Dazu habe ich mich niemals hergegeben. Im Gegenteil – manchen Direktor, manchen Kollegen konnte ich unauffällig warnen. Das gute Verhältnis zu den Kollegen meiner »Einsatzschulen« gestattete mir, umfassende Einblicke in die Situation vor Ort zu gewinnen und – was ich als meine eigentliche Aufgabe sah – auf der Ebene der Unterrichtsführung positive Veränderungen auszulösen.

Auf Grund der »Erfolge« wurde ich mit weiteren Aufgaben betraut. Beispielsweise setzte man mich als Referenten und Seminarleiter im »Kurssystem der Lehrer und Erzieher« ein. Ich behandelte Themen aus dem sprachwissenschaftlichen Bereich und später auch aus den Gebieten der Psychologie und Pädagogik. Das trug wesentlich zu meiner persönlichen Weiterbildung bei.

Da ich Referent für Lehrerbildung war und dafür sorgen mußte, alle Lehrer und Erzieher ihrem Einsatz gemäß auszubilden, meinte ich, eine eigene Qualifizierung sei nun notwendig und gerechtfertigt. Der Kreisschulrat stimmte bedenkenlos zu, er schlug mir ein Studium zum Diplompädagogen vor. Dem Kreis standen dafür Plätze – jedoch in begrenzter Anzahl – zur Verfügung.

Meiner Delegierung wurde nicht stattgegeben. Die Begründungen waren fadenscheinig: Von beschränkten Platzkapazitäten war die Rede sowie davon, daß die Plätze ausschließlich Direktoren und anderen Leitungskadern vorbehalten sind.

Es war schon kurios: Ich, mit einer Lehrbefähigung für die unteren Klassen ausgerüstet, erreichte, daß jeder Lehrer im Kreis den Fach- oder Hochschulabschluß bekam, den er brauchte. Manchmal war das mit geduldiger Überzeugungsarbeit verbunden, doch im nachhinein waren die Kollegen froh, durchgehalten zu haben.

In Einzelfällen hatte ich auch andere negative Erlebnisse zu verkraften. Besonders ein Beispiel ist mir deutlich in Erinnerung. Die Listen meiner Fernstudenten gingen alle durch die »Kaderschleuse« der SED-Kreisleitung, unter anderem auch die Anträge für Jahreslehrgänge der Russischlehrer in der UdSSR. Diese Plätze waren für die Kreise streng kontingentiert, deshalb mußte eine gründliche Auswahl erfolgen.

Eine vortreffliche Russischlehrerin sollte 1977 delegiert werden. Die Unterlagen kamen zurück, weil besagte Lehrerin (laut Recherchen) Kontakte zu Verwandten in der BRD unterhalten haben sollte. Mir wurde untersagt, ihr den Grund der Ablehnung zu nennen. Die Kollegin legte die Absage als Entscheidung meinerseits aus, zumal ich binnen kurzer Frist »Ersatz« stellen mußte. Mich hat dieser Vorgang wie einige andere gleicher Art sehr belastet.

Die Widersprüche spitzten sich in den 70er Jahren ständig zu, sowohl hinsichtlich meiner beruflichen Tätigkeit als auch auf der Ebene der Parteiarbeit.

Unmittelbar nach meiner Kandidatenzeit hatten mich die Genossen der Abteilung Volksbildung in Absprache mit der Kreisleitung der SED in die Leitung der Parteigruppe gewählt. Das lehnte ich nicht ab, weil ich darin eine Möglichkeit sah, das innerparteiliche Leben dem des Instituts für Lehrerbildung anzugleichen. Der Gedichtzeile, die mich damals beeindruckte, »Partei, das ist die Heimat der Genossen...«, wollte ich Inhalt geben. Es schien anfangs auch, als würde mir das gelingen. Wir gingen dazu über, des öfteren »offene Parteiversammlungen« zu gestalten, um alle Kollegen in die Lösung der Arbeitsaufgaben einzubeziehen. Das kam gut an. Die »internen« Versammlungen wiederum wurden zu einer Stätte der offenen Meinungsäußerung. Den jungen Genossen, aber auch dem Kreisschulrat gefiel diese »neue« Variante besonders. Unsere Gruppenleitung erreichte sogar, daß keine »Parteiaufträge« alten Stils mehr vergeben wurden. Im Vordergrund stand das Prinzip der Freiwilligkeit.

Was uns noch behinderte, waren die Gesamtversammlungen, denn unsere Gruppe bildete mit drei weiteren eine APO. Deshalb regten wir an – und setzten es auch durch –, daß unsere Gruppe 1976 den Status einer selbständigen APO erhielt. Das war der Augenblick meines »Abtretens«. Die Leitung setzte sich für mich ein, ja, machte eine Eingabe beim 1. Sekretär der Kreisleitung der SED. Ich wurde vorgeladen und erhielt die Auskunft: »Mit deiner Vergangenheit kannst du nicht in der Leitung einer APO mitwirken. Es gibt Vorschriften, die wir nicht verletzen dürfen.«

Ich setzte mich zur Wehr. Nicht, weil ich unbedingt eine Funktion bekleiden wollte, sondern wegen der ungerechten Behandlung. Auf meine Frage, ob denn die »Rechte und Pflichten« im Statut der SED nicht für alle Genossen gelten, kam die Antwort: »Bei dir liegt ein Sonderfall vor, es tut uns leid.«

So einfach war das!

Ich dachte darüber nach, wie sich dieses »Urteil« mit dem Angebot vertrug, das man mir 1972 gemacht hatte. Damals wollte mich der Sekretär für Agitation und Propaganda zur hauptamtlichen Tätigkeit in der Kreisleitung der SED gewinnen. Ohne zu zögern oder die Bedenkzeit zu nutzen, antwortete ich mit einem klaren Nein. Zwingen konnte mich dazu keiner, das wußte ich. Aber diese Ablehnung bewirkte, daß ich in »Ungnade« fiel. Obwohl der Kreisschulrat versuchte, meinen Entschluß »oben« zu rechtfertigen, hatte ich lange an den Folgen zu tragen. Jetzt war mir klar, warum man mich direkt in der Kreisleitung haben wollte. Das hätte eine »Rundumbewachung« ohne das Einschalten Dritter garantiert. Immer besser erfaßte ich das Zusammenspiel von Staatlicher Leitung, Kreisleitung der SED und Staatssicherheit. Die »Schaltzentrale« befand sich in der Kreisleitung der SED.

Die »Luckauer Jahre« forderten auch ihren Tribut in der privaten Sphäre – wir standen einsamer da als je zuvor. Bekannten wagten wir nicht zu trauen, denn wir konnten eine Beobachtung wie in Welzow oder Altdöbern nicht völlig ausschließen.

Unsere Verwandten zogen sich merklich zurück. Dafür gab es guten Grund. Der jüngste Bruder meiner Mutter lebte mit seiner Familie in Karlsruhe. Wenn er in die DDR kam, organisierten meine Cousinen jedesmal ein Familientreffen. Mir aber war jeder Verkehr, ja jede Begegnung mit Bürgern aus der BRD streng untersagt. Der Vorsitzende des Rates des Kreises verlangte von mir die schriftliche Erklärung, keinen Kontakt zu Verwandten in der BRD zu unterhalten. So mußte ich meine Angehörigen schwer enttäuschen und jede Einladung ablehnen. Mein Onkel verstarb 1984, ohne daß ich ihn je wiedergesehen hätte oder an seiner Beerdigung teilnehmen durfte.

Ein Risiko ging ich durch meine ununterbrochene Verbindung mit meinen Lagergefährtinnen Christa und Ruth ein. Trotz Ermahnungen und Rücksprachen von seiten der Parteileitung des Rates des Kreises war ich nicht bereit, den Schriftverkehr mit meinen Freundinnen abzubrechen. Darum mußte ich eine Erklärung folgenden Wortlauts abgeben: »Lose schriftliche Beziehungen (Karten und Glückwünsche) zu zwei ehemaligen Schulfreundinnen, die in Lüneburg bzw. Paderborn wohnen.«

Kein Wunder, daß meine Post ständig überwacht wurde. In den letzten Jahren, da ich als Rentnerin in die BRD fahren konnte, war fast jeder Brief, der von »drüben« kam, mit dem Stempel »Geöffnet vom Hauptpost-Zollamt Falkenberg« versehen. Einige Pakete und Päckchen verschwanden sogar spurlos.

Daß unsere Kontakte sich nicht nur auf den Postweg beschränkten, mußte geheim bleiben. Mehrmals gelang uns eine direkte Begegnung. Wir hatten ohne Absprache in unseren Mitteilungen solche Formulierungen ausgeknobelt, die es ermöglichten, Ort, Datum und Zeit für ein Treffen zu vereinbaren. Mit Christa trafen wir uns (mein Mann war immer dabei) in Berlin am Bahnhof Friedrichstraße, mit Ruth in Forst, wo sie ihre Eltern besuchte, oder in Cottbus. Im Sommer 1972 konnte ich ein längeres Wiedersehen mit Christa in Bulgarien genießen und lernte dort endlich ihre Familie persönlich kennen.

Obwohl wir bei unseren Zusammenkünften die Lagerjahre kaum erwähnten, hielt uns ein unsichtbares Band umspannt. Mir schenkten diese Stunden Kraft, um im Alltag bestehen zu können. Und sie vermittelten mir darüber hinaus eine gewisse Genugtuung, »allen ein Schnippchen zu schlagen«, wie es mir mein Hüttenmeister geraten hatte.

Doch alle kleinen und großen Höhepunkte dieser Art halfen uns nicht, den Widersprüchen zu entrinnen.

In einem Ortswechsel meinten wir den Ausweg zu finden. Ernsthaft bemühten wir uns, mittels Wohnungstausch Luckau zu verlassen. 1973 fanden wir in Cottbus einen Tauschpartner. Mein Mann hätte in der Bezirksredaktion der »Lausitzer Rundschau« Arbeit bekommen, und ich nahm Beziehungen zum Institut für Lehrerbildung auf, das inzwischen nach Cottbus verlegt worden war. Eine Anstellung wurde mir in Aussicht gestellt.

1974 ergab sich eine Möglichkeit, nach Berlin zu ziehen. Alles war vorbereitet. Günter hatte dank der Vermittlung eines Bekannten schon ein neues Arbeitsfeld im Visier.

1979 stand Luckenwalde zur Debatte.

Illegales Treffen im September 1970
mit Christa Walter in Berlin

Alle drei Versuche scheiterten aus unterschiedlichen Gründen.

Ab 1986 erwogen wir eine Ausreise in die BRD. Dieser Gedanke faßte immer mehr Fuß, nachdem wir auf Grund unseres Rentenalters (mein Mann war seit 1982 Invalidenrentner) in die BRD reisen durften. Was uns immer wieder davon abhielt, war die Befürchtung, daß unserem Sohn und seiner Familie (er und seine Frau sind Lehrer) daraus Nachteile erwachsen könnten.

Wir trafen sogar Maßnahmen zu ihrem Schutz und entwarfen mit Hilfe meiner Cousine aus Königs Wusterhausen und ihres Mannes einen detaillierten Plan, wie wir vorgehen wollten. Aber wir konnten uns trotzdem nicht entschließen, die DDR zu verlassen. Wir fürchteten vor allem die lange Zeit im Aufnahmelager. Schließlich hielten uns die Vorzeichen der Wende zurück.

Die Zeit zwischen diesen fehlgeschlagenen Unternehmungen nutzte ich, um auf andere Weise freizukommen. So flüchtete ich mich in die wissenschaftliche Arbeit. Mehrere Jahre war ich durch Vermittlung eines Kollegen aus dem Institut für Lehrerbildung in Templin an einem Forschungsprogramm zur »Deutschen Rechtschreibung« beteiligt. Sehr gern hätte ich diese »nebenbei« ausgeübte Tätigkeit hauptamtlich übernommen. Die Gelegenheit bot sich mir an der Akademie der Pädagogischen Wissenschaften in Berlin. Doch ich hatte wegen meines fehlenden Qualifikationsnachweises keine Chance. Der Kreis (sprich die Kreisleitung der SED) hätte auch niemals die Zustimmung gegeben.

Als dann ein »neuer« Schulrat meiner freiwilligen Tätigkeit skeptisch gegenüberstand, obwohl sich an den Schulen des Kreises, an denen ich Untersuchungen führte, Fortschritte im Fach Rechtschreibung zeigten, reichte ich 1977 einen Antrag auf Wechsel des Arbeitsplatzes ein. Ich wollte in die Praxis zurück.

Mein Schulrat zeigte mir die »Grenze«. »Du kannst auf Grund deiner Qualifikation nur als Unterstufenlehrer eingesetzt werden«, gab er zu bedenken. Daran hätte ich nichts auszusetzen gehabt. Doch das »Aber« folgte: »Für 1978 werden keine Unterstufenlehrer gebraucht, im Gegenteil, wir haben schon zu viele, die wir zwangsläufig im Hort einsetzen müssen.«

Hohn des Schicksals!

Doch die Lösung ergab sich von selbst auf ungeahnte Weise. Von heute auf morgen wurde ich im Januar 1978 Direktorin einer Landschule, an der es »brannte«. Die Direktorin, eine junge Frau, mußte aus gesundheitlichen Gründen auf unbestimmte Zeit ausscheiden. Die Erfüllung des Lehrplans geriet in Gefahr, und das Verhalten einiger Schüler gab Anlaß zu ernsten Bedenken. Vor allem schlug für die Oberschule Bornsdorf negativ zu Buche, daß sie als einzige im Kreis noch keinen Ehrennamen trug.

Zugegeben: Die Aufgabe reizte mich. Schon als junge Lehrerin träumte ich davon, an einer Landschule tätig zu sein, so ein kleines Reich für mich aufzubauen, selbst Entscheidungen zu treffen – mit den Dorfbewohnern auf Du und Du. Die Wirklichkeit sah dann etwas anders aus.

Vor meiner Berufung zur Direktorin wurde ich zum Kadergespräch in die Kreisleitung der SED geladen. Der neue Sekretär für Agitation und Propaganda weilte noch nicht lange im Kreis, war aber bestens mit der Kadersituation vertraut. Das Gespräch fand unter vier Augen statt: »Wir haben dich ausgewählt«, begann er seine Begründung, »weil wir wissen, daß du dir der Verantwortung bewußt bist.« »Aber läßt sich das mit meiner geringen Qualifikation vereinbaren?«, warf ich ein, »warum wurde mir jede Möglichkeit genommen, beruflich weiterzukommen?« Hart und eindeutig kam seine Antwort: »Deine Vergangenheit war immer ein Hinderungsgrund und wird es weiter sein. Arbeiten kannst du an jeder Stelle auch ohne ein ›Papier‹, wenn es uns nützt.« Zum Abschluß gab er mir noch mahnende Worte auf den Weg: »Du weißt, du darfst auch nicht den geringsten Fehler machen, wir sehen dir auf die Finger.«

»Zeige, was du kannst«, hatte Meister B. mich bestärkt, also nahm ich die Herausforderung an.

Vom Kreisschulrat unterstützt, setzte ich bei der SED-Kreisleitung durch, den Namen für die Schule selbst zu bestimmen. Das war nicht üblich, denn die Veteranenkommission der Kreisleitung führte eine Liste mit Namen bekannter antifaschistischer Widerstandskämpfer, die den Betrieben bzw. Schulen zugewiesen wurden.

Das Schulkollektiv machte ich mit Leben und Wirken Kurt Werners bekannt, jenes ehrlichen Kommunisten aus meinem Heimatort Haidemühl, dessen Familie meine Mutter unterstützt hatte, als er verhaftet und ins KZ gebracht wurde.

Mit unserem Anliegen übergingen wir den Sekretär für Agitation und Propaganda und fanden beim 1. Sekretär der Kreisleitung (es war eine Frau) ein offenes Ohr. Meine Begründung brachte ich auch bei der Namensverleihung zum Ausdruck: »Es gibt keine namenlosen Kämpfer. Alle trugen einen Namen. Einer davon heißt Kurt Werner.« In diesem einen Jahr hatten Lehrer und Schüler ganzen Einsatz gezeigt. Ein Zusammengehörigkeitsgefühl prägte sich aus, und viele Mißstände konnten behoben werden.

Mir war es noch einmal vergönnt, mich voll einzusetzen, wenn ich auch oft glaubte, an die Grenze meiner Kraft zu gelangen. Was mich mehr belastete als die Bewältigung schulischer Angelegenheiten, das war die Anfertigung aufwendiger Statistiken und Berichte.

In gewissen Abständen tauchten Mitarbeiter der Staatssicherheit auf, um Auskünfte einzuholen oder Einsicht in die Kaderunterlagen zu nehmen. Mich schreckten die Besuche nicht, Gespräche mit ihnen führte ich generell nur im Beisein des Schulparteisekretärs.

Die Schatten meiner »Vorgeschichte« erreichten mich auch in Bornsdorf. Schüler einer 8. Klasse überbrachten mir eine Einladung. Sie hatten eine Klassenfahrt nach Weimar geplant, die mit einem Besuch der Mahn- und Gedenkstätte Buchenwald verbunden war. Noch einmal Buchenwald – ich wußte, ich würde das nicht durchstehen.

28 Schüler, deren Achtung und Vertrauen ich mir schwer erkämpft hatte, mußte ich bitter enttäuschen und außer ihnen eine Klassenlehrerin, die ich wegen ihres persönlichen Engagements für die schwierige Klasse besonders schätzte. Meine Begründung, daß ich gesundheitlich nicht in der Lage sei, an einer mehrtägigen Fahrt teilzunehmen, haben sie wohl nicht voll akzeptiert, aber sie nahmen es hin, daß ich ihnen eine andere Kollegin als Reisebegleitung empfahl.

Allerdings hatte ich die Schüler, was meine Gesundheit betraf, nicht belogen. Zwei dicht aufeinanderfolgende Operationen beeinträchtigten meinen körperlichen Zustand so, daß mir die Ärzte »Schonarbeit« verordneten.

Mit der Tätigkeit als Direktorin ließ sich diese ärztliche Maßnahme nicht vereinbaren, darüber war ich mir im klaren. Sicher wäre aber auch ohne meine gesundheitlichen Probleme früher oder später meine Abberufung spruchreif geworden, denn die ehemalige Direktorin kehrte an die Schule zurück und wurde meine Stellvertreterin. Der »Kaderschmiede« des Kreises kam meine angeschlagene Gesundheit sehr gelegen. Nachdem ich meine Schuldigkeit getan hatte, bot sich nun ein plausibler Grund, mich des Amtes wieder zu entheben. (Übrigens habe ich eine schriftliche Abberufung niemals erhalten!) Der Kreisschulrat, der – wie er mir zu verstehen gab – meinen Weggang von der Schule sehr bedauerte, trug Sorge dafür, daß ich danach in der außerunterrichtlichen Arbeit – im Haus der Pioniere Luckau – ein lohnendes Wirkungsfeld fand, das ich mit meinen Interessen für Kunst und Literatur verbinden konnte.

Trotzdem habe ich viel Zeit gebraucht, um mein körperliches und seelisches Gleichgewicht wiederzuerlangen. Sehr half mir dabei, daß ich den Pflichten einer Großmutter nachkommen konnte. Beglückt über die Liebe und Zuwendung unserer kleinen Enkeltochter, deren Wachsen und Gedeihen wir direkt miterleben durften, prallte manches Bedrückende an uns ab.

Langsam, aber stetig verdichtete sich bei mir und meinem Mann die Einsicht, daß wir einem Trugbild nachgelaufen waren. Den Sozialismus, wie wir ihn mit aufbauen wollten, gab es nicht. Wir mußten erkennen, daß Theorie und Umsetzung zwei ganz verschiedene Dinge sind. Mitte der 80er Jahre stießen wir durch Beiträge in den Heften des »Sputnik« auf die Widersprüche in der sozialistischen Gesellschaft. Vor allem erfuhren wir erstmals Genaueres über die Willkürherrschaft des Stalinismus. Mit dem Verbot des »Sputnik« verschwand auch der vorher so strapazierte Leitsatz »Von der Sowjetunion lernen, heißt siegen lernen« in der Versenkung. Auch diese Tatsache veranlaßte uns zum Nachdenken über die Verfälschung des Sozialismus.

Jetzt scheute ich mich nicht mehr, in Versammlungen meine Meinung zu äußern, wenn mit leeren Phrasen abgetan werden sollte, was die Menschen bewegte. Die Floskel, »Was ist dir wichtiger, ein breites Warenangebot oder der Frieden«, brachte mich so auf, daß ich diesen Vergleich als unsinnig zurückwies. Die Parteisekretärin meiner neuen Arbeitsstätte zeigte sich oft erstaunt über mein Auftreten. Einige Kollegen warnten mich, wenn ich auch außerhalb offizieller Diskussionen sagte, was ich dachte. Sogar die Sekretärin meines Chefs gab zu bedenken: »Frau Fischer, sind Sie bitte vorsichtig mit ihren Äußerungen, Sie reden sich noch um Kopf und Kragen.«

Erstaunlicherweise hat mein Chef mich nie zurechtgewiesen, ich genoß so eine Art »Ausnahmerecht«.

Seit meiner Invalidisierung 1982 war ich nun 12 Stunden in der Woche tätig – und ich wurde gebraucht. Die literarische Freizeitbeschäftigung der Schüler fand im Kreismaßstab große Beachtung. Meine Schüler traten öffentlich mit selbstverfaßten Gedichten und Texten auf, die davon zeugten, wie aufmerksam sie ihre Umwelt betrachteten und mit welchen Mitteln sie ihren Gefühlen Ausdruck verliehen.

Jahre inhaltsreicher, unmittelbarer Arbeit mit Kindern bildeten den Abschluß meines beruflichen Wirkens – einen guten Abschluß, auf den ich gern zurückblicke.

3. November 1990

Zum 45. Male jährt sich der Tag meiner Verhaftung.

Diese 45 Jahre will ich in drei Etappen gliedern und Antwort auf Fragen suchen, die mich stark bewegen.

Mein erster Blick ist auf den entscheidenden, den ersten Abschnitt von drei Jahren Dauer gerichtet, der über mein ganzes weiteres Leben seinen Schatten warf: mein widerrechtlicher Aufenthalt in drei Internierungslagern des NKWD/MWD.

Ich nehme den zu Beginn des Schreibens fallengelassenen Faden wieder auf, weil ich wissen will, warum ich 33 Monate lang »ohne Adresse« leben mußte.

In dem zurückliegenden halben Jahre habe ich versucht, die Gründe für meine Inhaftierung mit Hilfe von Büchern zu finden, die Aufschluß über die Nachkriegsgeschichte geben. In ihnen fand ich Berichte und Dokumentationen, die in der ehemaligen DDR niemals veröffentlicht worden sind.

Zwei dieser Bücher habe ich besonders gründlich studiert: »Politik und Justiz in der DDR« von Karl Wilhelm Fricke und »Die politischen Häftlinge der Sowjetzone« von Gerhard Finn.

Bislang war mir bekannt, daß die Alliierten der Antihitlerkoalition schon vor Kriegsende bestimmte Entscheidungen zur Bestrafung von Kriegsverbrechern getroffen hatten, welche unter anderem in den »Politischen Grundsätzen« des Potsdamer Abkommens ihren Niederschlag fanden. Aber keinesfalls wäre ich auf die Idee gekommen, daß sie mich betreffen könnten. Punkt 5 der »Politischen Grundsätze« hat folgenden Wortlaut:

»Kriegsverbrecher und alle diejenigen, die an der Planung und Verwirklichung nazistischer Maßnahmen, die Greuel oder Kriegsverbrechen nach sich zogen oder als Ergebnis hatten, teilgenommen haben, sind zu verhaften und dem Gericht zu übergeben. Nazistische Parteiführer, einflußreiche Nazianhänger und die Leiter der nazistischen Ämter und Organisationen und alle anderen Personen, die für die Besetzung und ihre Ziele gefährlich sind, sind zu verhaften und zu internieren.«[1]

In dem vom Alliierten Kontrollrat am 20. Dezember 1945 verabschiedeten Gesetz Nr. 10 wird fixiert, auf welche Verbrechen sich die Strafverfolgung richtet:

- auf Kriegsverbrechen und
- Verbrechen gegen den Frieden oder die Menschlichkeit.

Was hatte ich, was hatten die anderen vier Haidemühler Mädchen, die Welzower Jungen, meine Ketschendorfer Lagergefährten, was hatte die überwiegende Zahl der Internierten mit solchen Verbrechen zu tun? Nichts!

Wie kamen wir also in die Lager? Gerhard Finn sagt dazu: »Die Verhaftungen ließen kein Schema erkennen, wenn man davon absieht, daß alles verhaftet wurde, was den Sowjets gefährlich aussah oder hätte in Zukunft eventuell gefährlich sein können. Der Denunziation war Tür und Tor geöffnet. Keine Anzeige war dumm genug, um nicht sofort eine Verhaftung des Angezeigten zu erwirken.«[2]

Lange Zeit habe auch ich an eine Denunzierung geglaubt, dachte, daß mein Name rein zufällig in irgendeinem Zusammenhang erwähnt worden ist und dies der sowjetischen Geheimpolizei den »Zugriff« ermöglicht hatte. Heute sehe ich in einem ganz anderen Licht, was uns fünf Mädchen aus Haidemühl geschah.

Beim Durcharbeiten des Buches von Karl Wilhelm Fricke stieß ich auf den »Befehl des Obersten Chefs der Sowjetischen Militärverwaltung und Oberbefehlshabers der sowjetischen Besatzungstruppen in Deutschland« vom 27. August 1945, aus dem hervorgeht, daß sich zwecks Entnazifizierung »alle ehemaligen Angehörigen der deutschen Armee ... sowie ohne Ausnahme alle ehemaligen Angehörigen der SS und SA, Mitarbeiter der Gestapo und Mitglieder der NSDAP«[3] einer Registrierung zu unterziehen hätten. Weiter heißt es im Befehl Nr. 42: »Die Bürgermeister und Landräte haben für das fristgemäße Erscheinen aller Personen, die der Registrierung unterliegen, zu sorgen.«[4]

1 Karl Wilhelm Fricke: Politik und Justiz in der DDR, S. 19.
2 Gerhard Finn: Die politischen Häftlinge der Sowjetzone, S. 15.
3 Karl Wilhelm Fricke: Politik und Justiz in der DDR, S. 29.
4 Ebenda.

Aus diesem Befehl geht nicht hervor, daß wir zu dem Personenkreis gehörten, der sich einer Registrierung zu stellen hatte.

Und da erinnerte ich mich der Warnung der Edith Z. im September 1945. Sie sagte:»Es gibt in Haidemühl eine Liste von Personen, die verhaftet werden sollen ... ich habe diese Liste gesehen.«

Erst heute wird mir bewußt, was das bedeutet: Es muß in Haidemühl einen »Ausschuß« (oder wie immer sich diese Gruppe von Beauftragten nannte) gegeben haben, dem es oblag, eine bestimmte Anzahl von Personen zwecks Registrierung zu erfassen. Offenbar gehörte Ediths Vater dazu, wie hätte sie sonst von der Liste wissen können. Ja, ich vermute sogar, daß die Warnung an mich von ihrem Vater ausging, der vielleicht auf diese Weise sein Gewissen beruhigen wollte.

Nicht eine einzelne Person hatte also meinen Namen vorsätzlich oder ohne böse Absicht verlauten lassen. Es war die »kollektive« Entscheidung mehrerer Beteiligter.

Warum sie uns fünf Mädchen auf die Liste setzten, weiß ich nicht, aber ich weiß eines: An die »Großen« kam man nicht heran. Sie hatten sich rechtzeitig in Sicherheit gebracht oder waren aus dem Krieg noch nicht zurückgekehrt. Einige vermeintlich »Verdächtige« waren bereits in den ersten Wochen nach Beendigung des Krieges direkt von Offizieren des MWD abgeholt worden. Dazu gehörten die Mutter von Ingrid R. und der Vater von Rosemarie Sch.

Wirklich »Verdächtige«, wie unseren Hauptlehrer und eine Reihe anderer vormals aktiver Nazis, verschonte man, weil sie eventuell bei der Durchsetzung der neuen Ordnung von Nutzen sein konnten. Beispielsweise hielt unser Hauptlehrer, allerdings nicht mehr in seinem Beruf tätig, nach dem 8. Mai 1945 ergreifende Grabreden im Sinne der Besatzungsmacht. Auf solche Bürger konnte man bauen.

Ein weiterer Grund für die Internierung von uns fünf Mädchen mag ausschlaggebend gewesen sein: Verwirrung sollte ausgelöst werden. Die Angst der Menschen – »Wer ist der Nächste?« – würde sie der »Revolution von oben« gefügig machen oder sie zumindest zum Stillhalten veranlassen. Wohl durchdacht und überlegt waren unsere Namen auf die Liste gelangt. Gerade weil wir aus unterschiedlichen sozialen Schichten stammten, verschiedene Weltanschauungen besaßen, unsere Elternhäuser in allen Ortsteilen verstreut lagen, konnte der Eindruck des Zufalls hervorgerufen werden. Ein berechnender Schachzug, der fünf Mädchen zum Verhängnis wurde. Wer meinen Namenszug auf die Liste setzte, ist belanglos, darüber entschieden hat nicht er allein – mehrere Bürger meines Heimatortes maßten sich an, Schicksal zu spielen.

Diese Erkenntnis ist schmerzlich. Wichtiger ist aber: Ich habe Antwort auf meine Frage gefunden.

Das ist mein konkreter Fall, aber auch auf meine vier Leidensgefährtinnen übertragbar. Das ist in Haidemühl geschehen!

Den drei Jahren Internierung folgten 42 Jahre neuer, anderer Unfreiheit.

Sie umfassen den größten Teil meines Lebens, eines Lebens voller Konflikte. Der heutige Rückblick auf diese Jahre läßt mich zu dem Ergebnis kommen, daß ich mir in jenen Jahren des inneren Zwiespalts nicht in dem Maße bewußt wurde, wie er sich mir heute darstellt: Die Lagerzeit blieb immer gegenwärtig – trotz strengster Einhaltung des Befehls, über sie zu schweigen. Was mit dem Befehl bezweckt werden sollte – nicht von der Lagerzeit reden, nicht an sie denken, sie quasi ungeschehen zu machen –, das trat nicht ein.

Vergessen konnte ich nichts. Doch ich versuchte zu verdrängen, um weiterleben zu können. Im Unterbewußtsein glimmte Erinnerung auf, sobald von außen ein leiser Windhauch eindrang. Mitunter wuchs die Flamme an, drängte zur Oberfläche, beleuchtete verblaßte Bilder, machte sie lebendig.

Aber die Erfordernisse und Ansprüche eines jeden Tages, der Gegenwart schoben sich immer wieder vor solche Bilder.

Heute sehe ich deutlich, daß ich mich oftmals vermeintlichen Ansprüchen bereitwillig unterordnete. Auch neigte ich dazu, das geforderte Arbeitspensum zu überschreiten, mich über meine Pflichten hinaus zu engagieren.

Ja, Fehler habe ich in reichlicher Zahl gemacht, das erkenne ich nicht erst heute. Doch damalige Einsichten führten meist zu weiteren fehlerhaften Haltungen, so daß ich schwer aus dem Labyrinth herausfand. Ein Fehler bestand darin, daß ich meine erworbene Fähigkeit, Vergangenes zu verdrängen, auf das Verdrängen von Gefühlen ausdehnte.

Beispielsweise behandelte ich im Literaturunterricht den Roman »Nackt unter Wölfen« nach den vorgegebenen Schwerpunkten souverän und scheinbar beherrscht. Meine Studenten wußten nicht, daß jeder Unterrichtsstunde schlaflose Nächte vorangingen und folgten, ja, daß ich noch kurz vor Beginn der Stunde glaubte, sie nicht durchzustehen.

Eine Studentin sagte einmal fast bewundernd: »Wenn Sie die Klinke zur Tür des Fachkabinetts in die Hand nehmen, spürt man, daß alles andere für Sie nicht mehr existiert.«

Das hat die aufmerksame, immer kritische Hannelore gut beobachtet. In der Tat konnte ich mich auf eine Sache, eine Aufgabe, eine Unterrichtsstunde so konzentrieren, daß kein Raum für persönliche Gefühle blieb – ich schaltete ab!

Mit großer Selbstdisziplin begegnete ich auch den Mißhelligkeiten des Alltags. Das legten meine Angehören, Freunde und Schüler mitunter als unverständliche Härte aus. Für mich war es die einzige Möglichkeit, meiner Gefühle Herr zu werden, nicht in ihnen zu ersticken. Im nachhinein überfielen sie mich um so heftiger, aber das wußte und merkte niemand.

Am Erkennen der Widersprüche in unserem Leben hinderte uns sicher auch das enge Blickfeld. Wir erfaßten nicht die wahren Hintergründe aller gegen uns gerichteten Angriffe. Einzelne Menschen – so meinten wir – wären uns nicht gut gesinnt. Denn andere ließen uns bei auftretenden Schwierigkeiten – persönlicher oder beruflicher Natur – ihre Hilfe angedeihen. Das waren Arbeitskollegen, Nachbarn, Freunde, die oftmals sogar in den gleichen Bereichen tätig waren, wo unsere Widersacher saßen. Wir sahen immer den Menschen und sein Handeln, nicht seine Zugehörigkeit zu einer Organisation oder Dienststelle.

Rückblickend komme ich zu dem Schluß, daß wir uns – einem Wunschdenken verfallen – über die Wahrheit hinwegtäuschten. Gleichzeitig muß ich aber auch die Frage, ob wir, mit dem Wissen von heute ausgerüstet, die 42 Jahre besser bewältigt hätten, mit Nein beantworten.

Heute vor genau sechs Monaten haben wir, mein Mann und ich, eine Tür hinter uns zugeschlagen. Mit lautem Krach fiel sie ins

Schloß, aber der schreckte uns nicht. Es war uns, als schritten wir aus einem eng abgesteckten Lebensraum in eine grenzenlose Weite. Fast ohne unser Zutun war uns nach vielen gescheiterten Versuchen der »Absprung« gelungen. Wir ließen nicht nur Luckau hinter uns, sondern einen Zeitabschnitt unseres Lebens. Den Umzug nach Berlin begleitete unser fester Vorsatz, noch einmal ganz von vorn zu beginnen, als hätte es die 42 Jahre nicht gegeben.

Und wirklich gewannen wir in den ersten Wochen in der neuen Wohnung, der neuen Umgebung, von einer Flut neuer Eindrücke überschüttet, Ruhe und Abstand.

Zum ersten Mal überkam mich das Gefühl, wirklich frei zu sein. Ähnlich wie nach meiner Entlassung aus dem Internierungslager Mühlberg hatte ich nur einen Wunsch – zu leben. Wieder schien nichts wichtiger zu sein als das Einrichten der Wohnung, das Erschließen der näheren und weiteren Umgebung. Allerdings mußte ich mir wie damals nach kurzer Zeit eingestehen, daß ich so nicht leben kann. Wie es mir 1948 nicht gelungen war, drei Jahre aus meinem Gedächtnis zu streichen, konnte ich jetzt erst recht nicht 42 Jahre einfach überspringen.

Bei Null zu beginnen hätte bedeutet, all die Werte zu negieren, die trotz der Unfreiheit unserem Leben Sinn und Inhalt gaben. Ich hätte alles, was ich in den 37 Jahren meiner pädagogischen Tätigkeit erreichte, verleugnen müssen. Wie falsch das wäre, sehe ich an ehemaligen Schülern und Studenten, an ihrem Bemühen um klare Positionen, an ihrer Bewährung in schwierigen Situationen.

Wir beide, mein Mann und ich, haben uns in den zurückliegenden Monaten oft gefragt, was richtig und was falsch war. Sich von einer Idee zu lösen, die man lange Zeit als richtig vertreten hat, geht nicht von heute auf morgen. Die marxistische Grundidee lehnen wir auch heute nicht ab, meinen aber, daß ihre Verwirklichung utopisch bleiben wird.

Vor allem wurde uns klar, daß die SED keine »Vorhut der Arbeiterklasse« im Sinne von Marx und Engels war. Bereits nach den unglaublichen Enthüllungen über die Machenschaften der Partei- und Staatsführung der DDR im Herbst 1989 distanzierten wir uns von der Partei, deren Führung bis zuletzt die Unsicherheit vieler Mitglieder für die Durchsetzung ihrer Ziele ausnutzte.

214

Doch das Parteidokument einfach hinzulegen wie ein nicht mehr benötigtes Stück Papier, das widerstrebte uns. Den Ausschlag für meinen Austritt aus der SED am 4. Dezember 1989 gab die Aufdeckung von geheimen Waffenlagern in Rostock, deren Existenz im eklatanten Widerspruch zu der proklamierten Friedenspolitik der SED stand. Heute sind wir sicher, den richtigen Schritt getan zu haben, und gestehen ohne Zögern ein, daß wir, wie Tausende Menschen in der ehemaligen DDR, einem großen politischen Irrtum zum Opfer gefallen sind.

Inzwischen habe ich auch einen mich persönlich betreffenden Irrtum aufklären können.

Gerhard Finn spricht im Vorwort seines Buches vom »gnadenlosen politischen Terror der sowjetischen Besatzungsmacht«, von der »Teilhabe deutscher Kommunisten an der Verfolgung«.[1]

Ich stieß auf eine erschreckende Tatsache: Den deutschen Behörden muß vom Tage unserer Festnahme an bekannt gewesen sein, wohin wir verschleppt wurden, in welchen Lagern wir uns jeweils befanden, und – was das Ungeheuerlichste ist – sie bestimmten den Zeitpunkt der Rückkehr. Dies kann ich belegen.

Eine Lagergefährtin, der ich jetzt wiederbegegnete, wurde nicht mit uns entlassen, sondern verblieb mit vielen anderen zwecks »Weitertransport« bis September 1948 in Mühlberg. In dieser Zeit war Marion einige Wochen tagsüber im Haushalt eines sowjetischen Offiziers beschäftigt, der ihr bald freundschaftlich zugetan war. Vielleicht sah er in dem sehr jungen Mädchen, das fast kindlich wirkte, seine Tochter. Er fragte, warum sie nicht »nach Hause gegangen« sei, sie habe sich doch bestimmt keines Verbrechens schuldig gemacht. Sie entgegnete: »Sie sind Politoffizier, Sie müssen wissen, warum ich hierbleibe.«

Wenige Tage später wurde Marion zum »Verhör« bestellt. Mit Erleichterung stellte sie fest, daß nur der Politoffizier zugegen war. Er hatte ihre Akte aufgeschlagen und nahm ein Blatt heraus, dessen Wortlaut er ihr vorlas. Es war ein Schreiben des Bürgermeisters ihres Ortes (der Offizier nannte den Namen – Marion kannte ihn), der darin zum Ausdruck brachte, daß zur Zeit

1 Gerhard Finn: Die politischen Häftlinge der Sowjetzone, Vorwort.

(Juli 1948) die Rückkehr der (Vor- und Familienname) nach (Angabe des Ortes) nicht erwünscht sei.

Die Entscheidung darüber, wer zu welcher Zeit entlassen werden sollte, wurde also nicht von sowjetischer Seite getroffen, darüber befanden die deutschen Behörden der Heimatorte. So läßt sich auch erklären, warum einige meiner Lagergefährtinnen, darunter Ruth, Margot, Dr. Elfriede F., noch länger als wir in Lagern festgehalten wurden.

Das Erfassen und Verarbeiten dieser bitteren Wahrheit erschüttert mich im Augenblick so stark, daß ich Mühe habe, mein seelisches Gleichgewicht wiederzufinden.

Helfen werden mir und meinem Mann die Worte eines Pfarrers, die wir kürzlich hörten und die sinngemäß so lauteten: Der Mensch könne sich irren, wichtig sei, wie er aus dem Irrtum herausfinde. Zwei Möglichkeiten ständen ihm offen – resignieren oder einen neuen Anfang suchen.

Wir haben uns für letzteres entschieden.

8. Mai 1991

Die Vergangenheit wird zur Gegenwart. Gemeinsam mit Christel und Waltraud durchschreite ich das Tor der ehemaligen »Schleuse« in Ketschendorf. Dann stehen wir mitten auf der »Lagerstraße«. Mein Blick erfaßt die drei Vier-Familien-Häuser zur Linken – den Bereich des »Frauenzwingers«. In Ketschendorf scheint sich nichts verändert zu haben – ist die Zeit stehengeblieben?

Die Häuser tragen zwar äußerlich ein »neues Kleid«, ich habe den Putz im einheitlichen Grün in Erinnerung, jetzt weisen die Fassaden unterschiedliche Anstriche auf.

Das wichtigste Kennzeichen des Lagers – der Stacheldraht – ist nicht mehr vorhanden, aber in unserer Vorstellung ist er da. Mein Gott, wie schmal war das Stück vor unseren Häusern, das uns zum »Auslauf« zur Verfügung stand. Und dort, wo jetzt gepflasterte Gehwege angelegt sind, befand sich der geharkte Sandstreifen, der ein zu dichtes Herantreten an den Zaun verwehren sollte.

Ungehindert können wir heute hin- und herübergehen. Von

216

einer Straßenseite zur anderen wechseln wir, denn überall tauchen bekannte Gesichter auf. Gisela kommt uns entgegen, und gleich sind wir auch mit Eva, die sie begleitet, im Gespräch. »Weißt du noch? Dort habe ich gewohnt.« – »Hier war der ›Ausländereingang‹, Kitty schaute immer aus dem Fenster dort oben ins Männerlager hinüber.« – »Könnt ihr euch noch an die Gräfin erinnern? Wo mag sie geblieben sein?«

Inzwischen sind wir am ersten Haus des ehemaligen »Frauenzwingers« angelangt. Heute wohnt im ersten Eingang eine Verwandte von Christel. Sie läßt Christel und mich ins Haus.

Wir dürfen »unser« Zimmer ansehen. Schon beim Eintritt in den Flur erschrecke ich – alles scheint so klein: die schmale Treppe, die hinaufführt, oben der Flur vor Schlaf- und Kinderzimmer sowie Bad. Beim Öffnen der Tür zum Schlafzimmer meine ich, meinen Augen nicht zu trauen. In diesem Raum sollen 18 Frauen Platz gefunden haben? Christels Cousine bringt ein Bandmaß, und wir messen: 3,30 m mal 3,80 m. Auch die übrigen Räume erscheinen mir kleiner, als ich sie in meiner Vorstellung bewahrte, doch jeder Zweifel ist ausgeschlossen, es sind dieselben Häuser!

Ein Blick in den Garten. Ja, jetzt sind wieder Gärten hinter den Häusern angelegt. Damals machten die Freiflächen, die wir zum Reponsieren nutzen durften, keinen gepflegten Eindruck – immerhin, ein bißchen Grün lugte hin und wieder hervor. Der »Stadtrand« fehlt, er hätte nun auch keine Funktion mehr. Dafür begrenzen üppige Hecken und Büsche die Anlagen.

Reichlich belebt ist die »Lagerstraße« an diesem 8. Mai. Die jetzigen Bewohner der Häuser schauen aus den Fenstern. Sie ahnen nicht, was es für die Menschen, die heute hier entlanggehen, bedeutet, Stätten einer dunklen Vergangenheit zu betreten. Sie alle kamen hierher, weil die Initiativgruppe Ketschendorf zu einer Gedenkfeier eingeladen hatte.

Am 8. Mai 1990 wurde eine Gedenkstätte für die Opfer dieses Lagers eingeweiht. Heute sind fast 2000 Menschen der Einladung gefolgt. Für meinen Mann war es selbstverständlich, mich auf diesem Weg zu begleiten. Wir schauen uns die zahlreichen Autos, die am Rande der Lagerstraße und in den Seitenstraßen stehen, an. Nicht wenige tragen Nummernschilder von Orten der alten Bundesländer.

Gedenkfeier am 8. Mai 1991 in Ketschendorf

Eine weitere Feststellung treffen wir: Die meisten Besucher der heutigen Gedenkfeier sind etwa 62 bis 75 Jahre alt. Sie brachte man – so wie mich – als Jugendliche in die Lager. Frauen und Männer früherer Jahrgänge befinden sich nicht mehr unter den Lebenden oder waren nicht in der Lage, hierherzukommen.

Wie viele von uns werden im nächsten Jahr nicht mehr dabeisein?

Dabei ist heute Marianne. Mitten in der Menge, die sich rund um den Gedenkstein versammelt, steht sie plötzlich vor mir. Unter Tausenden hätte ich sie erkannt. Unbeschreiblich ist dieser Moment. Christel, Marianne und ich, Bewohner des Zimmers 4, Haus 17, Eingang 2, liegen uns in den Armen, halten uns an den Händen, als die Feier eröffnet wird.

218

Was mag wohl in jedem der Betroffenen vorgehen, was berührt ihn in dieser ergreifenden Stunde des Gedenkens?

An meinen Augen ziehen die nächtlichen Totenzüge vorüber, die Karren, von Häftlingen gezogen, holpern über die Lagerstraße – beschwerlich ist der Weg, den sie bis zum »Wäldchen« zurücklegen müssen...

Ich sehe die vor Entsetzen starren Gesichter derer, denen die Todesnachricht am nächsten Tage heimlich übermittelt wurde...

Und dann sehe ich ein anderes Gesicht. Ich glaube es kaum, aber Günter berührt mich leise und weist in die Richtung, in die ich eben blicke: Das ist Gerhard – einer der Jungen aus Welzow –, und neben ihm steht Jochen. Jetzt haben sie uns auch erspäht.

Nachdem ich meine Blumen am Gedenkstein niedergelegt habe, sehe ich sie auf uns zukommen. Hans-Otto, der in Kiel lebt, ist auch dabei.

Die Freude des Wiedersehens füllt uns aus. Es ist, als wären wir nicht eine Stunde getrennt gewesen. Miteinander schreiten wir durch das Lager, immer wieder verharrend. »Hier war das Lazarett«, sagt Hans-Otto. »Und in diesem Haus befand sich die Entlausungsanlage«, ergänzt Jochen. Ja, ich erinnere mich.

Szenen des Lageralltages leben auf: mein erster Morgen im Lager. Ich trete vor die Haustür – da sehe ich die »Welzower« jenseits des Zaunes. Ich bin erschrocken, wie sehen die Jungen aus! Ihre sommerliche Kleidung umschlottert die schmalgewordenen Gestalten – sie befinden sich in einem erbarmungswürdigen Zustand.

Jetzt haben sie mich entdeckt, versuchen, mir Zeichen zu geben. Ich will nahe an den Zaun heran, mit ihnen reden. Gerti zieht mich gewaltsam zurück: »Bist du zu retten!«, raunt sie mir zu. –

Haben sich meine Begleiter dasselbe Bild ins Gedächtnis gerufen? Es muß wohl so sein, denn Jochen sagt: »Mit Hans-Otto blieb ich nach der Lagerzeit in ständiger Verbindung. Wir haben immer, wenn wir uns trafen, von dir gesprochen.« Dann zeigen mir beide das Versteck, wo ich ihnen des öfteren eine Essenschüssel hinstellte, die sie dann ausbuddelten, wenn die »Luft rein« war.

Sie sprechen auch von Günters Vater. Was wir erfahren, ist wertvoll für uns beide, besonders aber für Günter. »Dein Vater nahm hier«, sie bezeichnen den Standort genau, »jeden Abend die Welzower zusammen – etwa 30 Männer und Jungen.« – »Es waren nur kurze, aber entscheidende Augenblicke«, berichtet Jochen, »denn dein Vater machte uns Mut. ›Jungs‹, pflegte er zu sagen, ›haltet bloß durch, wir werden draußen gebraucht.‹ Sein Optimismus richtete uns auf.«

Das Treffen in Ketschendorf ist mehr als ein Erinnern, mehr als ein Wiedersehen und Wiederfinden – es ist ein Appell, eine Mahnung.

Der Kreis ist geschlossen. Was am 12. April 1990 durch die Fernsehsendung seinen Anfang nahm, erreicht heute beim unmittelbaren Zusammentreffen mit der Vergangenheit seinen Höhepunkt – das Lagergeschehen ist lebendig.

Ein Jahr liegt dazwischen. Gemeinsam mit Günter blicke ich auf dieses Jahr zurück. Das Freilegen der verschütteten drei Jahre setzte uns schweren seelischen Belastungen aus. Ich selbst war immer wieder aufs tiefste berührt, wenn ich mir Einzelheiten ins Gedächtnis rief. Wieviel schmerzlicher muß es für Günter gewesen sein, der ja erst jetzt vollen Einblick in alle Ereignisse der Lagerjahre nehmen konnte.

Steinchen um Steinchen fügte ich zum Mosaik zusammen, in dem es jetzt keine sichtbare Lücke mehr gibt.

Allein hätte ich diese mühevolle Kleinarbeit nicht bewältigt. Trotz meiner Tagebuchaufzeichnungen waren mir viele Einzelheiten entfallen.

Das bemerkte ich erstmals in aller Deutlichkeit, als ich am 24. November 1990 Margot wiederfand.

Margot Göbeler – das Mädchen, das ich im Lager Mühlberg lieben und achten lernte, nach dem ich später vergebens suchte. Es kann kein Zufall sein, daß sich unsere Wege jetzt kreuzten. Während eines Treffens ehemaliger Internierter saßen wir an einem Tisch. Wir erkannten einander nicht, doch knapp gefaßte Fragen – um den Vortrag nicht zu stören – gingen hin und her. Es stellte sich heraus, daß wir beide in Mühlberg waren – Anhaltspunkte gemeinsamen Erlebens taten sich auf, Emotionen wurden geweckt. Wie unter Zwang schob ich meiner Gesprächspartnerin einen Zettel zu, bat sie darum, ihren Mädchennamen aufzuschreiben. Der Zettel kam zurück – schwarz auf weiß stand darauf: M a r g o t   G ö b e l e r .

Viele Mosaiksteine steuerte Margot inzwischen bei – bunte, graue, schwarze, große und kleinere. Das Gesamtbild gewann an Intensität.

Der Begegnung mit Margot folgten weitere, die auf ähnlichen wunderbaren Zufällen beruhten. Christel, meine Ketschendorfer Zimmergefährtin, durfte ich umarmen, Gisela, das heimlich bewunderte Mädchen, stand eines Tages vor mir...

Die Reihe ließe sich fortsetzen. Jedes Zusammentreffen, jedes Gespräch trug zur Vervollständigung der Aufzeichnungen bei.

Ohne die Mitwirkung meiner Gefährten hätte ich das Mosaik nicht zusammensetzen können, und sicher sind auch jetzt noch einige Steinchen nicht ganz an der richtigen Stelle eingefügt, vielleicht sogar ist manche Farbe nicht passend gewählt – der Wahrheitsgehalt wird dadurch nicht gemindert.

in memoriam

Die Schweigepflicht ist aufgehoben – meine Gedanken wandern 45 Jahre zurück.

Meine Lippen formen Worte, die zum Ausdruck bringen, was mich in dieser Stunde des Gedenkens bewegt:

> »Es war schon spät, ich war für mich allein,
> es wollte mich die Stille fast erdrücken,
> da suchte ich nach einem Schatzkästlein,
> an dessen Inhalt ich mich konnt beglücken...«

So beginnt ein Gedicht meiner Lagergefährtin Margot Göbeler, das sie mir zum Geburtstag am 23. März 1948 in Mühlberg schenkte. Unmittelbar nach meiner Entlassung habe ich es aufgeschrieben. Es steht in einem Heft, das ich angelegt hatte, um alle von Lagerkameraden und von mir verfaßten Gedichte zu bergen.

Gedichte, in denen sich Hoffnungen, Träume, Sehnsüchte Gefangener widerspiegeln. Ich hatte sie auswendig gelernt und nahm auf diese Weise allen Verboten zum Trotz ein Stück Lagergeschichte mit nach Hause. Unentdeckt brachte ich die Kostbarkeiten durch alle Entlassungskontrollen, weil sie unsichtbar waren.

Jetzt liegt das Heft vor mir – das Schatzkästlein mit insgesamt 68 Gedichten. 42 Jahre lang ruhte es mit dem Tagebuch zusammen am verborgenen Ort. Aber manchmal fielen mir in schlaflosen Nächten, wenn mich die Last des Schweigens zu erdrücken drohte, Verse ein, ließen mich nicht mehr los, bis ich aus Bruchstücken das Ganze zusammenfügen konnte...

»Mein Herz ist müd' von tiefer Einsamkeit,
was war, steht stumm am Ufer der Vergangenheit.
Nur nachts, wenn Sterne Grenzen sind für Zeit und Raum,
dann fliegen Wünsche – Vögeln gleich – aus meinem Traum...«

»Erinnerung«, so ist dieses Gedicht von Ilse Schuster-Tien überschrieben. In Stunden der Trübsal gab sie mit diesen Worten ihren Gedanken an das Zuhause, an ihre Lieben Raum, sprengte
die unsichtbaren Fesseln, suchte Halt im Vergangenen, in dem,
was unverlierbar ist, fand Worte dafür:

»... Des Waldes und des Wassers Rauschen,
der Heide Nebeltau,
die Rast am Fluß, der Vögel Ruf auf grüner Au',
dein Blick in meinem, deine Hand auf meinem Haar,
mein Herz wird immer wissen, wie schön das war...«

Unvergessen wie solche sprachlichen Kunstwerke sind die Menschen, die mit Hilfe der Lyrik einen Ausbruch wagten, sich aus
der Isolierung befreien wollten.

Zu ihnen gehörte Ilse Schuster-Tien, eine Frau in der Mitte des
Lebens. In Mühlberg begegnete ich ihr und hörte gerne zu, wenn
sie mit etwas verhaltener Stimme von ihrem Zuhause erzählte und
dann ihre Gedichte vortrug. Wieviel Wärme war darin gespei-
chert, welche Kraft schöpfte sie selbst aus ihren Erinnerungen,
übertrug sie auf andere. Ihr Wesen war von Güte und Herzlichkeit geprägt.

Einen ganz anderen Eindruck machte auf mich Suse von Hörner-Heinze. Sie unterschied sich schon im Äußeren von Ilse Schuster-Tien. Das einzige, was beide Frauen gemeinsam hatten, war
ihr Alter.

Suse von Hörner-Heinze fiel durch ihre Erscheinung auf: eine
stattliche Figur, dunkles, in der Mitte gescheiteltes Haar, strenge
Gesichtszüge. Es war nicht leicht, Kontakt zu ihr zu finden. Auch
ich hatte keine engere Beziehung zu ihr, doch ich mochte ihre Gedichte. Klar, beinahe nüchtern, aber darum nicht weniger ein-
drucksvoll formulierte sie ihre Gedanken, verzichtete auf
schmückendes Beiwerk.

Ihr »Gebet« habe ich im Lager oft abends wirklich als Gebet gesprochen:

> »Lieber Gott, es gibt so viel zu danken,
> doch die Bitten mischen sich darein.
> Lieber Gott, setz meinem Kummer Schranken,
> daß die schmerzlichen Gedanken
> nicht die guten überranken,
> laß mich wieder gläubig sein.«

Auf der ersten Seite meines Heftes finde ich Gedichte von Margot Göbeler. Das ist kein Zufall. Mit Margot verband mich viel. Wir waren etwa im gleichen Alter, doch sie erschien mir für ihre 19 Jahre zu ernst, zu besonnen. Später wußte ich warum. Sie hatte Schweres erlebt. Im Lager Frankfurt (Oder) erkrankte sie an TBC und verdankte es nur der selbstlosen Hilfe eines ebenfalls gefangenen Wlassow-Offiziers, daß sie am Leben blieb. Er verschaffte ihr heimlich Medikamente. Die sehr sensible Margot liebte diesen Gregori, der sich auch später rührend um sie bemühte – wie ein Vater, und mußte dann erleben, daß er von Jamlitz aus in die Sowjetunion deportiert wurde. Die Begegnung mit diesem Mann und seinem Schicksal hinterließ tiefe Spuren in Margot. Sie verlieh ihren innersten Gefühlen Ausdruck, indem sie Liebesgedichte schrieb. Gregori wurde für sie zu einer Idealfigur. Sehnsüchte wurden wach...

Jamlitz 1946
Margot Göbeler

> Ich beuge mich stumm vor einer Macht,
> ihr mußte ich mich ergeben.
> Sie hob mich empor aus dunkler Nacht
> hinaus in das junge Leben.
> Sie lenkte auf ferne Bahnen mich,
> ließ fremde Weisen mich hören –
> und unsere Seelen vereinten sich,
> es war wie ein stummes Schwören.
> Es neigte sich Himmel der Erde zu,

die Sterne erstrahlten so eigen . . .
Ich fühlte dich – hörte dein leises »Du« –,
der Liebe muß alles sich neigen.

In Mühlberg verwirklichte ich den im Viehwaggon gefaßten Vorsatz, mich mit Margot anzufreunden. Wenige Tage nach unserer Ankunft stellte ich fest, daß sie im anderen Teil unserer Doppelbaracke wohnte. Kurzentschlossen ging ich zu ihr. Sie saß allein auf ihrem Lager, ordnete ein paar Sachen. Ich hockte mich zu ihr nieder, unsere Blicke trafen sich. In Margots wunderschönen graublauen Augen leuchtete es auf. Wir verstanden uns ohne Worte. Später gestand sie mir: »Wärest du nicht gekommen, hätte ich dich aufgesucht.« Was mich von diesem Augenblick an mit Margot verband, habe ich in Worte gekleidet.

Mühlberg, zum 11. Juni 1948
Ursula Bauer

Für Margot
Es ruht still in dir verborgen
eine eigene Welt,
die dich trotz Gefahr und Sorgen
immer aufrecht hält.
Als du tratest in das Leben,
hat der Schöpfer sie
als Geschenk dir mitgegeben –
Welt der Poesie.
In des tiefsten Leides Stunden
ist sie aufgeblüht –
ließ dein wundes Herz gesunden,
stärkte dein Gemüt.
In die sehnsuchtskranke Seele
senkt sich Harmonie,
daß Freud sich mit Leid vermähle
in der Poesie.
Sie verleiht dem Geiste Schwingen,
findet ihn bereit,

hohen Fluges zu durchdringen
die Unendlichkeit.
Reich darfst du dich heute preisen,
einsam bist du nie,
denn es strömen tausend Weisen
aus der Poesie . . .
Laß sie tönen, laß sie fließen,
schenk dich selbst der Welt –
laß die Menschen mitgenießen,
was dich aufrecht hält.

Einen ziemlich breiten Raum nehmen in meinem Heft Gedichte von Gertrud Lehmann-Waldschütz ein. Mit ihr führte mich Elfriede F. in Jamlitz zusammen und hatte dabei mehr Erfolg als bei dem Versuch, mich mit Margot zu befreunden.

Von der mittelgroßen lebhaften Frau war ich sofort eingenommen. Eine Welle von Mütterlichkeit strömte mir entgegen. Sie sah in jedem jungen Mädchen eine ihrer Töchter, fühlte sich jungen Menschen besonders verbunden. Ich sehe sie vor mir mit freundlichem Gesicht, bescheiden im Auftreten, von Natürlichkeit gekennzeichnet. Eine Geste, ein Blick von ihr bewirkten oft mehr als Worte. Ihre Gedichte waren getragen von inniger Liebe zu ihren Kindern, zu ihrer Familie. Ihr gegenüber kam ich mir mit meinen Sorgen und Nöten klein vor. Was mußte wohl eine Mutter bewegen, die vom Schicksal ihrer Lieben jahrelang nichts wußte, nicht erfuhr, wie es ihnen erging, wie sich die Kinder entwickelten. Heute weiß ich, daß eben diese Gedanken der Frau die Kraft zum Durchhalten gaben.

In einem ihrer Gedichte, das die Überschrift »Einziger Wunsch« trägt, wird das deutlich:

»... ich werd ganz stille sein
        und Schmerz und Elend
nicht mehr spüren,
wenn Kinderlippen süß und weich
        wie Rosenblätter
mich berühren ...«

So wie in diesen Versen spiegeln sich in all ihren Gedichten Hingebung, Sehnsucht, Hoffnung wider.

Eine Auswahl soll Einblick in die reiche Gefühlswelt dieser tapferen Frau geben.

Gertrud Lehmann-Waldschütz

Erstes Lächeln
Durch die milde Frühherbstsonne,
durch den weichen, warmen Wind
zu des Gartens späten Rosen
trug ich dich, mein Kind.
Unterm Baum vor meiner Türe,
der ja alles sieht,
ist dein erstes wundervolles Lächeln
    aufgeblüht.
Deiner Seele erste Regung –
ob sie's auch nicht weiß,
stellt dich als ein neues Lichtlein
    in den Lebenskreis.
Und dein Lächeln hat die Sonne,
    hat den Baum, den Wind
und die Rosen, die im Garten
    aufgebrochen sind,
hat das traute Bild der Heimat,
das der Herbst gemalt,
und mein kleines, stilles Leben überstrahlt.

Erwartung

Ich weiß um alle Erdenschwere,
die mir, o Kind, dein Leben bringt,
doch jede Nacht im Traume höre
ich fern dein Stimmchen schon, das singt...
Ich weiß ums tiefe Tal der Schmerzen,
durch das ich einsam wandern muß –
doch heimlich blüht in meinem Herzen

schon deines ersten Lächelns Gruß.
Ich weiß, das Stückchen Brot wird kleiner,
brech ich der Teile mehr daraus,
und weiß, du bindest mich mit deiner
Hand noch fester an das kleine Haus,
doch alle Schatten sie verdrängen
nicht meines Herzens große Freud'!
Ein Kind ist in dem Haus, dem engen,
das Fenster in die Ewigkeit.

Burgen aus Sand

Siehst du die spielenden Kinder am Wasser,
wie sie mit nie ermüdender Hand
und mit glühenden Herzen und Wangen
kühne Burgen sich bauen aus Sand?
Eifrig formen sie Türme und Spitzen,
feste Wälle lagern sie vor,
kunstvolle Wege, Gänge und Treppen
führen zum höchsten Turme empor.
Kommt jedoch eine einzige Welle,
von dem leisesten Lufthauch entfacht,
ist die Burg zerstört – ist verschwunden,
was die Kinder freudig erdacht!
Sag es ihnen! – Sie schauen gar nicht
auf von der gläubig schaffenden Hand.
Kommt auch die Welle, immer auf's neue
bauen sich Kinder Burgen aus Sand.

Das Jahr des Gefangenen

Es ist schwer, im Sommer gefangen zu sein,
wenn alles reift und blüht.
Nur ich bin verdammt wie ein lebloser Stein
zum Verstummen und Ausgeschlossensein
vom brausenden Lebenslied.

Es ist bitter, im Herbst gefangen zu sein,
der allen die Hände füllt.
Auch ich hab' gesät und gepflegt manchen Keim,
nun fahren andre die Ernte ein,
mein Hunger bleibt ungestillt.

Noch schwerer ist es, gefangen zu sein
zur heiligen Nacht ohne Baum,
ohne Kinderlachen und Kerzenschein,
ohne glitzernden Schnee.
Nur die Krähen schrein
durch den Nebel: »Du bist mit den Toten allein,
dir bleibt Erinn'rung und Traum!«

Doch am schwersten ist es, gefangen zu sein,
wenn der Lenz aus der Erde bricht.
Der Südsturm fegte den Himmel rein,
nun quellen die Knospen im Sonnenschein,
Schneeglöckchen steigen ans Licht.
Der Haselstrauch stäubt wie in jedem Jahr,
der Hirt probt die alte Schalmei,
mit Kätzchen wandert die Kinderschar,
die Sonne umgoldet ihr blondes Haar,
ach, alles ist, wie es immer war,
nur ich – ich bin nicht dabei.
Ich darf den Frühling von ferne nur schaun,
am Stacheldraht ging er vorbei...
Verzweifelt rütt'l ich an Tor und Zaun...
Ich wollte gern hungern und Steine behaun,
Herrgott, aber frei sein, nur frei!

Der schönste Tag

Sein Morgen wird wie jeder andere kommen,
mit Nebelwolken oder Sonnenschein,
mit blauem Himmel oder Sturm und Regen –
für uns wird es der Tag der Tage sein.

Sein Mittag sieht uns auf dem Weg nach Hause...
Wir wandern schweigend und in scheuer Hast,
als hätten unsre heimwehkranken Herzen
das Glück der Freiheit noch nicht ganz erfaßt.

Im Abendlicht erreichen wir die Heimat.
Vielleicht wird uns ein schmerzliches Willkomm'.
Doch auch die Gräber werden wir beglückt umfangen,
wir sind wie Kinder, die gestillt und fromm
nun endlich an der Brust der Mutter ruhen.
O Tränen, die erlösen und befrein.
Es werden später bessre Tage kommen –
für uns wird dieser Tag der schönste sein.

In Mühlberg kam eine neue Bekanntschaft hinzu. Ursula Walther
wohnte mit ihrer Freundin Lilo in meiner Baracke. Beide kamen
aus dem Lager Bautzen, in dem sie Schweres erlitten hatten.
Zwar sprachen sie nicht direkt darüber, aber in Vergleichen mit
dem Mühlberger Lagerleben stellten beide heraus: »Hier leben
wir wenigstens wie Menschen.«

Beide fielen durch ihre musische Begabung auf. Abends sangen
sie oft zweistimmig Lieder, zu denen Ursel die Texte verfaßt
hatte. Sie inszenierten sogar ein von Ursel entworfenes Singspiel
in unserer Baracke, »Die schöne Lilofee«. Das beeindruckte mich
sehr, denn sie hatten mit Hilfe geborgter Sachen (Tücher, Stoffre-
ste, Decken) auch Kostüme dazu gezaubert.

In Mühlberg bildeten sich Interessengruppen heraus, und wir
fanden uns in einem solchen Kreis zusammen. Gegenseitig trugen
wir unsere Gedichte vor, sprachen über den Anlaß des Entste-
hens, lernten voneinander, Wortwahl und Ausdrucksweise zu begründen, bereicherten uns selbst. Aber ich traf mich auch immer
öfter allein mit Ursel, es bildete sich eine ähnliche Freundschaft
wie zwischen Margot und mir heraus. Ursel war etwa vier bis fünf
Jahre älter als ich, unkompliziert in ihrem Wesen, offen in der
Äußerung ihrer Meinung. (Das hatte sie auch ins Lager gebracht.
Sie war von einem Bewohner ihres Hauses in Görlitz denunziert
worden.)

Ursels Gedichte waren hauptsächlich Anklage. Sie erhob sie

gegen das ihr und anderen widerfahrene Unrecht. Das war ihre Art des Ausbruchs aus dem Schweigen. Sie gewann ihren inneren Halt zurück, indem sie sich durch Worte freimachte. Dabei verwendete sie als künstlerisches Mittel bildhafte Vergleiche, die ihre Gefühle veranschaulichen sollten.

Zwei ihrer Gedichte zeichnen solche bewegenden Bilder.

Bautzen 1946
Ursula Walther

Der Spielmann
Wer klopfte vor Monden laut fordernd ans Tor?
Wer stand wohl mit wehendem Mantel davor?
Wer hatte den Hut in die Stirn gerückt
und eine Fiedel fest an sich gedrückt?
Es war eine seltsame, düstre Gestalt,
man konnte schlecht schätzen, ob jung oder alt,
man konnte nicht sehen, ob Mensch oder Geist,
wer da in der Nacht plötzlich angereist.
Er hebt seine Fiedel beschwörend ans Kinn
und streicht mit dem Bogen hart über sie hin,
er geigt, und er ruft mit gar trotzigem Mut,
doch dem, der es hört, dem gefriert das Blut!
Das Tor sperrt sich auf, er springt blitzschnell hinein,
was klappert so gräßlich beim Sprung sein Gebein.
Mit sieghafter Miene betritt er die Stadt,
die dreizehntausend Gefangene hat.
Er sucht in den Ecken und Winkeln herum,
er schweigt auf die Frage der Menschen: »Warum?«
Er prüft seinen Bogen, den Kopf stolz zurück:
»Nun hör, alte Fiedel, nun bringe mir Glück!«
In düstren Baracken mit Männern knüllvoll,
dort spielt er die Geige besessen und toll,
er tanzt seine Tänze bei Tag und bei Nacht,
auf einmal, da hat er schrill aufgelacht.
Er weiß etwas Beßres – nicht Mann und nicht Greis,
er kennt auch noch andre, die jung sind und heiß.
Er schleicht hin behutsam und küsset sie wild,

bis er voller Glut seine Wollust gestillt.
Da liegen sie friedlich zur ewigen Ruh,
es deckt keine Mutter sie fürsorglich zu,
es hielt keine Mutter sie vorher im Arm,
der immer so gütig, so hilfreich und warm.
Man zerrte sie von ihr und schleppte sie fort,
und hielt sie gefangen bald hier und bald dort...
Jetzt hört man sie klagen: »Lieb Mutter, o weh,
kommst du uns nicht wärmen,
       es fällt doch schon Schnee.«
Zum Lager der Frauen er späterhin eilt,
es kann niemand sagen, wie lang er verweilt.
Hier hat er es schwerer, sie halten ihm stand,
sie haben den Fremden rechtzeitig erkannt.
Er streicht seine Fiedel in lauwarmer Nacht,
er hat sich die süßesten Weisen erdacht,
er streicht seine Fiedel, betörend und zart...
Die Liebe hat er sich zuletzt aufgespart.
Und manche der Frauen wirft sich ihm an die Brust,
um Ruhe zu finden von Weltleid und -lust,
den eisigen Atem begierig sie trinkt
und völlig betäubt in den Armen versinkt...

Jamlitz, Oktober 1946
Die Brücke

Es war eine goldene Brücke,
      die führte ins menschliche Land,
sie wölbte sich hoch überm Strome,
      in dem sich das Leben befand.
Auf ihr hab ich sinnend gestanden und lange
    ins Wasser geblickt,
der Himmel hat ihm soviel Sonne,
      doch oft garst'gen Regen geschickt.
Dann stand ich am naßgrauen Ufer
      und schaute den Schiffen zu.

Sie fuhren stromauf- und stromabwärts
und gönnten sich Rast nicht noch Ruh.
Sie waren gar mächtig beladen
und zogen träge daher,
die leichteren fanden ihn schneller,
den Weg in das offene Meer.
Ein Nachen lag wartend im Wasser
und lud mich zu sich ein,
nun fuhr ich selber im Strome,
konnt' selber ein Fährmann sein.
Da kamen die tosenden Fluten
und warfen mein Schifflein hinab,
und auch die goldene Brücke fand berstend
im Strome ihr Grab.
Jetzt irr' ich verlassen am Ufer
und finde nicht Brücke noch Steg,
ich habe mein Schifflein verloren
und zu den Menschen den Weg.
Die stehen am anderen Ufer,
sind weit von mir entfernt,
sie rufen und schreien und winken,
ich habe das Hören verlernt.
Ich sitze am Strome des Lebens
und schaue den Schiffen zu,
die ziehen stromauf- und stromabwärts
und finden nicht Rast und nicht Ruh.

Gleichfalls bittere Anklage spricht aus dem Gedicht eines Unbe-
kannten. Durch mündliche Überlieferung gelangte es aus dem
Männerlager zu uns. Als ich es zum ersten Mal hörte, packte mich
maßlose Wut, ich fragte mich: »Kann einem Menschen so viel zu-
gemutet werden? Wo bleibt Gottes schützende Hand?« Die Wut
wich der Empörung – das war Werk von Menschen, solcher Menschen, die kein Gewissen besaßen, die Schuld auf Schuld anhäuften. Schließlich blieb nur Schmerz übrig, Trauer und Mitempfin-
den. Die Anklage aber behält ihre Gültigkeit!

Jamlitz 1946
Verfasser unbekannt

Die Tage gehn durch die Sanduhr des Lebens,
die Chronos hält fest in knöcherner Hand...
Seit Monden leben wir hier schon vergebens,
Gefangen vom Feind, im entrechteten Land.
Mein Gott, was haben wir Armen verbrochen,
daß du uns strafst so grausam und hart?
Immer auf's neu werden Freunde verscharrt.
Und wenn bei dem abendlichen Appelle
die schwarzen Vögel über uns ziehn,
gerad', als suchten sie diese Stelle,
kommt mir ein uralter Reim in den Sinn:
»Drüben am Wegesrand sitzen drei Dohlen,
fall' ich am Donaustrand? Sterb' ich in Polen?«
Die Donau hat als Soldat mich gesehn,
durch Polens Gefilde bin ich marschiert,
in Frankreich und Rußland ist mir nichts geschehn,
nie ist mir irgendein Unglück passiert.
Nun sitze ich hier in Deutschland gefangen,
fühl, wie allmählich das Leben verweht...
Herrgott, ist wirklich es dein Verlangen,
daß es mit mir so zu Ende geht?
Hast mir doch Weib und Kind nicht gegeben,
daß man mich hier unauffindbar verscharrt,
ich will doch noch weiter mit ihnen leben,
ich glaube, mein Gott, du bist nicht so hart!
Ich will auch fest vertrauen und glauben,
war ich verzweifelt, bitte verzeih,
und niemand soll mir die Zuversicht rauben,
denn eines Tages machst du mich frei!

Auf keinen Fall dürfen in meiner Aufbewahrung von Lagerge-
dichten solche fehlen, wie sie Gisela Grumm in Ketschendorf verfaßte. Sie verknüpfte alltägliches, für sie bedeutsames Geschehen
mit den Gedanken an ihre Lieben daheim.

234

Obwohl wir uns damals durch das häufige Beisammensein in Gertis Zimmer recht gut kannten, wußte keiner vom anderen, daß er sich an lyrische Versuche wagte. Ich scheute mich, in Giselas Gegenwart über meine Ausflüge ins Reich der Poesie zu sprechen, weil ich mich ihrer ganzen Art, wie sie sich gab, weit unterlegen fühlte. Im stillen bewunderte ich ihr selbstsicheres Auftreten, ihre Fähigkeit, Gesprächsrunden zu leiten. Auch ihr Äußeres imponierte mir, sie verkörperte für mich den Begriff von Anmut und Schönheit.

So behielt ich sie in angenehmer Erinnerung.

Nachdem ich erst jetzt von ihr selbst erfahren habe, auf welche Weise sie sich bemühte, den Mißhelligkeiten des Lageralltags standzuhalten, bedaure ich im nachhinein, daß wir nicht eher aufeinander zugingen.

Die folgenden Gedichte nehme ich als Nachtrag in mein Schatzkästlein auf.

Gisela Grumm
Ketschendorf, November 1945

Ich muß hinaus auf Wache
in dieser kalten Nacht,
der Schlaf hat mir soeben
den schönsten Traum gebracht.

Ich war bei euch zu Hause
und mußte nie mehr fort.
Ich spürte keine Kälte
und keinen Hunger dort.

So saßen wir beisammen,
der Ofen war so warm.
Wir lachten und wir weinten
und hielten uns im Arm.

Nun denk' auf kalter Treppe
den Traum ich weiter aus.
Macht euch doch keine Sorgen,
ich komm gewiß nach Haus.

235

Bleibt nur gesund, ihr Lieben,
mein größter Wunsch ist dies.
Ich möcht' euch wiederfinden,
so, wie ich euch verließ.

Ketschendorf, Mai 1946

Auch hier ist es Frühling geworden,
obwohl es unfaßbar schien.
Die wenigen Bäume und Sträucher
tragen ein leuchtendes Grün.

Und aus dem Fenster seh'n wir
ein Wäldchen aus Birken steh'n.
Es scheint, als ob fern auf der Straße
auch fröhliche Menschen geh'n.

Es lugen die bunten Kleider
zwischen den Bäumen hervor,
und übermütiges Lachen
klingt manchmal an unserer Ohr.

Dann kommt es, daß diese und jene
sich wendet ins Zimmer zurück,
und manche verstohlene Träne
verdunkelt den Blick.

Wie gerne wär'n wir dort draußen
in Freiheit und Sonnenschein.
Wir sind noch so jung und sollen
lebendig begraben sein?

Meine Liebe zum Wort hat ihre Wurzeln in meiner Kindheit und
fand durch unseren Hauptlehrer in der Schulzeit verstärkte Aus-
prägung.
   Frühzeitig widmete ich mich mit Hingabe aller Arten der schön-

geistigen Literatur. Gedichte und Passagen aus Dramen lernte ich auswendig, sie wurden zum Bestandteil meines geistigen Besitztums und boten mir im Lager die Chance zum Überlegen. Außerdem ermöglichte mir die erworbene Eigenschaft, Gehörtes oder Geschriebenes schnell aufzunehmen, daß ich eigene und »fremde verdichtete« Gedanken nach Hause tragen konnte.

Die Anlässe, zu denen ich Gedichte verfaßte, waren recht unterschiedlich. Manchmal bewegte mich eine Begegnung so sehr, daß ich diesen Augenblick festzuhalten wünschte, manchmal waren es Empfindungen für bestimmte Menschen, Erinnerungen an Schönes oder Schreckliches, die mich zum »Schreiben« veranlaßten.

In jedem Fall sah ich in der »Dichterei« einen Weg, dem Lageralltag zu entfliehen, in einer »besseren« Welt zu leben – wenn auch nur für Minuten.

Ursula Bauer
Ketschendorf, Herbst 1945

Herbstlied
Nun weht der Herbstwind übers Feld,
der Sommer geht zu Ende...
Das bunte Laub hisniederfällt,
wie öd' und leer scheint jetzt die Welt –
wir reichen uns die Hände.
Das gleiche Schicksal tragen wir,
das soll uns auch verbinden.
Und darum wünsch ich eines mir,
in dieser schweren Zeit mit dir
die Freude doch zu finden.

Ketschendorf, Dezember 1945

Zum 1. Advent
Ein Lichtlein strahlt uns heute
am grünen Tannenkranz,
will uns das Herz erhellen
mit seinem goldnen Glanz.

Es will uns Hoffnung künden,
will frohe Botschaft sein,
daß wir trotz allen Leides
uns auf die Weihnacht freun.
Drum öffnet eure Herzen
und eure Sinnen weit,
vernehmt die hellen Klänge
aus längstvergangner Zeit.
Die Dunkelheit muß schwinden.
Das Lichtlein – seht –, es brennt!
Die Glocken läuten wieder
und künden uns: »Advent«.

Ketschendorf, Januar 1946

Begegnung mit Hansi
Ein Kinderherz liegt vor mir ausgebreitet,
ich senke mich beseligt tief hinein.
Die Welt mit ihrer Falschheit, sie entgleitet,
mein Blick ist liebend, hoffnungsfroh geweitet,
ich habe nur den Wunsch, ganz still zu sein.
Zwei Kinderaugen strahlen mir entgegen,
ich schau in einen reinen Himmelsborn . . .
Was kümmert mich der Menschen toll Bewegen?
Hier find ich Ruhe, wahren Gottessegen,
den ich in der Gefangenschaft verlor'n.
Zwei warme Kinderhände darf ich halten.
Jetz weiß ich um das höchste Erdenglück.
Es wird zur vollen Größe sich entfalten,
wie immer sich mein Leben mag gestalten –
der Schimmer dieser Stunde bleibt zurück.
Das Gute, Edle ist nicht ganz entschwunden,
es lacht ja noch ein süßer Kindermund.
Nun heilen alle die geschlagnen Wunden,
und meinen Glauben hab ich neu gefunden.
Ich danke dir, Gott, aus tiefstem Herzensgrund.

Jamlitz, März 1947

Ballade
Frühlingsblühen und -erwachen liegen schon unendlich weit.
Farbenfrohe Sommertage zählen zur Vergangenheit.
Herbstwind föhnt jetzt durch die Lande, bringet Öde, Leere, Leid,
und die Erde steht entblößet, wartet auf ein neues Kleid.

Weit von den bewohnten Stätten, wo der dunkle Wald beginnt,
steht ein einsames Gemäuer, zu dem nie ein Mensch sich find't,
und darin lebt gefangen Gera, Fartons einzig Kind.
Von des Mädchens bleichen Wangen langsam Trän' um Träne rinnt.

»O Graf Farton, edler Vater, was hat man uns angetan!
Unsre stolze Burg vernichtet – lange war's des Feindes Plan.
Du selbst wurdest feig erschlagen von dem wütenden Tyrann,
nur weil Neid und Haß und Mißgunst wuchsen zum Zerstörungswahn.

Fünfzehn Monde hoff ich wartend. – Sind die Freunde alle tot?
Ahnt kein einziger von ihnen meine grenzenlose Not?
Kommst auch du mich nicht befreien, der mir seine Liebe bot?
Ist das die gelobte Treue, frag ich dich, Graf Adalgoth?

Ganz umsonst ist all mein Weinen, und das Klagelied verhallt...
Meine Jugend ging vorüber wie der Frühling – allzubald,
und der Sommer meiner Liebe ward beendet mit Gewalt.
So, wie jetzt die Welt dort draußen, ist's auch in mir trostlos,
kalt...«

Gera steht am Gitterfenster, heute so wie jede Nacht,
wenn sie, mit dem Schicksal hadernd, ruhlos an ihr Leid gedacht.
Einer nur zählt ihre Tränen, er, der über allem wacht,
der heut, nach so langer Trübsal, einen Hoffnungsstrahl entfacht.

Als, vor Gram und Schmerz zerrissen, sie aufschaut zum Himmelszelt,
scheint es ihr, als breiten Flügel schützend sich über die Welt
und in dichten weißen Flocken kühler Schnee herniederfällt.
Bald liegt eine warme Decke funkelnd über Wald und Feld.

Wie verzaubert scheint die Erde in dem bräutlichen Gewand,
Gera streckt zum Gitterfenster weit hinaus die schmale Hand.
Seltsam froh wird ihr zumute, so, wie sie es nie gekannt.
Dankend fühlt sie diese Stunde, Trost stillt ihren Sehnsuchtsbrand.

»Nein, ich will nicht ganz verzagen, denn ich bin ja nicht allein,
der da draußen kahle Bäume hüllt im weißen Mantel ein,
der nach langen Winternächten Frühling bringt und Sonnenschein,
er, der große Gott dort oben, wird auch mein Befreier sein.«

Mühlberg, Juni 1947

Ein böser Traum
Eine dunkle, bange Nacht hält mich in den Armen.
Mit mir fahles Grauen wacht, nirgends ein Erbarmen!
Ein Gespenst steigt grinsend auf, schrecklich sich erhebend.
Bilder ziehn im schnellen Lauf – und ich schau sie, bebend,
Seelen, die verloren sind, winden sich und stöhnen,
Menschen: roh, vermessen, blind, die den Schöpfer höhnen.
Drohend grell ein Flammenmeer, dumpfe Klagelieder . . .
Und ein Vorhang senkt sich schwer, dunkel ist es wieder.
Doch mich hält Entsetzen wach, schaurig hör ich's hallen:
Untergang! Verderben! Schmach! –
Wehe, weh uns allen!!!

Haidemühl am 6. März 1949
In Gedanken an die Zurückgebliebenen

Wo bist Du?
Wo bist du? – Hörst du nicht die Klage?
Dringt nicht mein Ruf in deine Einsamkeit?
Dein Herz war alle Zeit für mich bereit.
Gibst du nicht Antwort auf die Frage?
Wo bist du? – Endlos, endlos weit!

Wo bist du? – Ich steh' ganz alleine…
Ist's nicht, als ob ich gestern bei dir war?
Ich spüre deine Hand auf meinem Haar,
du fragtest mich sanft, warum ich weine. –
Dein Bild umgibt mich wunderbar.

Wo bist du? – Trennt uns gleich die Ferne,
schwingt sich doch meine Seele auf zu dir.
Du schreitest mir entgegen, bist ja hier,
lächelst mir zu aus jedem Sterne.
Wo bist du? – Sieh, du ruhst in mir.

Unsere Gedichte erheben keinen Anspruch auf künstlerische Vollkommenheit. Es sind einfach in Verse gefaßte Gedanken. In den Lagern verbreiteten sie sich von Mund zu Mund, wurden Hoffnungsquell für viele. Heute sollen sie Einblick in die Gefühlswelt der Menschen geben, die unter primitivsten Bedingungen sich und anderen eine Brücke zum Leben bauten.

Ich konnte nicht fragen, ob ich die von mir aufgeschriebenen Gedichte der Öffentlichkeit zugänglich machen darf. Nach meiner Entlassung stand ich nur mit Ursula Walther im weiteren Gedankenaustausch, doch auch diese Verbindung ging im Laufe der Jahre verloren – zu viel »Gegenwart« mußte verkraftet werden. So kann ich nur Einverständnis voraussetzen, denn dem Anliegen – das glaube ich – würde sich keiner der hier Genannten verschließen. In dieser Annahme bestärkten mich Margot Göbeler und Gisela Grumm, die ich durch Zufall nach 42 Jahren wiederfand.

in memoriam – es ist alles gesagt,

nichts darf vergessen werden!

Inhalt

Stumme Zwiesprache   7

Drei Jahre ohne Adresse   20
Zwischen gestern und morgen   20
Haus 17, Eingang 2, Zimmer 4   28
Ein Häftling wird geboren   41
Bewacher und Bewachte   48
Alle Jahre wieder   59
Unser täglich Brot   69
Meine Überlebenschancen   77
Zwischenstation Jamlitz   84
Im Viehwaggon   95
Meine »Familie«   104
Die Spielschar   114
Lageralltag   122
Die Kopfzahl stimmt!   132
Spielmann Tod   140
Bewahrenswertes   150
Der Tag X   156

Schweigen und Verdrängen   166
24. Juli 1949   166
Juli 1960   177
August 1969   188
11. Mai 1990   198
3. November 1990   209
8. Mai 1991   216

in memoriam   222

    243